무등산,
광주사람을
품다

지역사연구소 총서 2

무등산, 광주사람을 품다

인 쇄 2022년 4월 26일
발 행 2022년 4월 30일

저 자 변동명·최영주·이옥희·유경남
발행인 정성택
발행처 전남대학교출판문화원

등 록 1981. 5. 21. 제53호
주 소 61186 광주광역시 북구 용봉로 77
전 화 (062) 530-0573
팩 스 (062) 530-0579
홈페이지 http://www.cnup.co.kr
이메일 cnup0571@hanmail.net

값 15,000원

ISBN 978-89-6849-884-8 (93910)

* 잘못된 책은 바꿔드립니다.

지역사연구소
총서 2

무등산, 광주사람을 품다

변동명
최영주
이옥희
유경남
공저

전남대학교출판문화원

차례

三國·統一新羅時期의 無等山과 光州

변동명

Ⅰ. 머리말

무등산無等山은 광주光州를 상징한다.[1] 사실 이 산이 들어선 지리적 공간은 광주광역시를 넘어 전남全南 화순군和順郡과 담양군潭陽郡 등에까지 미친다. 산줄기가 상당히 넓은 지역으로까지 뻗어나가며 그 위용을 자랑하는 셈이거니와, 광주 말고도 담양이나 화순 등지에서 저마다 제 고을과 무등산 사이의 연관성을 내세우곤 하는 소이연이다. 그렇지만 대체로 무등산이라고 하면 문득 광주를 떠올리고, 또 광주를 생각할 때 먼저

---

* 이 글은 「三國·統一新羅時期의 無等山과 光州」(『호남학』 69, 2021년)를 수정·보완한 것이다.

1) 三國時期 無等山과 光州의 명호는 분명하지를 않지만, 統一新羅時期에 들어 각각 武珍岳 및 武珍州·武州 등으로 불린 것은 기록으로 확인된다(『三國史記』 32 雜志1 祭祀 小祀, 같은 책 36 雜志5 地理3 武州). 시기에 따라 무등산과 광주의 명호가 변화하면서 오늘에 이른 셈이거니와, 이 글에서는 각별히 구별할 필요가 있는 때를 제외하고는 현재 일반적으로 통용되는 용어인 무등산과 광주를 사용할 생각이다.

연상되는 자연지형의 상징물로서 무등산을 첫 손에 꼽는 게 일반적인 형세는 아닐까 싶다. 광주사람들이 무등산을 남다른 감성으로 대하며 또한 광주 지역사회와 이 산을 동일시하는 경우가 드물지 않은 일과 같은 것도 그러한 증표의 하나일 터이다.[2)]

무등산은 그 이름이 널리 알려진 만큼이나 관련 연구도 무척 많다. 간단히 무등산만을 검색어로 입력하더라도 300건을 훌쩍 넘어서는 논저 목록이 줄을 서는 정도이다.[3)] 한데 그처럼 일일이 꼽기 어려울 만큼 많은 연구에도 불구하고, 막상 무등산을 정확하게 알려주는 정리된 지식을 찾아내기란 그리 쉽지만은 않은 듯 보인다. 인문적인 차원에서의 연구가 더욱이 그러한 듯싶거니와, 학문적인 엄정함을 지키는 가운데 인문학의 측면에서 무등산을 밝히려는 노력이 다소 부족하지는 않았던가 돌이켜보게 한다. 지역민의 삶과 유리시키지 않은 채, 무등산의 모습을 과거에서 현재에 이르도록 하나하나 따져가는 차분한 자세가 필요한 듯 여겨진다.

이 글에서는 무등산을 광주 지역사회 특히 그 역사와 연관시켜 살피고자 한다. 인문적인 측면에서 무등산에 접근하되 각별히는 그 역사적 부분에 초점을 맞추려 한다. 광주의 역사적 흐름에 비춰 무등산을 조명함으로써, 지역의 주민들과 애

---

2) 박선홍, 『無等山』(증보 5판), 금호문화, 1998, 16-24·417-425쪽.

3) 가령 전남대 도서관의 '소장자료' 항목이라든지 '전자자료' 중 '국내학술DB'의 '한국학술정보(KISS)'만 확인하더라도, 각각 100건에 가까운 서책과 200건을 훌쩍 넘어서는 논고가 찾아진다.

환을 함께 한 이 산의 지난날을 더듬어 그 면모의 일부나마 드러내려는 것이다. 아울러 그 시기는 대체로 삼국三國에서 통일신라統一新羅에 이르는 사이로 한정하려 한다. 고대에서 현재에 이르기까지를 통시적으로 한꺼번에 훑어보는 게 중요하다 함은 이를 나위가 없다. 다만 하나의 글에서 그 모두를 다루는 것은 힘에 부치며, 더불어 특정한 시기로 집중하여 밀도 있게 논의하는 기회를 마련하는 것도 그리 나쁘지만은 않아 보여서 이기도 하다.

먼저 무등산의 명호를 광주의 고을 명칭과 연결지어 살피겠다. 무등산이라는 이름의 유래를 더듬으며 아울러 그것을 산이 자리한 고을의 명호와 연계하여 다룸으로써, 무등산을 광주 지역사회와의 관계 속에서 이해하는 출발점으로 삼으려 한다. 다음으로, 무등산신앙과 무등산가를 검토하겠다. 무등산신앙이 광주 지역민 사이에서 자생하여 전해오다가 국가적 제의체계祭儀體系의 일부로 편제되면서 비로소 사서에 그 존재를 드러내거니와, 매한가지로 무등산을 배경으로 하는 고대의 시가인 무등산가를 한데 모아 같이 들여다봄으로써, 그러한 시기 광주 지역사회 움직임의 한 측면을 점검해 보고자 한다. 마지막으로, 무등산 자락의 개선開仙마을에 위치하는 석등石燈을 고찰하겠다. 이른바 '개선사지開仙寺址 석등'으로 널리 이름이 있는 유물이거니와,[4] 그 건립의 경위 등을 기록한 명문銘文을 찬찬히

4) 寶物 제111호 '潭陽 開仙寺址 石燈'을 말한다. 광주호 상류 방향의 무등산 자락에 위치하며, 행정구역상으로는 全南 潭陽郡 歌辭文學面 鶴仙里 593-2 번지에 해당한다. 그런데 '開仙寺'의 존재 여부가 불명이며 절터의 유구도

음미하여 당시 지역사회의 동향을 가늠하는 기회를 갖고자 한다. 위와 같은 논의가 예정대로 진행되어, 삼국과 통일신라시기의 무등산 내지는 그로써 표상되는 광주 지역사회를 이해하는 데 작은 도움이라도 줄 수 있기를 바라는 마음 간절하다.

Ⅱ. 無等山의 名號와 武珍州

1. 무등산無等山과 무진악武珍岳

광주의 무등산을 부르는 이름은 자못 다양하다. 오랜 세월에 걸쳐 널리 쓰여 온 무등산을 비롯하여, 무진악·서석산·무당산·무덤산·무정산 등 여러 산명山名이 전한다.[5] 그런데 이들 여러 칭호 가운데 무당산·무덤산·무정산 등은 주로 현지 주민들 사이에서 설화적인 유래와 함께 입에서 입을 거치며 내려오는 명호이다. 반면에 무등산과 무진악 및 서석산瑞石山

아직 제대로 확인되지 않음을 들어, 유물의 명칭을 달리하자는 제안이 있어 눈길을 끈다. 차라리 그 위치하는 마을 이름을 따서 '開仙洞 石燈'으로 칭하자는 주장이다(황호균, 「開仙洞 石燈 銘文考」, 『불교문화연구』 7, 南道佛教文化研究會, 2000, 121-140쪽). 언뜻 일리가 있어 보이기도 한다. 그러나 조선후기의 邑誌類에서 이 석등을 -'諺傳'에 기댄 것이기는 하지만- 開仙寺의 것으로 기록하고(在縣南五里開仙洞 諺傳 新羅時開仙寺 …. 『昌平邑誌』(奎17421) 古蹟 石燈 夾註), 또한 그 銘文에 석등을 세우고 운용하는 주체로서 승려가 등장하는 등, 옛 절터의 석등으로 간주해 무방한 증거가 적지 않다. 따라서 이 글에서는 '開仙寺'의 실재 여부는 불명인 대로 우선 공식적인 명칭을 따라 '개선사지 석등'으로 칭하려 한다.

5) 박선홍, 앞의 책, 1998, 31-40쪽.

등은 지역민의 그러한 칭명과 함께 지지류地誌類와 같은 전통시기의 문헌에서 확인이 되는 명호이다. 동일한 산을 가리키는 명호들이지만 그 전래 경위 등에서 다소 차이가 있으며 대략 두 부류로 구분이 된다 하겠거니와, 이 글에서 주로 다뤄야 할 대상은 이를 나위 없이 후자에 드는 그것들이다.[6]

이 산이 무등산이라는 명호로 기록에 처음 등장하는 것은 『세종실록世宗實錄』의 지리지地理志와 『고려사高麗史』 등에서이다.[7] 그보다 앞서는 자료인 『삼국사기三國史記』에는 무등산이 아닌 무진악이라는 이름으로 나타난다.[8] 한편 서석산瑞石山이라는 칭호는 무등산과 매한가지로 『세종실록』 지리지와 『고려사』에 처음 등장하는데, 이후 두 자료를 포함한 대부분의 기록에서 내내 무등산의 별칭別稱으로 기록되어 전한다.[9] 이 산

6) 전통시기의 자료에서 확인되는 명호를 중심으로 무등산을 다룬 글은 적지 않지만, 이 글에서는 다음의 연구를 주로 참고하였다. 도수희, 『한국지명연구』, 이회문화사, 1999. 都守熙, 『百濟語 語彙 硏究』, 제이앤씨, 2004. 趙載勳, 「無等山歌 小考」, 『百濟文化』 12, 1979. 손희하, 「고지도에 나타난 '무등산' 연구 -산이름 표기의 정리와 해독을 중심으로-」, 『지명학』 23, 한국지명학회, 2015. 조강봉, 「武珍, 馬突·馬珍·馬等良, 難珍阿·月良, 難等良, 月奈에 대하여」, 『地名學』 24, 韓國地名學會, 2016.

7) · … 鎭山無等(夾註:在郡東) 并老只龍堂(夾註: 祀典龍津衍所 春秋其官行祭) 碧津渡 … 靈異 至正元年辛巳 東征元帥金周鼎 祭各官 … 無等山頂 有條石數十 櫛立百餘尺 其山 久旱欲雨 與將霽時 頻有鳴聲如殷雷 聞于數十里 又邑南有大樹 號日弓樹 … (『世宗實錄』 151 地理志 全羅道 茂珍郡)
· … 有無等山(夾註: 一云武珍岳 一云瑞石山 新羅爲小祀 高麗致國祭) (『高麗史』 57 地理2 全羅道 羅州牧 海陽縣)
· 無等山 光州之鎭 州在全羅爲巨邑 城此山 民賴以安 樂而歌之 (『高麗史』 71 志25 樂2 三國俗樂 百濟 無等山)

8) … 月奈岳(夾註: 月奈郡) 武珍岳(夾註: 武珍州) … (『三國史記』 32 雜志1 祭祀 小祀)

9) · … 名山日 智異山 … 無等山(夾註: 一云武珍岳 一云瑞石山) 在武珍 豊厚

이 본시 무진악이라 표기되다가 대략 고려시기 즈음에 들어 무등산이라는 명호로 자리를 잡았으며, 이후 그 별칭이던 서석산과 더불어 오늘에 이르도록 그러한 이름으로 표기되고 호칭되었을 것임을 헤아리게 하는 대목이다.

무등산이 기록상 처음 무진악이라는 명호로 등장하였을 것임에 이견을 제기한 연구는 아직 접하지 못하였다. 다만 그러한 명호가 처음 쓰이기 시작한 시기가 언제였는지는 분명하지를 않다. 늦어도 통일신라 즈음이면 무진악이라는 산명이 사용되었을 것으로 이해들을 하는 게 보통이거니와,[10] 통일신라의 제의체계祭儀體系에서 무진악武珍岳이 소사小祀에 편제되었고 또한 그 산이 무진주武珍州에 위치함을 전하는 『삼국사기』의 기록에 비추어,[11] 그리해온 이제까지의 관행에 특별히 제동을 걸고 나서기는 쉽지 않아 보인다.

통일신라시기에 무등산이 무진악이라는 이름으로 표기되었음을 부정할 까닭은 없을 것으로 믿는다. 오직 궁금한 것은 통일신라 이전에는 이 산의 이름이 무엇이라 표기되었을까 라는

高大 新羅爲小祀 高麗致國祭 高麗令州官行祭 天冠山 … (『世宗實錄』 151 地理志 全羅道)

· … 有無等山(夾註: 一云武珍岳 一云瑞石山 新羅爲小祀 高麗致國祭) (『高麗史』 57 地理2 全羅道 羅州牧 海陽縣)

10) 古山子의 『大東地志』에 無等山이 新羅에서 武珍岳이라 불렸음이 명기되었거니와(無等山 (夾註)東三十里 和順·同福·昌平界 新羅稱武珍岳 高麗稱瑞石山 穹窿高大 … 『大東地志』 12 全羅道 光州 山水), 그 뒤 지금에 이르도록 무진악이 통일신라시기에 사용된 山名이었음을 특별하게 부정하고 나선 이는 대하지 못하였다.

11) 위의 註 8)에 제시한 사료가 그것이다. 李基白, 「新羅 五岳의 成立과 그 意義」, 『新羅政治社會史研究』, 一潮閣, 1974, 194-195쪽.

점이다. 통일신라에서는 경덕왕대景德王代에 이른바 한화정책漢化政策을 시행하였다. 그리하여 주州·군郡·현縣의 경우 동왕 16년(757)에 중국식中國式으로 고치기 전까지는 종래의 전통적인 명칭을 거의 그대로 이어받아 사용하는 것이 원칙이었다고 한다.[12] 하물며 산천의 명칭은 더 이를 나위가 없었을 터이다. 무진악이 삼국시기 백제 이래의 전통적인 명호를 이어받아 사용한 예에 해당할 가능성을 문득 되새기게 하는 대목이다. 신라 중앙의 입장에서, 전쟁을 거치며 새로이 편입한 옛 백제지역의 산천 명호를, 현지에서의 저항감과 같은 것을 고려하지 않은 채 자의적으로 곧장 일제히 변경하고자 나설 수 있었는지도 의문이다. 통일신라의 무진악이 백제 혹은 그 이전의 산명을 그대로 이어받은 것이었을 개연성을 마냥 도외시할 수만은 없어 보인다.

신라가 백제를 병합하기 이전의 삼국시기 혹은 그보다도 오랜 어느 시기 이래로, 광주지역 일원에서는 벌써 무등산의 산명을 무진악으로 표기해 왔을 공산이 크다고 생각한다. 아니더라도 현재까지 알려진 바의 무등산을 가리키는 여러 명호들 가운데, 무진악이 가장 오래 된 것임은 인정해 마땅할 터이다. 현재 널리 쓰이는 산명인 무등산이 ―대략 고려시기 즈음 이래일 터이려니와― 그러한 무진악을 계승한 명호임은 거의 틀림이 없을 것으로 판단된다.

---

12) 李基白, 「統一新羅의 統治組織」, 『韓國史講座』(古代篇), 一潮閣, 1982, 337-338쪽.

한편 고려시기 들어 무진악이 그처럼 무등산으로 바뀌어 기록에 나타나게 된 배경으로는 몇몇 사실들이 거론되곤 한다. 혜종惠宗의 이름인 '무武'를 피휘避諱해서라느니 또는 거기에 불교의 영향이 더해졌다느니 하는 등이 그것이다.[13] 일리가 있어 보인다. 더불어 고려왕조에서 백제나 신라의 흔적과 거리를 두고자 노력한 나머지일 가능성도 염두에 두어야 하려니와, 여기에서 각별히 관심을 끄는 게 오늘날 널리 일반화된 바 무진악과 무등산의 뜻[訓]과 읽는 소리[讀音]가 동일하다는 이해이다. 그러하기에 무진악에서 무등산으로의 변화가 순조로웠으리라는 풀이인 것이다.

무진악과 무등산이 같은 말의 다른 표기, 곧 동어同語의 이표기異表記라는 데에는 관련 연구자들의 견해가 거의 일치하는 듯 보인다. '무진武珍'과 '무등無等'이 같은 의미를 지닌 용어로서 순 우리말인 '무돌·무돌' 혹은 '무들·므들'이라 읽히는데, 한자漢字의 소리와 뜻을 빌려 문자로 그처럼 달리 표기한 것이라는 데 대체적으로 동의하는 분위기이다.[14] 광주를 비롯한 무등산 일원의 지역사회에서는 통일신라나 백제 혹은 아마도 그보다 이전의 오랜 시기 이래로, 내내 이 산을 '무돌뫼·무돌뫼' 내지는 '무들뫼·므들뫼'라는 고유명사로 동일하게 불러왔을 터인데, 그것이 문자로 정착되는 과정에서 처음에는 '무진

13) 손희하, 앞의 논문, 2015, 155-157쪽.

14) 도수희, 앞의 책, 1999, 50-52·284-286쪽. 都守熙, 앞의 책, 2004, 382-384·522쪽. 趙載勳, 앞의 논문, 1979, 114·115쪽. 손희하, 앞의 논문, 2015, 157-160쪽. 조강봉, 앞의 논문, 2016, 73-76쪽.

악'이었다가 고려왕조가 들어서던 즈음 '무등산'으로 바뀌었다는 이해인 것이다.

그런데 무진악과 무등산이 동일한 단어의 다른 표기라는 데에는 그처럼 의견이 거의 일치하면서도, 그 읽는 소리라든지 뜻의 풀이를 두고는 논자들 사이에 얼마간 견해가 엇갈려 자연스럽지를 못하다. '무진'을 '무들·므들'이라 읽으면서 물이 풍족한 벌판 곧 '수야水野'의 의미로 이해한다든지,[15] 또는 '무진'과 '무등'을 '무돌·무돌'로 읽으면서 무리지은 돌들 곧 '중석衆石·적석積石'의 뜻으로 푸는가 하면,[16] 그 뜻풀이를 잠시 미뤄두기도 하는 등[17] 논의가 제법 다양하다. 말하자면 광주 일원의 지역민들에 의해 오랜 동안 '수야산水野山' 곧 '물이 풍족한 들녘의 산'이라는 의미의 '무들뫼·므들뫼'라 불리거나, 혹은 무슨 의미인지 아직은 불분명한 채로 내지는 '중석산衆石山' 곧 '무리지어 쌓인 돌로 이뤄진 산'이라는 의미의 '무돌뫼·무돌뫼'라 일컬어지던 이 산이, 늦어도 통일신라나 백제 내지는 그보다 이전의 어느 시기 이후 '무진악'이라 표기되어 오다가, 대략 고려시기 즈음에 들어 '무등산'으로 정착되어 오늘에 이르게 된 셈이었다.[18]

---

15) 도수희, 앞의 책, 1999, 50-52·284-286쪽. 都守熙, 앞의 책, 2004, 382-384쪽.
16) 趙載勳, 앞의 논문, 1979, 114·115쪽. 조강봉, 앞의 논문, 2016, 73-76쪽.
17) 손희하, 앞의 논문, 2015, 155-162쪽.
18) 별칭으로 전해지는 '瑞石山'의 의미도 제법 다양하게 풀이되곤 하는데, '武珍岳·無等山'과는 그 뜻에서 차이가 있으며 또한 주된 칭명 표기가 아닌데다가 더욱이 고을의 명칭과도 직접 관계된 것은 아니라는 점에서, 일단 거론을 삼가려 한다. 서석산의 유래나 의미 등이 궁금하다면, 위에 제시한 박선홍·조재훈·도수희·손희하·조강봉 등의 관련 논의를 참고하기 바란다.

무진악과 무등산의 뜻이라든지 그 읽는 소리를 둘러싸고 채 견해가 모아지지 않은 상황임을 잠시 살폈다. 이견을 해소하기 위한 다각적인 노력이 더해져야 하려니와, 이제까지의 그러한 이해가 과연 온당한 것인지 곰곰이 되짚을 필요가 있어 보인다. 무진악과 무등산의 훈訓과 독음讀音이 과연 동일한 것인지 거듭 곱씹으며, 나아가 무진악에서 무등산으로 이어지는 과정도 새롭게 생각할 여지는 없는 것인지 찬찬히 더듬어 살피는 게 합리적인 듯 여겨진다.

우선 '무진武珍'에서 '진珍'은 대체로 '돌'에 가깝게 발음하면서도, 위에서 제시하였듯이 그 의미를 두고는 돌[石] 혹은 들[野]이라 달리 풀이한다. 읽는 소리는 큰 차이 없이 비슷한 가운데 그 의미하는 바를 두고 의견을 따로 하는 셈이다. 다만 들[野]이라 풀이하는 측에서도 반드시 그것만을 고집하는 것은 아니며, 더욱이 동일한 논자가 '진珍'을 돌[石]로 풀이하는 사례도 적지 않으므로,[19] 보기에 따라서는 큰 문제가 아닐 수도 있다.

문제가 되는 것은 '무武'이다. '무'의 음音에 유의하여 '물[水]' 혹은 '무리[衆]'로 새기거나, 또는 애매함을 꺼려 아예 뜻풀이를 유보하는 경우마저 없지 않음은 앞서 이른 대로이다. 그만큼 이 '무'를 어찌 읽고 또 뜻을 풀이해야 옳은지 고민이 깊다 하겠거니와, 여기에서 문득 머리를 스치는 게 '무'의 일본어日

19) 都守熙, 앞의 책, 1999, 382-384쪽. 都守熙, 『百濟語 硏究』(改訂), 제이엔씨, 2005, 69-70쪽.

本語 석독釋讀인 '다케'(たけ)이다. 일본에서 '독도'를 '죽도竹島'라 표기하고 '다케시마'(たけしま)라 읽는 예와 비교하면 한결 이해하기가 쉬워진다.

독도는 온전히 돌로 이루어진 섬 곧 돌섬[石島]이다. 그런데 조선시기에 전라도全羅道 그 중에서도 주로 남해안 흥양興陽이라든지 낙안樂安 곧 오늘의 고흥高興·순천順天 일원의 출신으로서 울릉도·독도까지 진출해 어로작업에 종사하거나 그곳에 거주하던 다수의 주민들, 내지는 강원江原·경상도慶尙道 출신의 그리 많지 않은 섬 거주민들 사이에서, 독도가 '돌섬'과 함께 대체로는 방언인 '독섬'이라 불렸다고 한다. 그리고 이 '독섬'에서 그 뜻을 취하여 '석도石島' 혹은 그 소리를 취하여 '독도獨島' 등으로 표기하기에 이르렀다는 것이다.[20] 독도의 어원이 그렇다는 의미이거니와, 그리하여 이 '독섬'이 ―불법적으로 울릉도·독도에 잠입해 목재를 채취하거나 어로작업을 하던― 일본 어민들에 의해 '독>다케'로 음사音寫되어 '다케시마'(たけしま)라 칭해지면서 '죽도竹島'라 표기하게 되었으리라는 의견이 제시된 것이다.[21]

---

20) 독도와 그 명칭을 다룬 논고는 무척 많거니와 여기에서는, 박병섭·나이토 세이추 지음, 호사카 유지 옮김, 『독도=다케시마 논쟁 -역사자료를 통한 고찰-』, 도서출판 보고사, 2008, 145-153쪽과 송병기, 『울릉도와 독도, 그 역사적 검증』, 역사공간, 2010, 314-315·326쪽 및 유석재, 『독도공부 -한 권으로 읽는 독도 논쟁의 모든 것-』, ㈜교유당, 2019, 112-114쪽 그리고 김기주, 「조선후기~대한제국기 울릉도·독도 개척과 전라도인의 활동」, 『大丘史學』 109, 2012, 71-122쪽 등의 설명을 주로 참고하였다.

21) 백문식, 『우리 말 어원 사전』, 도서출판 박이정, 2014, 156쪽. 서정범 지음, 박재양 엮음, 『새국어어원사전』, 보고사, 2018, 244-246·248쪽.

소위 '다케시마'(たけしま) 운운하는 일본 쪽의 억지 주장에 위와 같은 방식으로 접근하고 또 반박하려 드는 것이 과연 온당한지에는 의문이 따를 수가 있다. 반드시 그러한 의견을 추종해야만 할 까닭은 없으려니와, 다만 그와는 별개로 '다케'(たけ)와 '독'[石]의 관계를 음운적音韻的으로 그처럼 풀이하는 데는 일견 수긍되는 부분이 없지 않아 보인다. '다케'(たけ)를 '독'[石]의 음사音寫로 간주할 수가 있다면, '무진武珍'의 '무武'도 또한 그 일본어 독음인 '다케'(たけ)에서 '독'을 연상하는 게 가능할 법하며, 아울러 그 의미를 '돌'[石]로 이해하는 게 불가능하지만은 않을 듯싶다. 무등산 일원을 포함한 고대古代의 전라도 일대에서 '돌'[石]이 요즘의 방언처럼 '독'과 비슷하게 발음되었을 개연성이 상정되며, 그리하여 '무진'의 '무'도 '다케〉독'으로 이어지는 유사한 독음讀音과 함께 '돌'[石]의 의미로 사용되었을 공산이 짙은 듯 여겨지는 것이다.

'무진악武珍岳'에서 '무武'는 '독'[石]에 그리고 '진珍'은 '돌'[石]에 가깝게 읽히고 풀이되는 것으로 이해하면 어떨까 싶다. '무'와 '진'이 비슷하게 발음되며 더불어 같은 의미를 지닌 문자로서, 말하자면 통일신라나 삼국 내지 그보다 이전의 무등산 일대 지역사회에서 이 산을 '독돌뫼'나 혹은 '독독뫼' 내지 '돌돌뫼' 등에 가까운 발음으로 지칭하였는데, 그것이 문자로 정착되면서 '무진악'이라 표기되었으리라는 판단인 것이다. 기왕의 '무돌뫼'나 '무들뫼·므들뫼'와 다른 독법讀法이거니와, 그 의미는 '석석산石石山'으로서 동일어를 중첩해 복수형을 표시한 것으로 파악하여 '돌들로 이루어진 산'으로 풀이해 무방함 직하며, 그리하여 기왕의 새김 가운데 '중석산衆石山·적석산積石山'에 가깝고 '수야산水野山'과는 거리가 있는 쪽에 든다 할 것이다.

무진악의 뜻이라든지 읽는 소리를 둘러싼 논의를 살피고, 이제까지와는 조금 다른 독법讀法을 선보였다. 굳이 새로운 의견을 내고 또 그것을 고집하기 위해서라기보다는, 논의가 한층 풍성해지도록 음미할 거리를 하나 더 보탠다는 정도의 차원에서이다. 이제 그러한 무진악이 무등산으로 이어지는 경위를 잠깐 더듬도록 하겠다.

앞서 언급하였듯이, 무등산은 무진악과 동일하게 읽히며 또한 그 의미도 동일한 단어라는 게 지금까지의 이해이다. 우선 '무등無等'의 '무無'는 음차자音借字로서 '무진武珍'의 '무武'와 동일하게 '무'로 읽혔으리라고 한다. 그 의미를 두고는 위에서 본 바와 같이 '물[水]' 혹은 '무리[衆]' 등으로 엇갈리지만, 그 발음이 '무'였으리라는 데에는 의견이 거의 일치하는 듯 보인다. 다음으로 '무등無等'의 '등等'은 대략 '들'과 유사하게 읽혔으며, '들녘[野]'[22]이나 '돌[石]'[23] 혹은 '무리[衆]' 내지는 '~들'과 같은 복수형 접미어에 해당할[24] 것으로 이해들을 한다. 그리하여 '무등'을 '무들·무돌'로 읽으면서 '무진'의 '무들·무돌'과 연결되는 것으로 간주한다. 무진악과 무등산을 한결같이 '무들뫼·무돌뫼'에 가깝게 읽으면서, '물이 있는 들녘의 산' 혹은 '무리지어 모인 돌의 산'이라는 뜻으로 새기는 게 이제까지의

22) 都守熙, 앞의 책, 1999, 383쪽.

23) 趙載勳, 앞의 논문, 1979, 114·115쪽.

24) 都守熙, 앞의 책, 1999, 522쪽. 都守熙, 앞의 책, 2005, 101·102쪽.

대체적 경향인 셈이다.

그런데 이제 독법을 달리하여 '무진武珍'을 '독돌'[石石] 등으로 이해하게 된다면, 무진악을 이어 무등산이라는 표기가 등장하기에 이른 경위도 위와는 조금 다르게 설명되어야 할 터이다. 우선 산명山名의 표기가 무진악에서 무등산으로 바뀌는 데에, 통일신라에서 고려로의 왕조 교체라는 큰 변화가 작용하였을 것임은 거의 틀림이 없어 보인다. 고려시기에 들어 무등산이라는 산명이 기록에 처음 나타나고, 더욱이 신라말에서 고려초에 걸친 변혁의 시기에 무진주·무주라는 명호를 가름하여 광주光州라는 지명이 비로소 등장하였던 사실[25] 등에 비추어 그렇게 말할 수가 있을 법하다.

다만 그에 더하여 한 가지 지나칠 수 없는 사실은, 경덕왕대景德王代의 이른바 한화정책漢化政策 시행이다. 널리 알려진 바와 같이, 경덕왕 16(757)년과 18(759)년에 신라에서는 지명地名과 관부官府·관직官職의 명칭을 중국식으로 개정하였다. 전래의 고유한 전통적 명칭을 아화雅化된 한자漢字 이름으로 바꾸어 지명이라든지 관호官號에 우아한 한자어휘漢字語彙가 널리 사용되었다.[26] 일대 변혁이었거니와, 당시 광주지역에서도 지명이 무진주武珍州에서 무주武州로 바뀌는 변화가 있었던 것으로 기

25) 光州라는 地名이 사용된 시기라든지 그에 담긴 의미 등을 두고 설왕설래가 한창이거니와, 이제까지의 관련 내용은, 서금석, 「고려 초 '光州'지명의 출현 시기와 정치적 배경」, 『歷史學硏究』 69, 2018, 129-156쪽의 설명을 참고하라.

26) 李基白, 「統一新羅의 統治組織」, 『韓國史講座』(古代篇), 一潮閣, 1982, 331·337-338쪽.

록에 전한다.[27] 무진악武珍岳이라는 명호에도 모종의 변화가 일어났을 개연성이 점쳐지는 대목이다. 광주지역을 상징하는 자연지형물自然地形物이자 더욱이 그 지명과 동일한 명호를 지닌 산이라는 점에서, 그 가능성을 결코 낮춰 생각할 수만은 없어 보인다.

당시 무진악이라는 명호에 무슨 변화가 일어났다면, 그것은 아마도 보다 더 한화漢化되는 방향의 어떤 것이었음 직하다. 한화정책의 시행을 계기로 일어난 변화라는 점에서 그렇거니와, 자연히 그 표기라든지 혹은 독음 등이 고유한 전통적 방식에서 벗어나 보다 한식漢式을 지향하는 쪽으로 바뀌었을 공산이 커 보인다. 가령 무진주 → 무주에 비추어 무진악 → 무악으로의 변화를 상정한다든지, 혹은 동일어를 중첩해 복수를 표기하던 고유의 전통적 방식에서 벗어나 '~들'과 같은 형태로 복수를 표기하는 경우와 같은 것을 생각해볼 수가 있을 듯싶다. '무진악'이라 표기하고 '독돌뫼'[石石山] 등으로 읽으면서 돌을 중첩시킴으로써 무리지은 돌들로 이루어진 산을 표기하던 방식에서 벗어나, '독(石)'의 표기어인 '무武'에 복수형 접미어 '들'에 해당하는 '등等'을 더해 '무등악武等岳' 내지는 '무등산武等山'으로 표기하고 '독들뫼'[石等山]로 읽거나 혹은 순수 한자 발음 그대로 '무등악'·'무등산'이라 읽었을 가능성과 같은 것이 그것이다.

27) 本百濟地 神文王六年 爲武珍州 景德王改爲武州 今光州 … (『三國史記』36 地理3 武州)

중앙의 한화정책 시행에 따라 무진주가 무주로 바뀌는 동안에, 주명州名과 동일한 산명山名의 무진악에만 아무런 변화가 없었으리라는 것은 기대하기가 다소 어렵지 않을까 한다. 반드시 그와 동시에 이뤄진 것은 아니더라도, 무진주의 경우와 유사하게 무진악에도 그 표기라든지 독음 등에서 한자漢字의 본래 방식에 보다 가까운 방향으로 변화가 일어났을 가능성을 떠올리는 게 한층 설득력이 있어 보인다. 나아가 변화가 일어났다고 할 경우, 무진주 → 무주에 비추어 무진악 → 무악으로의 변화가 제법 그럴 듯해 보인다. 외양상 한 눈에 들어온다는 점에서 그러하다. 그런데 '무악'[독뫼]으로의 변화에는 '무리지은 돌들로 이뤄진 산'이라는 산이름의 본래 의미가 제대로 드러나지 않는 한계가 있어 보인다. 산이름이 대체로 그 겉모습을 반영하는 게 상례라는 점에서, 차라리 그에 보다 충실한 무진악 → 무등악·무등산[독늘뫼]이 한층 가능성이 높은 듯 여겨지는 것이다. 경덕왕대의 한화정책이 지향하는 방향이라든지에 비추어 위와 같은 추정이 결코 무리하지만은 않은 것으로 판단된다.

통일신라의 경덕왕대 즈음이면 왕경王京인 경주慶州 일원과 멀리 떨어진 지역에서도 지식인들의 활동이 제법 구체적으로 드러난다. 그 저명한 사례가 경덕왕 13(754)년에 시작해서 그 이듬해 초에 완성된 구례求禮 화엄사華嚴寺의 『화엄경華嚴經』 사경寫經이다. 발문跋文에 따르면 이 사경에는 11인의 경필사經筆士가 참여하였던 것으로 나오는데, 이들이 모두 무진이주武珍伊州(광주光州)와 남원경南原京(남원南原)·고사부리군高沙夫里郡(고부古阜) 출신이었던 것이다.[28] 하나같이 현 전라도 일원의 출신으로서, 대체로 화엄사가 소재하는 구례 인근의 식자층이 당시 『화엄경』을 베껴 쓰는 작업에 참여하였음을 보여주거니와, 그중에는 광주 출신도 포함되어 눈길을 끈다.[29]

그런데 여기에서 한 가지 유념해 마땅한 사실은, 이들 지방 출신의 식자층이 전래의 고유한 전통적 표기나 독음보다는 순수 한식漢式의 표기라든지 독음에 한층 관심을 기울였을 법하다는 점이다. 그리 하는 것이 일반 주민과 구별되는 존재로서의 자신을 과시하는 데 유리하였을 것이기 때문이다. 예컨대 광주지역의 경우, 정상부의 장대한 암석군이 매우 인상적인 산을 가리켜 '무진악'이라 표기하며 돌을 중첩시킨 복수형으로서 '독독뫼·돌돌뫼·독돌뫼' 등으로 칭하는 주민들 사이에서, 보다 한식화한 표기라든지 독음을 통해 저들과 구분되는 식자층으로서의 자신의 존재를 드러내려는 욕구를 품은 이들이 적잖이 존재하였을 듯 여겨지는 것이다.

경덕왕의 한화정책 시행은 저들로 하여금 그러한 욕구를 충족시킬 수 있는 기회로 작용하였을 법하다. 고을의 공식 명칭이 바뀌는 속에서 그러한 지명과 동일한 산명도 바뀔 수 있는

28) 李基白, 「新羅 景德王代 『華嚴經』 寫經 關與者에 대한 考察」, 『韓國古代政治社會史硏究』, 一潮閣, 1996, 362-366쪽.

29) 이들 經筆士를 포함하여 新羅末 高麗初의 시기 王京 이외의 지역 출신 學人 내지 識者層에 관해서는 다음의 연구가 참고 된다. 李基白, 「統一新羅의 統治組織」, 『韓國史講座』(古代篇), 一潮閣, 1982, 338-339쪽. 金周成, 「신라말·고려초의 지방지식인」, 『湖南文化硏究』 19, 1990, 61-95쪽. 全基雄, 『羅末麗初의 政治社會와 文人知識層』, 혜안, 1996, 85-90쪽.

계기가 마련되었을 터이며, 그리하여 저들 식자층을 중심으로 '무진武珍'을 '무등武等'으로 바꾸어 정상부 다수의 바위들을 복수형 접미어 '~들'로 표기하는 등의 방식도 나타났을 수가 있었음 직하다. 그리고 그것이 신라말 고려초의 변혁을 거치면서 무주에서 광주로의 지명 변화라든지 혹은 고려 혜종의 이름[武]을 피휘하고 더불어 거기에 불교의 영향이 더해져, '무등武等'에서 '무등無等'으로 산명의 표기가 바뀌어가지는 않았을까 헤아려지는 것이다. 나아가 그 독음도 또한 전통적인 방식인 '독들' 운운에서 벗어나 한자의 원래 음대로 '무등'이라 읽는 게 점차 자리를 잡아갔음 직하다. 일반 주민들은 여전히 전통적인 고유의 독법에 익숙하였겠지만, 지역사회를 주도하는 토착세력 사이에서는 점차 그러한 방향으로 변화가 진행되었을 가능성이 높아 보인다. '무진악'이 '무등산'으로 바뀌는 데에 나름의 사정이 없었을 리 없으려니와, 대체로 위와 같은 경로를 거치면서 그러한 변화에 도달하지는 않았을까 헤아려지는 것이다.

무등산의 명호를 둘러싼 논의를 둘러보며 나름의 생각을 정리해 보았다. 이제 그러한 무등산의 명호와 연계하여 광주의 옛 이름을 살핌으로써, 무등산과 광주 지역사회를 연관 지어 더듬는 걸음을 이어나가겠다.

2. 무진악武珍岳과 무진주武珍州

광주를 가리키는 가장 오래된 고지명古地名으로는 둘이 전한다. '무진주武珍州'와 '노지奴只'가 그것이다.[30] 그중 보다 널리 알려져 익숙한 쪽은 '무진주'이다. 사서史書의 본문에 수록되었다는 점에서, 이 지명은 한층 공식적인 의미를 지닌 것으로 받아들여지는 분위기이다. 반면에 무진주의 협주夾註에 실린 '노지'는 대략 별호別號 정도로 간주되며, 그리하여 별다른 관심을 끌지 못한 채 오늘에 이른 듯 보인다.

무진주라는 명호가 처음 등장하는 것은 백제 동성왕東城王 20(498)년의 사료에서이다. "…왕王이…몸소 정벌에 나서 무진주에 이르렀다…"는 기록이 그것이다.[31] 하지만 그렇다고 해서 무진주를 백제시기 광주의 옛 지명으로는 받아들이지를 않는 게 일반적이다. '주州'를 붙이는 지방제도가 백제에서는 시행된 적이 없음으로 해서이다. 5세기 말엽 단계의 백제 지명으로 무진주는 어울리지 않는 바, 차라리 이를 통일신라시기의 지명으로 이해하려는 게 대체적 추세인 셈이다.[32]

통일신라의 무진주가 기록에 처음 등장하는 것은 문무왕文武王 18(678)년에 가서이다.[33] 설치된 것은 그에 앞서 같은 왕 11(671)년 무렵의 일이었던 듯싶은데, 그랬던 것이 신문왕神文王 원년(681)에 발라주發羅州로 교체되는 변화를 겪은 다음, 재차

30) 本百濟地 神文王六年 爲武珍州 景德王改爲武州 今光州 … (『三國史記』 36 雜志5 地理3 武州)
… 武珍州(夾註: 一云奴只) … (『三國史記』 37 雜志6 地理4 百濟)

31) 王以躭羅不修貢賦 親征至武珍州 躭羅聞之 遣使乞罪 乃止(夾註: 躭羅則躭牟羅) (『三國史記』 26 百濟本紀4 東城王 20년 8월)

32) 邊東明, 「武珍州의 성립과 車得·安吉 설화」, 『歷史學硏究』 48, 2012, 49-50쪽.

33) 阿湌天訓爲武珍州都督 (『三國史記』 7 新羅本紀7 文武王 18년 4월)

무진주가 설치된 것이 같은 왕 6(686)년이었다.[34] 그리 길지 않은 사이에 치폐가 뒤바뀌는 등, 통일신라 9주州 중의 하나로서 무진주가 그 위치를 굳히는 일이 순탄치만은 않았음을 암시한다.

무진주의 성립은 무진주武珍州와 발라주發羅州 곧 현재의 광주光州와 나주羅州 지역사회 사이에 전개된 자못 치열한 경쟁의 결과였다. 백제가 신라에 의해 병합된 이후 노령蘆嶺의 남쪽 지역에서는 그 주도권을 둘러싸고 광주와 나주의 토착세력 사이에 다툼이 일었다. 통일신라의 지방통치체제에서 노령의 이남 지역을 다스리는 거점, 바꿔 말해 새로이 설치되는 주州의 치소治所를 자기 고을로 끌어가려는 경쟁이 그것이었다. 경주慶州 중심의 새로운 통치체제가 들어서는 과정에서, 광주와 나주의 토착 유력계층이 저마다 노령 이남의 지역사회를 이끄는 거점 고을 유력자로서의 지위를 차지하려는 속셈을 드러냈던 것이다. 무진주와 발라주의 치폐 경위라든지 혹은 문무왕의 서제庶弟인 차득車得과 무진주의 리吏인 안길安吉의 만남을 둘러싼 사화史話 등에서 헤아릴 수가 있는 일이었다.[35]

---

34) 邊東明, 앞의 논문, 2015, 52-54쪽.

- 置石山·馬山·孤山·沙平四縣 以泗沘州爲郡 熊川郡爲州 發羅州爲郡 武珍郡爲州 遣使入唐 奏請禮記并文章 …(『三國史記』 8 新羅本紀8 神文王 6년 2월)

35) 邊東明, 앞의 논문, 2015, 37-71쪽. 통일신라의 '州'에는 '州治로서의 州'와 그러한 州治를 포함해 10여 개의 郡을 포괄하는 넓은 영역적 범주인 '廣域의 州' 등이 있거니와, 이 글에서 光州 일원을 가리키는 地名으로 주로 사용하는 武珍州는 이를 나위 없이 前者 곧 州 治所로서의 州이다. 때로 광역의 의미를 지닌 무진주를 거론하기도 하려니와, 대략은 굳이 구별해서 표기하지 않더라도 알아차리는 수준일 터이며 그렇지 못할 경우에만 광역

무진악과 동일한 지명의 무진주가 사서에 모습을 드러낸 것은 그러한 과정을 거치면서였다. 광주와 나주의 토착 유력계층 사이에 벌어진 치열한 경쟁 속에서 우여곡절 끝에 자리를 잡은 주州의 명호이자 더불어 그 주의 치소治所가 위치하는 고을의 이름으로서였다. 지명은 대체로 그 고장의 자연지형이라든지 산천 지세와 연관되는 경우가 많다. 노령 이남을 대표하는 높고 큰 산인 무진악을 치소의 배산背山으로 둔 고을에, 그것을 연상시키는 명호가 붙은 것은 차라리 당연한 일이었던 셈이다. 무진주라는 고을 이름을 두고 새삼 이야깃거리로 삼을 까닭은 없어 보이거니와, 다만 무진악과 무진주 중 어느 쪽이 먼저 사용된 이름이었던가는 잠시 정리할 필요가 있어 보인다.

양자 사이의 선후를 두고는 견해가 엇갈린다. 무진악에서 무진주라는 지명地名이 유래했으리라고 보는가 하면,[36] 거꾸로 무진주에서 무진악이라는 산명山名이 유래했을 것으로 이해하는 논자도 있다.[37] 산천을 가리키는 이름과 그것이 위치하는 고장의 명호 중 어느 쪽이 먼저 나타났을 것인가를 정확히 구별하는 일은 쉽지 않아 보인다. 그렇지만 대체로는 지명에 앞서 산천의 이름이 먼저 정해지는 게 상례이지는 않을까 싶다.

산천이나 고장의 이름은 흔히 현지 주민들에 의해 먼저 불리기 시작하고, 그것이 주위로 퍼져나가면서 하나의 고유한

임이 드러나도록 표기에 유의하겠다.

36) 趙載勳, 앞의 논문, 1979, 114·115쪽.

37) 도수희, 앞의 책, 1999, 50-51·284-285쪽. 都守熙, 앞의 책, 2005, 382-383쪽.

명호로 굳어지는 게 대체적인 형세일 법하다. 그런데 지명의 경우, 주민들이 자기 사는 곳 곧 자기 고장의 명호를 칭하는 것은 외부를 향해서인 경우가 대부분일 듯 여겨진다. 오랜 옛적, 같은 고장에 살던 사람들끼리 얘기를 나누는 도중 스스로의 고장 이름을 입에 올릴 일은 거의 없었음 직하다. 외부와의 접촉에서 저들과 구별하여 자신의 사는 곳을 말할 때 사용되는 것이 곧 지명일 것이기 때문이다. 그리고 그럴 경우 그 고장을 상징하는 어떤 것, 흔히는 자연지형물自然地形物이라든지 산천山川 지세地勢 등을 내세우는 게 인지상정이 아닌가 여겨진다. 반면에 산천의 명호는 지명의 경우와 달라 보인다. 거주지와 가까운 산천은 일찍부터 어떤 식으로든 명호가 없어서는 곤란할 듯싶다. 주변의 산천은 주민의 일상생활과 뗄 수 없는 관계에 있으며, 그런 만큼 일상에서 늘 거론되게 마련인 그곳을 가리키는 구체적인 명칭이 없을 수가 없었을 것이기 때문이다. 주민들의 필요상 산천 명호의 사용이 먼저이고 지명은 그 다음이며, 더욱이 지명은 다른 고장과 구별되는 제 고장의 상징적인 자연지형 따위를 앞세우는 게 인지상정인 바, 자연히 지명이 산천의 명호에서 유래하는 게 그 반대의 경우보다는 한결 일반적일 듯 여겨진다. 그리고 현지에서의 그와 같은 오랜 관행적인 칭명을 바탕으로 중앙에서 공식적으로 그 이름을 정해 기록에 남기고, 그리하여 후대에 전해지는 게 대부분의 산천 명호이고 지명인 것으로 판단된다.[38]

38) 물론 그 반대의 경우도 예상된다. 지명이 먼저 생긴 뒤에 그 이름이 널리

산천의 명호가 지명에서 유래하였다기보다는 역으로 지명이 산천의 명호에서 영향을 받아 지어졌을 가능성이 높다고 생각한다. 말하자면 무진악이란 산명은 광주를 비롯한 일대의 주민들이 자신들의 생활과 관계가 깊은 큰 산의 정상에 웅장하게 들어선 암석군에 주목하여 지칭하던 산이름을 문자로 표기한 것이고, 더불어 그러한 무진악을 배경으로 생활하는 사람들의 고장이라는 의미에서 무진주라는 명호가 사용되기에 이르렀다는 이해인 셈이다. 그만큼 무진악이 무진주 곧 현 광주의 지역사회와 뗄 수 없는 관계이며 중요한 위치를 차지한다는 사실을 확인할 수가 있는 것이다.

그런데 이제까지 살핀 무진주는 통일신라에서 사용된 지명이었다. 무진주 이전에 현 광주 일원을 가리키는 지명이 따로 존재하였는지, 또 그랬다면 그것이 무엇이었는지 궁금하다. 통일신라 이전의 백제 혹은 그보다 앞서의 이를테면 마한 당시 광주지역이 어떤 이름으로 불렸는지를 보여주는 자료는 찾아보기가 쉽지를 않다. 무진악 내지는 그 밖의 자연 경관을 연상케 하는 무슨 지명이었을 듯싶기도 하지만, 막연한 추정일 뿐

알려지면서 고장 산천의 명호가 그것을 뒤따르는 경우도 있을 수가 있다. 다만 지역민과의 관계에서 고을과 산천의 명칭이 처음 생겨나고 사용되기에 이른 경위를 찬찬히 들여다보면, 아무래도 지명보다는 산천의 명칭이 먼저일 공산이 커 보인다는 이해인 것이다. 한편 지명이 산천의 명호보다 먼저 생기는 것으로 이해하더라도, 가령 무진주가 먼저이고 무진악이 그것을 따라 붙여진 명칭이라고 하더라도, 이 산이 지역 주민에게 큰 의미를 지닌 존재라는 사실에는 변함이 있을 수가 없다는 점을 새삼 환기하고자 한다. 그 선후를 불문하고 양자 곧 무진악과 무진주 지역사회의 관계가 동일한 명호로 불릴 만큼 뗄 수 없는 긴밀한 사이임은 부정할 수가 없을 터이다.

무어라 꼬집어 말하기는 어려운 형편이다.

다만 통일신라에서 경덕왕의 한화정책 이전까지는 삼국시기 백제 등의 옛 명호를 거의 그대로 이어서 사용하는 게 대체적인 관행이었음을 생각하면, 통일 초반의 지명인 무진주와 연관되는 어떤 명호였을 개연성은 떠올려 봄 직하다. 그리고 그러한 측면에서 눈길이 가는 게, "…사비주泗沘州를 군郡으로 웅천군熊川郡을 주州로 삼고, 발라주發羅州를 군으로 무진군武珍郡을 주로 삼았다…"에 등장하는 바 '무진군'이라는 지명이다.[39] 무진주의 이전 이름을 무진군이라 전하거니와, 그것이 백제시기의 옛 지명을 그대로 사용한 것이거나 혹은 그에 근거를 둔 명호일 가능성을 배제할 수가 없어 보인다. 백제의 지방제도인 방方-군郡-성城 체제에서, 광주지역에 '무진' 내지 '무진'을 연상시키는 그와 유사한 어떤 이름의 '군'이 설치되었을 것임을 헤아리게 하는 대목이다.[40] 무진주의 경우와 매한가지로, 이 또한 무진악과 그것이 위치하던 옛 광주 지역사회가 매우 긴밀한 사이임을 거듭 확인시켜 주는 사례이지는 않을까 여겨지는 것이다.

통일신라 이전 가령 백제시기 광주의 명호가 '무진군' 내지

39) 置石山·馬山·孤山·沙平四縣 以泗沘州爲郡 熊川郡爲州 發羅州爲郡 武珍郡爲州 遣使入唐 奏請禮記并文章 … (『三國史記』 8 新羅本紀8 神文王 6년 2월)

40) 이와 관련하여 조선말엽에 古山子 金正浩가, "本百濟奴只 後改武珍郡 新羅文武王十七年 置都督…"(『大東地志』 12 全羅道 光州 沿革)에서처럼, 광주의 옛 지명으로 '奴只'와 함께 '武珍郡'을 거론하여 눈길을 끈다. 근거를 제시하지 않아 다소 막연하지만, 그렇다고 해서 마냥 모른 체할 수만은 없지 않을까 싶기도 하다.

'무진'을 연상시키는 그와 유사한 무엇이었을 개연성을 가늠하였다. 한편 광주의 그러한 옛 지명과 관련하여 눈길이 가는 게 '노지奴只'이다. 지지류地誌類에서 표제어인 무진주의 협주夾註에 등장하곤 하는 광주의 고지명古地名이다.[41] 고산자古山子 김정호金正浩는 이 노지를 백제시기 광주의 옛 지명으로, 그리고 무진군은 그러한 노지를 뒤이어 나타난 이름으로 각각 제시하였다.[42] 노지가 광주의 옛 이름 중 무진군에 앞서는 가장 오래된 지명이라는 게 그의 이해인 셈이다. 그 근거를 제시하지 않아 무어라 논하기는 어렵지만, 광주의 고지명으로서 노지가 지니는 무게를 문득 되짚게 하는 대목이다.

'노지'는 흔히 내[川]+받침시옷 곧 '냇'의 음차로 간주하는 게 대체적 경향인 듯싶다.[43] '노奴'를 '나·내'에 가깝게 읽으며 '천川'의 의미로 이해하는 게 일반적인 만큼, 일리가 있어 보이기도 한다. 다만 '지只'의 경우 '냇'의 받침(ㅅ)으로 간주하는 위의 견해와는 달리, '기'로 발음하며 '성城'의 뜻으로 해석하는

---

41) · … 武珍州(夾註: 一云奴只) … (『三國史記』 37 雜志6 地理4 百濟)
   · 茂珍郡 本百濟武珍州都督(夾註: 一云奴只) … 鎭山無等(夾註: 在郡東) 并老只龍堂(夾註: 祀典龍津衍所 春秋其官行祭) 碧津渡 … (『世宗實錄』 151 地理志 全羅道 茂珍郡)
   · 海陽縣 本百濟武珍州(夾註: 一云奴只) 新羅取百濟 仍置都督 … (『高麗史』 57 地理2 全羅道 羅州牧 海陽縣)
   · 本百濟武珍州(夾註: 一云奴只) 新羅取百濟 仍置都督 … (『新增東國輿地勝覽』 35 全羅道 光山縣 建置沿革)

42) 本百濟奴只 後改武珍郡 新羅文武王十七年 置都督 … (『大東地志』 12 全羅道 光州 沿革)

43) 김기혁 외, 『한국지명유래집 - 전라·제주편』, 국토해양부 국토지리정보원, 2010. 조강봉, 앞의 논문, 2016, 73쪽.

경우도 있으므로[44] 다소간 유념할 필요는 있어 보인다. 후자에 따른다면 '노지'는 '나기' 혹은 '내기'에 가깝게 읽으며 천川을 배경으로 삼아 들어선 성城의 의미로 이해될 수도 있을 법해 보이는 것이다.

'노지'는 하천이 흐르는 크고 작은 어떤 들녘을 연상케 하는 지명이다. 위 둘 중의 어느 쪽으로 이해하건 그러하다. 광주의 옛 지명 가운데 하나가 고장의 자연지형 중에서도 각별히 그 들녘을 지목해 성립되었을 가능성을 보여준다. 광주천과 용봉천이라든지 극락강과 같은 여러 하천들을 낀 채, 멀리 황룡강 너머로 길게 이어지며 띠 모양으로 제법 넓게 펼쳐진 저평한 벌판을 품은 고을의 명호로서 제격이라 이를 만하다.[45]

더불어 '노지'를 그처럼 들녘과 연결되는 의미의 지명으로 이해할 수가 있다면, 앞서 살피었던 광주의 다른 옛 이름과 좋은 대조를 이룬다는 점에서 또한 눈길을 끈다. 무등산의 산마루에 자리하는 장대한 암석군을 표상하는 고지명인 '무진주'와 사뭇 대비가 되는 의미의 고을 명호인 것이다. 광주의 옛 이름들이 그 배산背山의 형상이라든지 또는 하천河川들과 함께 뻗어

44) 도수희, 앞의 책, 1999, 245쪽. 都守熙, 앞의 책, 2005, 67쪽.

45) 이 奴只와 관련하여 눈길이 가는 게 "并老只龍堂(夾註: 祀典의 龍津衍所로서 봄가을이면 茂珍郡 官衙에서 祭를 지낸다(祀典龍津衍所 春秋其官行祭). 『世宗實錄』 151 地理志 全羅道 茂珍郡)"이다. 龍神을 모시는 제당이 자리하는 장소 내지는 그것을 포함한 일정한 지리적 공간이려니와, '老只'와 '奴只'에서 어떤 유사함이 느껴진다. 그 祭場으로 夾註에 기록된 龍津衍所는 "고을의 서쪽 30리에 위치하며 봄과 가을이면 光山縣에서 제사를 드린다"(在縣西三十里 春秋本邑致祭. 『新增東國輿地勝覽』 35 全羅道 光山縣 祠廟 龍津衍所 夾註)라 전하거니와, 들녘의 물가에 위치한다는 점에서 '奴只'와 어딘지 상통하는 느낌이 들기도 한다.

나간 벌판의 모습을 배경으로 성립되었을 것임을 헤아리게 하는 대목이다. 각각 산과 들을 상기시키는 대조적인 지명들이라는 점에서 꽤나 이색적이거니와, 무등산 및 그 앞의 하천과 들녘을 기반으로 광주 사람들이 내내 살아왔음을 함축한 지명이 곧 '무진주'이고 '노지'라 할 것이다.

한편 '노지'가 그처럼 들녘과 연결되는 명호라면, 앞서 다루었던 바 '무진·무등'을 '무들' 등으로 읽으면서 '물이 흐르는 들녘[水野]' 정도로 이해하려는 독법에는 문제로 작용할 소지가 있어 보이기도 한다. 이 견해에 따르면, '노지'와 '무진·무등'은 모두 동일한 대상인 광주 일원의 들녘과 연결되는 단어이다. 그런데 '노지'는 어느 쪽으로이건 '무들'과 비슷하게 발음될 가능성은 거의 없어 보인다. 말하자면 동일한 대상인 광주 일원의 들녘을, 발음에서 거의 상통하는 바가 없어 보이는 두 단어 곧 '노지'와 '무진'으로 달리 표기했다는 뜻인데, 지역주민들 사이에서 적잖이 혼란을 야기했을 성싶은 그와 같은 일이 고대의 광주 지역사회에서 과연 가능했을지 의문이 든다.

아울러 '무진'을 그처럼 광주의 들녘을 가리키는 명호로 이해한다면, '무진악'은 그러한 들녘과 동일한 의미의 이름을 지닌 산이 된다. 동일한 지역에 위치하는 들과 산이 서로 구별되지 않을 만큼 동일한 뜻과 소리의 명칭으로 불렸던 셈이다. 아무래도 자연스럽지를 못하다. 이름을 붙이는 것은 타자와의 구별을 위해서일 터인데, 전통사회에서 지역민의 삶을 규정하는 가장 중요한 자연물이라 할 산과 들을 그처럼 거의 차별성이 없는 이름으로 불렀다는 건 칭명의 원칙에도 어긋나는 듯 여겨진다. 이름을 만들어서 부르는 의미가 퇴색되려니와, 서로 구별하기 쉽도록 칭명하였으리라는 게 보다 상식적이지는 않을까 여겨진다.

무엇보다 고을 치소의 배산 곧 고을 치소의 주요 배경을 이루는 거대한 산악의 명호를 그처럼 저평한 들녘의 형세를 반영한 이름으로 칭하였다는 게 쉬이 납득이 되지를 않는다. 산과 들은 상호 대비가 되는 자연지형물인 바, 산을 그처럼 상대되는 존재인 들의 지세에 영향을 받아 그 들녘을 연상시키는 이름으로 불렀다는 게 그다지 일상적이지만은 않은 듯싶다. 그보다는 차라리 각각의 형세에 맞추어, 가령 광주의 산과 들이라면 그 명호를 각각 산마루의 장대한 암석군이라든지 혹은 여러 하천을 품은 채 펼쳐진 들녘에 부합하도록 붙여서 사용하였을 가능성이 훨씬 높아 보인다. '무진악'과 '노지'의 의미는 그처럼 해독하는 게 한결 자연스러운 듯 여겨진다.

나아가 '무진악'과 '노지' 중에서도 무진악이 다른 고장과 구별되는 압도적인 자연지형물이었으며, 그리하여 광주를 다른 고장과 구별해 인식시킬 수 있는 존재로서 그 이름이 고을의 주된 명호로 사용되기에 이르렀으리라는 추정도 가능해 보인다. '무진'이 광주의 고지명을 대표하게 된 것은 그러한 연유에서이지 않았을까 여겨진다. 반면에 광주의 들녘은 한국의 여느 고장에서 흔히 찾아지는 그다지 특이하달 게 없어 보이는 벌판이다. 고장을 상징할 만한 자연경관으로서는 다소 부족하며, 자연히 그러한 들녘을 가리키는 '노지'도 광주의 주된 명칭으로 기록되지 못하기에 이른 것으로 판단된다. '노지'가 광주의 별호로 간주된 데에는 그만한 연유가 없지 않았던 셈이다.

요컨대 무진악은 물이 흐르는 들녘의 산이라기보다는 산마루의 장대한 암석군이 도드라진 산이라는 의미로 받아들여 마땅하다고 생각한다. '무진'의 발음도 '무들' 운운보다는 '독돌'에 가까운 것으로 이해함이 온당할 것으로 믿는다. 광주의 고지명인 '노지'와의 비교를 통해서 그 가능성이 한층 높아진 것은 아닌가 여겨지는 것이다. 나아가 그러한 무진악을 배경으로 무진주라는 고을 명호가 탄생했다는 점에서, 이 산이 광주지역의 상징적 존재임을 거듭 확인할 수가 있다 할 것이다. 무진악이 광주 지역사회와 긴밀하게 결부되었음을 재삼 되뇌게 하는 대목이다.

광주를 가리키는 옛 지명의 의미라든지 유래 등을 더듬어, 무등산이 광주 그 자체나 다름없이 인식되어 온 자연지형물로서 지역사회를 상징하는 존재임을 둘러보았다. 이제 그러한 무등산을 숭배하는 무등산신앙無等山信仰과, 역시 무등산을 배경으로 탄생한 고시가古詩歌인 무등산가無等山歌를 연결지어 다룸으로써, 무등산을 실마리로 삼아 광주 지역사회의 움직임을 들여다보는 시간을 갖도록 하겠다.

Ⅲ. 無等山信仰과 無等山歌

전통시기에 무등산은 신비로운 영험을 지닌 존재로 믿어져 널리 숭앙을 받았다. 옛 사람들은 여러 산에 저마다 그곳을 지배하는 산신山神이 존재한다고 믿으며 그러한 신을 떠받드는 습속을 전승시켜 왔는데, 무등산 일원의 주민들 사이에서는 그것이 무등산신앙으로 나타난 셈이었다.[46] 말하자면 광주를 비롯한 무등산 일대의 주민들이, 자연의 지형물인 무등산 자체라기보다는 그것을 주재하는 존재라 믿어지던 산신을 신령스럽게 여기며 떠받들어 온 전통시기의 습속이 곧 무등산신앙이었던 것이다.

무등산신앙은 오랜 옛적 이래 광주를 비롯한 인근 지역민들 사이에서 그처럼 자연스럽게 발생해 이어져 내려왔다. 한편 전통시기 한국의 산신은 지역사회의 상징이자 수호신으로 받들어졌다. 그리하여 지역의 유력자들이 자신을 중심으로 지역민의 결속을 추구하는 등 그 주도권을 공고히 하고자 으레 앞세우곤 하는 것 중의 하나가 곧 산신이었다. 산악신앙이 지역의 주도적인 토착 사회세력과 깊은 관련을 맺은 가운데 전승

46) 옛 사람들은 높이 솟은 산을 통하여 인간이 하늘[天] 즉 神의 세계에 보다 가까이 다가갈 수 있다고 생각하였다. 산을 매개삼아 인간이 신의 세계로 접근할 수가 있으며, 또한 신들이 인간의 세계로 올 때에도 마찬가지로 높은 산을 거칠 것으로 상상하였다. 桓因의 아들 桓雄이 太白山의 神檀樹 아래로 내려왔다느니 하는 등에서 그러한 관념을 찾아볼 수가 있거니와, 그리하여 옛 사람들은 그처럼 인간의 세계와 신의 세계를 매개하는 존재라고 믿었던 산을 마치 하늘을 섬기듯 숭배하고 신앙하였다. 곳곳의 크고 작은 산에는 저마다 그곳을 지배하는 산신이 존재한다고 믿었으며, 사당을 짓거나 단을 쌓아 그 산신을 모셔왔다. 전통시기 한국에서의 그와 같은 산악신앙을 다룬 연구는 무척 많다. 여기에서는 논제와 직접 관련된 것 외에 일일이 매거하지는 않을 작정인데, 그 외의 글들은 변동명, 「한국 전통시기의 산악신앙·성황신앙과 지역사회 －역사상 인물의 산신·성황신 추앙을 중심으로－」, 『호남학』 67, 2020, 142-145쪽에 제시된 연구성과를 참고하라.

되어 왔음을 이해할 수가 있거니와, 무등산신앙도 그러하기는 또한 매한가지였다. 무등산신 역시 지역의 상징이자 수호신으로 숭배되는 가운데 그를 향한 신앙이 토착의 유력한 사회세력과 깊은 관련을 맺은 가운데 이어져 왔으며, 자연히 무등산신을 숭배하고 신앙하는 데 따르게 마련인 각종 의례라든지 행사 따위는 으레 전통시기 광주 지역사회를 이끌던 토착세력에 의해 주도되는 게 하나의 관습으로 자리를 잡은 지 오래였다. 무등산 혹은 무등산신앙이 광주의 유력한 토착 사회세력을 상징하는 정치적이며 사회적인 존재였음을 헤아릴 수가 있는 것이다.[47]

한데 그처럼 지역 토착세력에 의해 주도 전승되던 무등산신앙이 정작 사서史書에 그 존재를 드러낸 것은 중앙의 지방통제와 관련해서였다. 집권적인 체제의 정비와 함께 나라에서는 왕경王京을 중심으로 하여 각 지역의 산악신앙을 그 비중에 따라 대大·중中·소사小祀로 구분해서 국가적인 사전체계祀典體系에 편입시키었다. 그리고는 중앙에서 파견하는 관리 내지는 해당 지역의 지방관으로 하여금, 유력한 토착세력을 대신하여 산신을 숭배하는 각종 제의와 행사를 주관하도록 제도화하였다. 지역의 독자성을 약화시키고 토착세력을 회유·포섭하며 더불어 국가적인 위협요소를 사전에 억제·진압함으로써, 국가

47) 邊東明, 「高麗後期의 無等山信仰과 光州」, 『東亞硏究』 38, 2000; 改題 「무등산신앙과 광주」, 『한국 전통시기의 산신·성황신과 지역사회』, 전남대학교출판부, 2013, 24-47쪽. 김덕진, 「전라도 광주 무등산의 神祠와 天祭壇」, 『歷史學硏究』 49, 2013, 137-164쪽.

와 지역사회의 안녕과 발전을 기약하고자 도모함에서였다. 무등산이 통일신라시기에 소사 그리고 고려와 조선왕조에서 각각 국제國祭 및 본읍치제本邑致祭의 대상으로 사서에 수록되어[48] 비로소 역사 속에서 그 모습을 찾아볼 수가 있게 된 것은 그러한 과정에서의 일이었다.[49] 처음 지역사회 내에서 자연발생적 내지 지역민들에 의한 자발적 숭배와 신앙의 대상이던 무등산이, 집권적인 체제의 정비와 함께 점차 중앙의 주목을 받는 존재로 떠올랐으며, 그리하여 지역 토착세력의 상징이던 무등산 신앙이 왕경王京 중심의 사전체계에 편입됨으로써 중앙귀족의 규제를 받기에 이른 셈이었다.

무등산신앙이 역사 속에서 그 존재가 기록에 의해 비로소 확인되는 것은 그처럼 통일신라에 들어서였다. 삼국을 통일한 다음 신라에서 체제정비의 일환으로 사전체계祀典體系를 새로이 가다듬었는데, 거기에서 소사小祀의 제장祭場 가운데 하나로 무진주에 소재하는 무진악 곧 무등산이 등장하는 것이다.[50] 신라 중앙의 지방통제정책 시행 과정에서 무등산신앙이 자료에 수록되어 그 존재를 전하게 된 셈이거니와, 궁금한 것은 그처럼 무등산을 소사 제장으로 편입해 규제하려는 중앙귀족의 정책을 마주한 광주 지역사회의 반응이 어떠하였을까 라는 점

48) 無等山神祠(夾註: 在縣東十里 新羅爲小祀 高麗致國祭 東征元帥金周鼎 祭各官城隍之神 歷呼神名 以驗神異 州城隍鳴纛鈴者三 周鼎報于朝 封爵焉 本朝春秋令本邑致祭) (『新增東國輿地勝覽』 35 全羅道 光山縣 祠廟)

49) 변동명, 앞의 논문, 2000, 24-26쪽.

50) … 月奈岳(夾註: 月奈郡) 武珍岳(夾註: 武珍州) … (『三國史記』 32 雜志1 祭祀 小祀)

이다. 그 동안 무등산 내지 그 산신을 지역의 상징이자 수호신으로 숭배하며 관련 의식이라든지 행사 등을 자주적으로 이끌어 오던 광주의 토착세력이, 중앙에서 파견되어 온 관리 내지는 지방관에게 그 주도권을 내어주기에 이른 상황을 어찌 받아들였을지 자못 흥미를 끈다.

사실 무등산신앙은 그에 앞서 삼국시기 백제百濟에서도 중앙의 사전체계에 포함되어 그 규제를 받았을 가능성이 없지 않았다. 백제에서 오악五岳을 제정하는 등 왕경王京을 중심에 둔 산악신앙의 정비를 추진하였음이 확인되거니와,[51] 현 노령蘆嶺의 이남에서 가장 높고 웅장한 산악으로 꼽히는 무등산도 그 일부로 편제되어 사전祀典에 수록되면서 더불어 한때나마 중앙귀족의 규제 아래 들었을 공산이 커 보이는 것이다. 다만 현전하는 자료에서는 관련 내용을 전혀 확인할 수가 없는 한계가 있다. 개연성에 그칠 뿐 더 이상 따지고 들 여지가 없거니와, 자연히 무등산신앙을 사전체계로 편입시켜 통제하려는데 대한 광주 지역사회의 반응도 백제의 경우에는 따로 논의할 여지가 없다 할 것이다.

그런데 무등산신앙과 관련하여 광주지역을 주도하는 토착세력의 움직임을 보여주는 자료가 전하지 않기는 통일신라에

51) 李道學, 「泗沘時代 百濟의 4方界山 護國寺刹의 成立」, 『백제연구총서』 4, 1994. 金榮洙, 「三山五嶽과 名山大川 崇拜의 淵源 硏究」, 『人文科學』 31, 성균관대 인문학연구원, 2001. 신동하, 「백제 성주산 신앙과 성주사」, 『불교학연구』 22, 2009. 채미하, 「백제의 산천제사와 그 整備」, 『東國史學』 48, 2010. 李壯雄, 「백제 五岳 제사와 佛敎寺院」, 『百濟硏究』 66, 2017. 변동명, 앞의 논문, 2020.

서도 매한가지였다. 백제에서와 달리 무등산이 소사의 제장으로 편제되었음을 알려주는 기록은 전하지만, 그러한 조치를 마주한 광주 지역사회의 동향을 보여주는 자료는 찾기가 쉽지를 않은 것이다. 다만 그보다 훨씬 후대인 고려후기까지 광주의 토착세력이 무등산신앙과의 연고를 활용하여 자신의 존재를 과시하며 이웃 고을인 나주의 토착세력과 현 전남지역의 주도권을 두고 경쟁하였음이 확인되는데,[52] 이로 미루어 그보다 앞선 통일신라시기 광주의 토착세력은 무등산신앙과 더욱 밀착된 관계였을 터이며, 그리하여 신라 중앙귀족의 무등산신앙 통제정책에 저들이 어떤 식으로든 반응을 보였을 것임에는 거의 틀림이 없을 듯 여겨진다.

통일신라시기 광주 지역사회에서 우세한 지위를 자랑하던 토착세력의 움직임과 관련하여 언뜻 떠오르는 게 한국 고대시가古代詩歌 중의 하나인 무등산가(곡)無等山歌(曲)이다.[53] 노랫말은 없이 그 탄생 배경과 함께 가명歌名만이 전하는데, 동일하게 무등산을 공간으로 삼아 생겨났다는 점에서 무등산신앙과 견줄 만하다. 더구나 이 고대가요에는 당시 광주고을 주민들

52) 변동명, 앞의 논문, 2000, 24-47쪽.

53) 전통시기의 기록에는 無等山曲으로 많이 나오지만 현대의 연구자들이 주로 無等山歌라 칭하므로, 이 글에서도 그를 따라 無等山歌를 사용하겠다. 無等山歌를 언급한 연구는 적지 않은데, 여기에서는 다음의 논고를 주로 참고하였다. 趙載勳, 「百濟歌謠의 硏究」, 『百濟文化』 5, 1971. 趙載勳, 「無等山歌小考」, 『百濟文化』 12, 1979. 安東柱, 「百濟 詞不傳 歌謠 硏究」, 『古詩歌硏究』 5, 1998. 서영숙, 「백제권 가요의 존재양상과 전승실태」, 『古詩歌硏究』 7, 2000. 나경수, 「무등산 전설의 연구」, 『韓國民俗學』 41, 2005. 김창원, 「고려시대 백제 지역에 대한 심상지리와 백제 가요」, 『국제어문』 51, 2011.

의 동향을 살필 수 있는 실마리가 담겨 한결 흥미롭기도 하다. 다음의 기록을 살펴보자.

> 무등산無等山은 광주光州의 진산鎭山이다. 광주는 전라全羅에 자리하는 커다란 고을인데, 이 산에 성城을 쌓자 주민들이 (그에) 힘입어 평안하므로 즐거워 노래하였다.[54]

무등산가를 설명하는 유일한 자료로서, 간략한 대로나마 광주 지역사회에서 이 노래가 생겨나 널리 주민들 사이에 불리기에 이른 경위를 가늠케 한다. 무등산에 성을 축조하자 고을 주민들이 그 성에 의지하여 평안함을 누리게 되었고, 이에 그것을 즐거워하며 노래한 게 무등산가라는 것이다. 고장을 수호하고 그 안녕을 보장하는 일이 무등산과 무관치 않음을 암시함으로써 역시 지역 수호의 상징인 무등산신앙과 이 시가의 연관성에 새삼 유의하게 되거니와,[55] 더불어 그것이 광주고을의 주민들과 연결되어 나타난다는 점에서 한층 관심을 끈다.

그런데 여기에서 한 가지 주의할 필요가 있는 것은, 『고려사高麗史』 악지樂志에서 이 무등산가를 삼국속악三國俗樂 중의 백제百濟 항목으로 분류해 수록하였다는 점이다. 앞서 제시한

---

54) 無等山 光州之鎭 州在全羅爲巨邑 城此山 民賴以安 樂而歌之 (『高麗史』 71 志25 樂2 三國俗樂 百濟 無等山)

55) 無等山神을 위한 祭儀에서 無等山歌가 불리었을 가능성이 거론되어 흥미를 끄는데(조인성, 「통일에서 분열로 -후백제의 성립 배경과 관련하여-」, 『新羅史學報』 42, 2018, 13쪽), 이 또한 무등산신앙을 무등산가와 연관시켜 다루는 게 무계하지만은 않음을 보여주는 하나의 방증이지는 않을까 생각한다.

자료가 그것이거니와, 현재에 이르러서도 무등산가를 백제가요百濟歌謠 중의 하나로 취급하는 근거이다. 이 기록에 충실하자면, 백제가 아닌 통일신라시기의 광주 지역사회 움직임을 설명하는 데 이 무등산가를 이용하는 것은 적절치를 않은 셈이다. 유념해 마땅한 대목이거니와, 다만 『고려사』 악지 중 삼국속악의 편에 수록된 백제의 가요가 모두 삼국시기 백제에서 불리던 그것인가에는 의문의 여지가 없지 않아, 마찬가지로 유의할 필요가 있어 보인다.

『고려사』 악지에 수록된 백제가요를 삼국시기 백제에서 생성된 가요라기보다는 고려시기 개경의 귀족이 창조해낸 백제가요로 이해하는 게 온당하다는 지적이 있다.[56] 단정적인 서술이라든지 내지는 그 표현 글귀가 다소 지나쳐 보이는바 그대로 따를 일만은 아니려니와, 가령 '창조해낸' 운운의 내용을 개경의 귀족이 마음 가는 대로 지어냈나는 의미로 이해한다면 -실제 그런 의미로 사용하지는 않았겠지만- 전혀 동의할 수가 없다. 다만 특정한 시가를 백제의 속요로 분류하는 데에, 개경 귀족들의 백제지역 내지는 백제의 역사에 대한 어떤 이미지 혹은 선입관이 투사 반영되었으리라는 정도라면, 일리가 있는 것으로 생각한다. 반드시 백제 당시 민간에서 널리 불렸음을 어떤 근거에 입각하여 분명하게 확인해서라기보다는, 고려시기에 옛 백제권역으로 생각되던 지역의 민간에서 오랜 동안 불려 내려오던 노래를 고려인들이 그와 같은 이미지에 맞

56) 김창원, 앞의 논문, 2011, 51-71쪽.

춰 백제의 속요로 정리하였으며, 그러한 자료를 바탕으로 『고려사』의 악지에 그처럼 분류 수록되었을 가능성을 배제할 수만은 없지 않을까 여겨지는 것이다.

무등산가와 더불어 백제시가 중의 하나로서 동일하게 『고려사』 악지의 삼국속악 백제 항목에 수록된 바 방등산가方等山歌를 설명하는 기록 가운데,

> 방등산方等山은 나주羅州의 속현屬縣인 장성長城의 경역境域에 위치한다. 신라新羅의 말엽에 도적盜賊이 크게 일어나 이 산에 웅거하였는데…57)

에서와 같이, '신라' 운운하는 구절이 등장한다. 백제의 시가라면서도 그것을 설명하면서 그 탄생한 시대적 배경으로 신라의 말엽을 거론하여 어리둥절케 한다. 삼국속악 중의 백제 항목에 수록된 시가들이 모두 삼국시기 백제의 그것만은 아닐 수도 있음을 보여주는 증거가 아닐 수 없다. 방등산이 위치한다는 장성이 옛 백제의 권역에 속하는 고을인바, 그 고장의 민간에서 오랜 동안 불려 내려오던 가요를 고려인들이 백제의 속요로 판단해 분류 정리하였고, 그러한 자료가 『고려사』에 반영되어 악지의 삼국속악이 편찬되었을 것임을 암시하는 듯 여겨진다.58)

---

57) 方等山 在羅州屬縣長城之境 新羅末 盜賊大起 據此山 良家子女 多被擄掠 … (『高麗史』 71 志25 樂2 三國俗樂 百濟 無等山)

58) 方等山歌는 '신라말에 만들어진 노래'인데 '옛 백제 지역에서 불렸기' 때문에 '백제속악에 포함'되었으리라 이르거니와(조인성, 앞의 논문, 2018,

사실『고려사』악지의 삼국속악 중에서 그처럼 시대적 배경에 모순이 드러나는 것은 백제의 경우만이 아니다. 동일한 자료에 신라의 속악 가운데 하나로 수록된 바 여나산가余那山歌의 배경 설화에,

> 여나산余那山은 계림雞林의 경역境域에 위치한다. 세상에 전하기를, 한 서생書生이 이 산에 살면서 책을 읽어 과거科擧에 급제하였으며 세족世族과 맺어져 혼인하였다. 뒤에 시험을 관장하였는데, 그 혼인한 (세족의) 집에다가 잔치를 베풀고는 기뻐하며 노래하였다. 이후 시험을 관장하는 사람이 잔치를 베풀 적이면 먼저 이 노래를 불렀다.[59]

에서와 같이, 과거 급제[擢第]라든지 혹은 ―아마도 과거에서의 그것을 가리키는 것이겠지만― 시험을 관장하는 사람 즉 고시관考試官 등이 핵심적인 소재로 등장한다. 신라에서는 운용되지 않았던 과거제를 운위하는 모순이 드러나는 것이다. 설사 위 기록의 과거를 신라 하대의 독서삼품과讀書三品科 정도에 해당하는 것으로 너그럽게 받아들이더라도, 시험을 관장한 고시관이 베푸는 연회라든지 더불어 그러한 관행이 후대로 이

12-13쪽), 신라의 시가를 백제의 시가로 분류하는 그와 같은 모순을 인식하였던지 후일『增補文獻備考』에서는 이 方等山歌를 '百濟樂'이 아닌 '新羅樂'으로 분류해 수록하였다(『增補文獻備考』 106 樂考17 俗部樂1 新羅樂 半登山曲).

59) 余那山 在雞林境 世傳 書生居是山 讀書擢第 聯昏世族 後掌試 設宴其昏家 喜而歌之 自後 掌試者設宴 先歌此焉 (『高麗史』 71 志25 樂2 三國俗樂 新羅 余那山)

어져 지속되는 것이며 또는 한미한 서생이 과거를 통해 세족과 연계를 맺고 혼인하는 구도 등, 하나같이 고려시기의 과거제를 연상시키는 내용 일색이다. 옛 신라의 권역에서 불려 내려오던 시가를, 고려왕조의 식자들이 근거를 명확하게 따지지 않은 채 신라의 속악으로 판단했을 수도 있음을 거듭 떠올리게 하는 대목이다. 삼국속악에 수록된 속요가 백제나 신라 당시에 불리던 노래임을 구체적으로 확인하는 등의 철저한 검증을 거쳐 분류된 것만은 아니었을 가능성을 배제할 수가 없어 보인다.

『고려사』에 백제의 가요로 수록된 무등산가를 반드시 삼국시기 백제에서 불리던 노래로만 받아들이기에는 어려움이 있을 것임을 검토하였다. 옛 백제의 권역에서, 그 처음 시기는 미처 확인되지 않은 채로나마 언제인가 불리기 시작하여 민간에서 줄곧 전승되어 온 것이 곧 『고려사』 악지의 백제 속요이며, 무등산가도 또한 그에서 예외일 수 없음을 잊지 말아야 할 것으로 생각한다. 현전하는 기록에 의거하는 한 그러하며, 따라서 『고려사』와 같은 문헌 자료만으로는 무등산가가 생겨난 시기적 배경을 구체적으로 파악하기 어려운 문제가 상존한다 할 것이다.

무등산가는 무등산에 성을 축조한 사실을 배경으로 탄생한 시가이다. 무등산에 축성한 사실이 없었다면 무등산가도 전하지 않을 것이라는 의미이다. 그런데 난처한 것은 그러한 성을 축조한 경위를 도무지 알 수가 없다는 점이다. 위 무등산가의 관련 기록에서 살폈듯이, 그 배경이 되는 시기조차 명확하지를 않다. 누가 언제 무등산의 어디에 축성하여 이 속요가 불리게 되었는지를 가늠하기 어려운 실정이다.

현재 무등산의 옛 성터로는 대략 세 곳 정도가 꼽히는 듯싶다. 운림동雲林洞의 토성지土城址와 충효동忠孝洞의 성지城址 그리고 이른바 '무진고성武珍古城'이 그것이다.60) 그밖에도 금곡동金谷洞 등지에서 더 확인될 가능성이 있다지만, 현재까지 알려진 것은 그 정도이다. 그나마 앞의 두 유적 즉 운림동과 충효동의 성터는, 초보적인 지표조사를 단편적으로 시도한 정도에 지나지 않아 논의의 대상으로 삼기에는 많이 부족해 보인다. 한편 그러한 중에도 운림동 토성지가 백제시기의 것으로 비정될 가능성이 제기되어61) 눈여겨보아지기도 하는데, 그렇다 하더라도 그 규모라든지 특히 위치 등에 비추어 무등산가의 배경으로 상정하기에는 또한 많이 미달한 듯 보인다. 전라도의 거읍巨邑으로 일컬어지는 광주 고을의 주민들이 그에 의지해 안락함을 노래하였다고 이르기에는62) 멀리 미치지 못하는 듯 여겨진다. 무등산가의 배경이 될 만한 성터로는 '무진고성'이 거의 유일하지 않을까 헤아려지는 것이다.63)

'무진고성'은 광주광역시 북구 무진성길 190 일원의 무등산

60) 金鶴輝, 「城址」, 『光州市史』(附錄 1卷), 光州廣域市史編纂委員會, 2001, 324-329쪽.

61) 金鶴輝, 같은 글, 2001, 324-325쪽.

62) 위 註 54)의 無等山歌를 설명하는 자료 중에, '(光)州在全羅爲巨邑'이니 혹은 '民賴以安樂而歌之'니 등의 표현이 나온다.

63) 安東柱, 앞의 논문, 1998, 9-13쪽에서, 무등산가의 배경으로 이 '무진고성'을 벌써 지목한 바 있거니와, 다만 논의 내용 중 따르기 어려운 부분이 산재하여 인용하기가 망설여진다.

자락에 자리한다. 지역사회에서 흔히들 잣고개라 칭하는 일대이거니와, 광주 시내를 조망할 수 있는 위치로서 지리지류에 전하는 바의 '무진도독고성武珍都督古城'일 가능성이 일찌감치 제기된 바 있다. 그럴 정도로 중요한 성터로 인식되었다는 뜻이거니와, 그렇지만 막상 발굴한 결과 무진도독성이라기보다는 그 배후산성으로 이해하는 게 온당한 것으로 파악되었으며, 그 처음 축조 연대는 통일신라시기인 대략 8세기말에서 9세기초 무렵일 것으로 추정되었다. 이후 9세기말경에 대대적인 수축이 이뤄졌으며 12-13세기경에 또 다시 사용되었으리라는 게 대체적인 이해이다.[64)]

무등산의 대표적 옛 성터인 이 '무진고성'은 전통시기의 문헌에서 그 실재가 쉬이 확인되지를 않는다. 사실 무등산에 축조된 성 자체를 전통시기 기록에서는 거의 찾아볼 수가 없는 형편이다. 이 옛 성터의 이름을 통일신라시기 무진주의 옛 성이라는 의미에서 다소 막연하게 '무진고성'이라 칭하기에 이른 소이연이다. 오늘에 이르도록 잣고개의 이 옛 성터가 '무진고성'이라 불리게 된 경위는 그러하거니와, 대략 8세기말에서 9세기초 즈음의 통일신라시기에 축조된 이 '무진고성'이 무등산가의 배경이 될 만한 거의 유일한 옛 성터에 해당한다 함은 앞서 언급한 대로이다.

---

64) 林永珍, 『武珍古城』 Ⅰ·Ⅱ, 全南大博物館, 1989·1990. 구문회, 「武珍古城出土 銘文資料와 新羅統一期 武州」, 『韓國史의 構造와 展開』(河炫綱敎授定年紀念論叢刊行委員會), 혜안, 2000. 林永珍, 「統一新羅 武珍都督城의 位置와 規模」, 『지방사와 지방문화』 11(2), 2008.

조선말엽의 고산자古山子 김정호金正浩는 『대동지지大東地志』(1864)에서,

> 무등산고성無等山古城 (협주夾註: 유지遺址가 있다. 백제百濟 때 이 산에 성城을 쌓자 주민들이 (그에) 힘입어 평안하므로 즐거워 노래하였는데, 민간에 무등산곡無等山曲이 있다.)[65]

라고 하여, 무등산가의 배경이 되는 성으로서 '무등산고성'을 제시하여 주목된다. 그 마지막 구절인 '속유무등산곡俗有無等山曲'의 해석이 다소 애매할 수 있겠는데, '민간에 무등산곡이 있다고 전해 내려오거니와 그것이 곧 광주사람들이 성에 의지해 평안함을 즐기며 불렀다고 하는 그 노래이다'라는 정도의 의미로 이해하여 무방할 터이다. 전통시기의 기록 가운데 무등산에 축조된 성의 존재를 진하는, 비록 조선말엽의 것이기는 하지만 거의 유일한 증거인 듯 보이며, 더욱이 그 성을 무등산가 탄생의 배경이 되는 장소로 지목하여 이채롭다.

동일한 자료에서 고산자는 광주의 성지城池들을 열거하면서, '읍성邑城' 조항에 조선시기 광주의 읍성을, 이어서 '고성古城' 조항에 통일신라의 무진도독성을, 그리고 '고내상성古內廂城' 조항에 옛 병영성兵營城을 든 다음, 마지막으로 위의 '무등산고성'을 수록해 두었다.[66] 여기의 '무등산고성'이 늘 운위되곤 하던

65) 無等山古城(夾註: 有遺址 百濟時 城于此山 民賴以安 樂而歌之 俗有無等山曲) (『大東地志』 12 全羅道 光州 城池)
金正浩와 『大東地志』에 관해서는, 李丙燾의 「大東地志解題」(『大東地志』, 亞細亞文化社 韓國學文獻研究所 編, 1976)에 나오는 설명을 참고하라.

이른바 '무진도독고성'과 구별되는 존재임을 명백히 하였던 것이다. 혼동의 여지가 없도록 분명하게 기록해 두었거니와, 그에 더하여 그 '무등산고성'의 '유지遺址' 곧 성터의 자취가 무등산에 남아 전함을 알리면서 나아가 그곳이 바로 무등산가의 배경이 되는 장소임을 명시하였다.

현재 알려진 무등산의 옛 성터 가운데 그처럼 고산자가 지목할 정도의 '유지'를 전하는 곳은 아마도 위에서 언급한 '무진고성'이 거의 유일한 듯싶다. 달리 그에 견줄 만한 옛 성터를 찾기가 쉽지 않아 보인다. 이른바 '무진고성'이 곧 『대동지지大東地志』의 '무등산고성'에 해당할 가능성이 매우 높은 듯 여겨진다.

그런데 고산자는 이 '무등산고성'을 백제시기에 축조된 것으로 기록하였다. 동일한 산성으로 여겨지는 '무진고성'이 발굴 결과 통일신라시기에 수축된 유적으로 이해되는 것과 어긋나 문제가 되는 것이다. 아마도 고산자는 『고려사』 악지의 삼국속악에서 무등산가를 백제의 항목으로 분류해 수록한 데 영향을 받아, 자신이 그 속요의 배경으로 지목한 '무등산고성'도 백제시기에 축조된 것으로 파악하였던 듯싶다. 『고려사』 이후 역대의 기록이 하나같이 무등산가를 백제의 속요로 분류하면서 그 배경이 되는 축성까지 백제시기의 일로 이해한 게 그러

66) 邑城(夾註: 周八千二百五十三尺 城門四 井三十一) 古城(夾註: 即武珍都督時城 北五里 土築 周三萬二千四百四十八尺) 古內廂城(夾註: 即古兵營城 西三十里 周一千六百八十一尺) 無等山古城(夾註: 有遺址 百濟時 城于此山 民賴以安 樂而歌之 俗有無等山曲) (『大東地志』 12 全羅道 光州 城池)

한 연유에서였거니와, 고산자도 또한 그에서 예외가 아니었던 셈이다.

그렇지만 앞서 지적하였듯이, 『고려사』 악지에 백제의 시가로 수록되었다고 해서 그것을 반드시 삼국시기의 백제에서 불리던 가요로만 간주하려는 데에는 쉬이 찬동할 수가 없다. 문제될 소지가 다분하거니와, 그러한 성격의 자료를 바탕으로 정리한 『대동지지』의 '백제 때 쌓은 성' 운운하는 기록에 굳이 큰 비중을 두어야 할 까닭은 없어 보이는 것이다. '무등산고성'을 백제시기에 축조된 성으로 애써 고집해야 할 근거가 그리 확고하지만은 않은 듯싶거니와, '무진고성'이 통일신라시기에 축조된 것으로 판명되었듯이 '무등산고성' 역시 백제가 아닌 통일신라시기에 축조된 것으로 이해하여 지나치지 않을 성싶다. 『대동지지』에 기록된 '무등산고성'을 현재의 광주 잣고개에 자리하는 '무진고성'과 동일한 것으로 간주하여 큰 잘못은 아니지 않을까 헤아려지는 것이다.[67]

『대동지지』에서 고산자가 무등산가의 배경이 되는 장소로 지목한 '무등산고성'이 곧 '무진고성'에 해당할 것임을 더듬었다. 8세기말 9세기초의 통일신라시기에 처음 축조된 것으로

67) 이제 '무진고성'의 명칭을 '무등산고성'으로 변경하는 문제를 두고도 한번쯤 고심하는 시간을 가져 보는 게 어떨까 싶다. 전통시기의 자료에 무등산고성이라는 명칭이 나오는 만큼 그것을 존중해서 채택하는 게 그리 나빠 보이지는 않는다. 사실 무진고성이라는 명칭에서는 무진주의 치소성이 연상되어 때로 당혹스러운 적이 없지를 않다. 전통시기의 자료에 자주 언급되곤 하는 이른바 '무진도독고성'과 혼동을 일으킬 소지가 있는 만큼 명칭을 교체하는 명분은 충분해 보이며, 『대동지지』에 수록된 '무등산고성'을 그 대안으로 고려해 마땅하지는 않을까 여겨지는 것이다.

판단되는 현 잣고개의 '무진고성'이 곧 무등산가의 배경이 되는 그곳이라는 뜻이거니와, 무등산의 옛 성터 가운데 무등산가의 배경이 될 만한 거의 유일한 장소로서 '무진고성'을 지목한 앞서의 논의를 거듭 되짚은 셈이다.

'무진고성'은 통일신라시기에 축조된 산성이다. 따라서 그러한 산성의 축조를 배경으로 탄생한 무등산가도 또한 백제라기보다는 통일신라에서 비로소 불리기 시작한 것으로 이해해 마땅할 터이다. 백제의 시가로 전하는 무등산가가 반드시 삼국시기 백제에서 불리기 시작했다기보다는 그냥 옛 백제권역의 민간에서 전해 내려오던 속요였을 가능성을 언급한 바 있거니와, 이제 그것을 보다 구체화시켜 현 광주 잣고개에 '무진고성'이 축조되던 통일신라시기에 비로소 그 노래가 불리기 시작했던 것으로 이해하고자 하는 것이다.

무등산가의 배경이 되는 무등산의 성이 『대동지지』의 '무등산고성'이자 현 잣고개의 '무진고성'이며, 그것이 통일신라시기에 축조되었음을 근거로 무등산가의 처음 시작이 백제가 아닌 통일신라에서였을 가능성을 제시하였다. 무등산가에 함축된 광주 지역사회의 움직임이 신라 통치 하의 그것일 수가 있음을 헤아린 셈이거니와, 이제 잠시 미루어 두었던 바 통일신라시기 광주 토착세력의 동향을 무등산가에 의지해 더듬어보도록 하겠다.

무등산가는 광주고을 사람들이 기뻐하며 부른 가요이다. 무등산에 축조된 성에 의지해서 평안을 누리던 지역민들이 그러한 당시를 칭송하며 노래한 일종의 태평가로 이해된다.[68] 당시 광주고을의 분위기가 비교적 안정되고 평화로웠을 것임을 예감할 수가 있다. 축성은 관아에서 주도하여 지역 주민들을 동원하는 방식으로 추진되었을 것인데, 또한 거기에는 지역 유력계층의 참여가 필수적이었을 터이다. 신라 중앙에서 무진주로 파견되어 온 지방관이 무진주 토착세력인 촌주村主라든지 리吏 등의 보좌를 받는 가운데 지역민을 동원하여 잣고개의 '무진고성'을 축조하였으려니와,[69] 그러한 결과로 완성된 산성을 배경삼아 주민들이 안락을 누리며 노래한 게 무등산가였다. '무진고성'의 축조가 광주 지역사회의 협조 속에 순조롭게 추진되었을 것임을 헤아리게 하는 대목이다. 축성을 두고 지역 주민이라든지 또는 그 대표라 할 토착 유력자들이 불만에 차 언짢게 대하였으며 그리하여 축성이 난항을 겪었다면, 그 결과인 산성에 의지하게 된 것을 그처럼 기뻐하며 노래하였을 까닭이 없을 터이다. 그와 같은 정황으로 미루어, 신라 중앙 내지 그 대리인이라 할 지방관의 주도 아래 무등산에 성을 쌓는 일을 두고 광주 지역사회에서 자못 협조적으로 대했을 것으로 간주하여 지나치지 않을 듯 여겨지는 것이다.

사실 광주지역의 토착 유력계층에서는 보다 이른 시기에 벌써 왕실을 필두로 한 신라 중앙 내지는 경주의 중앙귀족에게 자못 타협적인 자세를 취했던 듯 보인다. 신라가 백제를 아우

68) 나경수, 앞의 논문, 2005, 228쪽. 무등산가의 성격을 두고는 견해가 백출인데, 여기에서 그것을 일일이 거론하며 다툴 필요를 느끼지는 않는다. 구체적인 것은 위의 註 53)에서 제시한 바의 관련 연구를 참고하라.

69) 구문회, 앞의 논문, 2000, 134-135·138·140쪽.

르고 그 지배력이 침투해 들어오던 이래 그러하였던 듯싶다. 앞서 잠시 언급하였던 바 무진주리武珍州吏 안길安吉과 문무왕文武王의 서제庶弟라던 차득車得 사이에 얽힌 사화史話에서 느낄 수가 있는 일이다.

백제의 멸망 이후 신라 중앙에서는 현 노령 이남지역의 민심을 예의 주시하였다. 이제 막 영역으로 새로이 편입된 백제의 옛 터전인 만큼, 불안한 정서가 만연한 가운데 요동치는 민심을 조속히 안정시킬 필요가 절실하였다. 지역사회를 이끌던 전통적인 토착 유력계층의 협조가 필수적이었으려니와, 그리하여 암행 시찰을 빌미삼아 광주에 온 차득이 안길을 필두로 하는 토착세력 출신의 유력자들과 협의한 끝에 타협책을 마련하였다. 안길 등은 신라의 통치에 협조하여 지역의 민심을 안정시키도록 노력할 것을 약조하였으며, 그 대가로 차득은 광주의 토착 유력계층으로 하여금 노령 이남지역에서의 주도권을 장악하도록 후원키로 한 것이 그것이었다. 노령 이남의 현 전남지역에 무진주가 설치된 것은 그와 같은 타협의 산물이었다. 발라주였던 현 나주가 발라군으로 강등되는 한편 무진군이었던 현 광주가 무진주로 격상되어 주의 치소治所를 제 고을로 끌어옴으로써, 나주를 제치고 광주의 토착세력이 노령 이남의 지역사회를 대표하는 지위로 올라서게 되었던 것이다. 신라의 통치에 협력하도록 회유 무마하는 중앙귀족의 책동과, 노령 이남에서의 주도권을 노리던 광주 토착세력의 야심이, 적절한 조정을 거치며 무진주의 성립으로 타협을 이룬 셈이었다.[70)]

신라의 백제 병합으로 신라 중앙과 광주 지역사회가 접촉을 시작한 이래, 광주의 토착세력은 그처럼 중앙귀족과 타협하고 저들에게 협력하였다. 그리하여 신라 중앙의 통제 아래에서 그 독자성에 상당한 제약을 받는 채로나마, 중앙귀족의 뒷받침을 받는 가운데 광주지역을 이끄는 사회적 유력계층으로서 그 위치를 한층 굳히며, 더욱이 노령의 이남에서 토착세력을 대표하는 지위를 차지하게 되었다. 광주의 무등산에 산성을 축조하고서는 고을 주민들이 그에 의지하여 평안함을 기뻐하며 노래하였다는 기록이 전하기에 이른 내력을 짐작할 만하다. 신라 중앙귀족과 광주 토착 유력계층 사이의 그와 같은 호의적인 분위기에 비추어, 무등산에 산성의 축조를 추진하는 신라 중앙 내지는 중앙에서 내려온 지방관의 협조 요청을, 광주 지역사회가 굳이 거부하고 나섰을 리는 없어 보인다. 특별한 사유가 발생하지 않는 한 그러하였을 법하다. 그리하여 토착세력의 협력 속에 축성이 순조롭게 추진되었고 또 그러한 과정을 거쳐 '무진고성' 혹은 '무등산고성'이 완성되기에 이르자, 지역민들이 그에 의지하여 안락함을 즐기며 태평을 노래하는 무등산가가 탄생하게 되었던 셈이다.

무등산가에 함축된 통일신라시기 광주 지역사회의 동향을 더듬었다. '무진고성'의 축조라든지 그러한 결과 탄생한 무등산가에서, 광주의 토착 유력계층이 신라 중앙 내지는 중앙귀족에게 대체로 타협적인 자세를 취하며 협조하는 가운데 지역

70) 邊東明, 앞의 논문, 2012, 37-71쪽.

사회가 안정을 누렸을 것임을 헤아렸다. 따라서 이제 무등산신앙의 소사 편제를 마주한 광주 지역사회의 반응도 대략 짐작할 수 있게 되지는 않았을까 싶다. 매한가지로 무등산을 배경으로 삼으며 더욱이 고장의 수호와 안녕에 깊이 연관된 존재라는 점에서, 무등산신앙은 '무진고성'이나 무등산가와 여러모로 비견되는 존재이다. 무등산신앙을 둘러싼 신라 중앙의 조치에 광주 지역사회가 '무진고성'이나 무등산가의 경우와 유사한 반응을 보였을 공산이 커 보이는 것이다.

무등산을 국가적 제례의 대상인 소사의 제장으로 편입하여 규제하려던 중앙귀족에게, 광주의 토착세력은 대체로 협조적이지는 않았을까 싶다. '무진고성'의 축조라든지 그리하여 태평을 구가하는 무등산가가 탄생한 경위에 비추어, 신라 중앙의 사전체계祀典體系 정비에 대해서도 광주의 토착 유력계층이 맞서 반대하고 나서기보다는 오히려 타협적인 태도를 취했을 가능성이 높은 듯 여겨진다. 그렇게 함으로써 일정 한도 안에서이겠지만 신라 중앙의 뒷받침을 받으며 지역사회를 이끄는 전통적인 토호로서의 지위를 더욱 확고하고 안정적으로 누리려는 게, 당시 광주 토착 유력계층의 속셈이 아니었을까 헤아려지는 것이다. 기록을 통해 직접적으로 확인된 바는 없지만, 그와 같은 추정이 사실에서 크게 벗어나지는 않을 것으로 생각한다.

무등산이 소사의 제장으로 편입되어 중앙귀족의 규제 아래 들어감에 따라, 무등산신앙과 관련된 관아官衙의 공식적인 제의祭儀나 행사에서 광주 토착세력은 보조적인 지위를 감수할 수밖에 없었을 터이다. 그 동안 무등산 내지 그 산신을 지역의 상징이자 수호신으로 숭배하며 관련 의식이라든지 행사 등을 독자적으로 이끌어오던 데서 한 걸음 비켜나, 중앙에서 파견되어온 관리 내지 지방관에게 －적어도 공식적인 의례나 행사에서는－ 그 주도권을 내어주는 게 불가피했음 직하다. 다만 그러는 중에도 산신제례山神祭禮를 준비하는 과정이라든지 혹은 민간 차원의 비공식적인 무등산신앙 관련 행사 등에서 토착세력 나름의 역할을 챙김으로써, 이전에 비해 중요도는 많이 떨어졌을망정 체면을 유지하는 선에서 타협이 이루어졌을 법하다. 조선왕조朝鮮王朝에 들어 유교적儒教的 예제禮制 정비와 함께 산신山神·성황신城隍神 숭배와 신앙의 유교적 전환이 강력히 추진되었는데, 그러는 중에도 고을의 이서吏胥 등이 주도하는 이른바 음사적陰祀的 성격의 전통적인 관련 제의祭儀가 비공식적으로나마 나름의 명맥을 유지하였던 많은 사례에서,[71] 통일신라의 사전祀典 정비에 따른 무등산신앙의 추이라든지 내지는 거기에 관련된 지역 토착세력의 동향 역시 그와 유사하였을 것임을 헤아려 지나치지 않아 보인다.

한편 광주 지역사회의 그러한 행보는 9세기 전반前半에도 대체로 큰 변화 없이 유지되었다. 신라가 백제를 병합하고 그리하여 저들과 광주 지역사회가 접촉을 시작한 이래 이어져 온 바, 신라 중앙과 도움을 주고받는 호혜적 연계를 발판으로 삼아 지역사회를 이끄는 토착세력으로서의 지위를 유지 강화시

71) 변동명, 앞의 책, 2013, 375-380쪽.

켜간다는 애초의 방침이 여전히 존중되었다. 장보고張保皐를 살해하고 청해진清海鎭을 접수하는 데 앞장섰던 것으로 전하는 무주인武州人 염장閻長의[72] 행적에서 저간의 사정을 엿볼 수가 있다.

염장은 무주의 치소治所 곧 현 광주 내지 인근의 토착세력 출신으로 이해되는 게 보통이다. 무주도독武州都督을 역임한 중앙귀족 김양金陽과 연결된 인물로 받아들여지는데, 그를 따라 청해진에 합류하여 김우징金祐徵을 신무왕神武王으로 옹립하는 정변에 참여하였다가, 장보고와 갈등을 빚던 중앙귀족의 사주를 받아 장보고를 살해한 다음 청해진을 접수하였다. 청해진이 9세기 전반에 놀라운 성장을 보이며 중앙의 왕위경쟁에 개입하는 것과 함께 서남해안을 넘어 무진주 치소로까지 그 영향력을 확대해오자, 위기감을 느낀 주치州治의 토착 유력계층이 염장을 앞세워 중앙귀족과 손을 잡고서는 장보고 제거와 청해진 장악에 나섰던 것이다.[73] 광주 지역사회가 신라 중앙과의 타협을 선택한 이래 내내 유지해 온 방침에 따른 대처라 이르겠거니와, 신진 해상세력의 도전을 극복하고 노령 이남의 토착세력을 대표하는 지위를 유지 향유하는 데 신라 중앙귀족과의 기존 연고를 충실히 활용한 셈이었다.

그런데 장보고와 염장으로 표상되는 세력 사이의 그러한 갈

72) 清海弓福 怨王不納女 據鎭叛 … 武州人閻長者 以勇壯聞於時 來告曰 … (『三國史記』 11 新羅本紀11 文聖王 8년 春)

73) 邊東明, 「武珍州의 성립과 車得·安吉 설화」, 60쪽. 邊東明, 「9세기 前半 武州 西南海地域의 海上勢力」, 『韓國史學報』 57, 2014, 67-71쪽.

등이 폭발하기 얼마 전, 광주의 토착세력이 이전과는 다른 노선을 선택한 듯싶은 하나의 사건이 발생하여 주목된다. 헌덕왕憲德王 14년(822)에 발발한 김헌창金憲昌의 난이 그것이었다.[74] 기록에 따르면, 웅천주熊川州를 근거로 반기를 든 김헌창에게 무진주武珍州·완산주完山州·청주菁州·사벌주沙伐州의 4개 주가 합세하였다고 한다.[75] 무진주가 김헌창 동조세력에 포함되어 눈길을 끌거니와, 웅천주와 청주에서 적극적으로 나서고 다른 3개 주의 토착세력도 그에 협조적이었으며, 김헌창은 옛 백제지역百濟地域의 유민의식遺民意識을 자극하여 신라에 대한 반감을 이용하려 했을 것으로 이해들을 한다. 광주의 토착세력이 중앙귀족과의 연계를 주요 방침으로 삼던 이제까지와 달리 신라 중앙에 반기를 든 세력과 정치적 행보를 함께 하였음을 전한다.

그러고 보면, 청해진으로 의탁해 온 김우징·김양에게 염장으로 표상되는 광주의 토착세력이 협력하며 그들을 지지하고

---

74) 金憲昌의 亂을 언급한 글은 여럿인데, 여기에서는 다음의 연구를 주로 참고하였다. 李基東, 「新羅 下代의 王位繼承과 政治過程」, 『歷史學報』 85, 1980; 『新羅骨品制社會와 花郎徒』, 一潮閣, 1984, 155-157쪽. 金東洙, 「新羅 憲德·興德王代의 改革政治」, 『韓國史硏究』 39, 1982, 38-41쪽. 李基東, 「귀족사회의 분열과 왕위쟁탈전」, 『한국사』 11, 국사편찬위원회, 1996, 24-27쪽. 黃善榮, 「新羅 下代 金憲昌亂의 性格」, 『역사와 경계』 35, 1998, 1-26쪽. 박용국, 「新羅 憲德王代 金憲昌의 亂과 晋州地域」, 『退溪學과 韓國文化』 37, 2005, 249-283쪽. 朱甫暾, 「新羅 下代 金憲昌의 亂과 그 性格」, 『한국고대사연구』 51, 2008, 233-279쪽. 손흥호, 「9세기 전반 신라의 사회변동과 지방사회」, 『大丘史學』 135, 2019, 1-33쪽.

75) 熊川州都督憲昌 以父周元不得爲王 反叛 國號長安 建元慶雲元年 脅武珍·完山·菁·沙伐四州都督 國原·西原·金官仕臣 及諸郡縣守令 以爲己屬 … (『三國史記』 10 新羅本紀10 憲德王 14년 3월)

나선 것도[76] 또한 신라 중앙에 반대하는 형상이기는 매한가지였다. 당시의 국왕을 비롯한 경주의 집권 귀족에게 등을 돌리고 그 반대파를 지지한 셈이었거니와, 왕경에서 권력을 장악한 세력의 변동에 따라 광주 지역사회의 신라 중앙 내지 중앙귀족과의 타협이라든지 협조의 형태에 다소간 기복이 있을 수 있음을 보여준다. 각별히는 광주 지역사회를 이끌던 토착세력과 연고를 지닌 쪽으로 기우는 경향을 보였던 듯 여겨지는데, 가령 김헌창과 김양이 각각 무진주 도독을 역임함으로써[77] 지역의 전통적인 유력한 사회세력과 친밀한 연고를 맺었기에 그 지지를 얻어낼 수 있었을 것으로 판단되는 등에서 그것을 헤아릴 수가 있다.

그렇지만 여기에서 한 가지 지나치지 말아야 할 사실은, 김헌창이나 김우징·김양 등이 신라의 중앙귀족 출신이라는 점이다. 왕경의 국왕이라든지 권력을 장악한 중앙귀족에게 반기를 듦으로써 표면적으로는 반중앙反中央인 듯 보이지만, 정변에 성공할 경우 －김우징·김양 등이 그러하였듯이－ 왕경으로 복귀하여 중앙귀족으로서 군림할 것이 예상되는 존재였다. 저들에 대한 지지를 단순히 신라 중앙에 비우호적이며 또한 반감을 드러낸 것으로만 단정하는 데에는 상당한 제약이 따르는 셈이다. 그처럼 일률적으로 단선화시켜 받아들일 일만은 아니

76) 邊東明, 앞의 논문, 2014, 67-69쪽.

77) · 以伊湌憲昌爲武珍州都督 (『三國史記』 10 新羅本紀10 憲德王 5년 正月)
· 字魏昕 … 太和二年 興德王三年(828) 爲固城郡大武 尋拜中原大尹 俄轉武州都督 所臨有政譽 開成元年丙辰(836) 興德王薨 … (『三國史記』 44 列傳4 金陽傳)

며, 김헌창이나 김우징·김양과 같은 특정 계열의 중앙귀족을 지지하는 것과, 신라 중앙이라든지 중앙귀족과의 관계에서 아예 벗어나 독자세력을 지향하는 분립적 내지 자립적 경향의 반중앙과의 사이에는, 적지 않은 차이가 존재한다는 사실에 한층 유의함이 마땅할 듯 여겨지는 것이다.

광주 토착세력이 김헌창의 난이라든지 김우징·김양의 거사에 동조하는 것은 외면상 언뜻 반중앙의 발로인 듯 보이기는 한다. 그렇지만 내막을 곰곰이 따져 살피면 반중앙이기에 앞서 또 다른 중앙귀족의 편을 든 것이며, 따라서 중앙귀족과의 협력 내지 타협이라는 광주 지역사회의 오랜 방침에 근본적인 변화가 일어난 것으로 단정할 수만은 없어 보인다. 김헌창에 동조하고 김우징·김양을 지지한 것은, 당시 신라 중앙의 집권세력에 반대한 바꿔 말해서 중앙귀족의 일부에게 반대한 것이며, 그런 만큼 다른 측면에서 보자면 중앙귀족의 또 다른 일부 곧 집권하지 못한 비주류 중앙귀족의 편에 선 것이라고 할 수가 있을 터이다. 광주 지역사회를 이끄는 토착세력의 정치적 선택이 자신과 보다 연고가 깊은 쪽을 향한 것일 뿐이며, 따라서 반중앙이라기보다는 신라 중앙의 정치세력 중 특정 계열을 지지한 행위로 이해함이 온당할 듯 여겨지는 것이다.

광주 지역사회에서 김헌창이나 김우징·김양 등을 지지한 것은, 국왕을 필두로 하는 신라 중앙과의 연계를 바탕으로 주치州治라든지 나아가 노령 이남에서 주도권을 유지하려는 저들의 방침이 상황에 따라서는 흔들리기도 할 것임을 보여준다. 양자의 협력관계에 틈이 생길 여지가 있음을 드러낸 셈이거니와, 광주 토착세력이 중앙귀족의 분열을 목도하고 또한 그에 따라 자신들의 정치적 선택의 폭이 한층 넓어질 수 있음을 간파함으로써, 그러한 경험이 향후 다른 길을 모색할 가능성에 눈길을 돌리는 계기로 작용하였을 성싶기는 하다. 그렇지만 중앙귀족과의 타협과 협력이라는 기왕의 방침에 근본적으로 변화가 생긴 것은 아직 아니며, 또한 그 흔들림이라는 것도 일시적이었다. 청해진의 급속한 대두에 맞서 염장이 중앙귀족과 손을 잡고 장보고를 제거하였던 것은, 광주 토착세력과 중앙귀족 사이의 호혜적 연계에 변함이 없으며 또 그와 같은 기왕의 방책이 여전히 유효함을 반증한다.

무등산신앙이 소사에 편제되어 기록에 등장하고 더불어 무등산가가 널리 불리기에 이른 경위 및 향후의 추이 등을 곰곰이 음미하였다. 무등산과의 관련 속에서 통일신라시기 광주 지역사회의 움직임을 헤아리려 함에서였거니와, 그리하여 광주 토착세력이 신라 중앙과 접촉을 시작한 이래 중앙귀족과의 연계를 발판으로 삼아 지역사회를 주도하려는 방책을 9세기 전반前半에 이르도록 —김헌창의 난에서처럼 한때 흔들리는 것처럼 보인 적도 없지는 않았지만— 대체로 일관되고 유효하게 구사하였음을 살피었다. 그로써 광주를 이끄는 전통적인 유력 사회계층으로서의 위치를 굳건히 다지며, 나아가 노령 이남에서 토착세력을 대표하는 위상을 지켜나가고자 하는 게 통일신라시기 광주 지역사회의 선택이었다. 무등산신앙과 무등산가를 더듬어 광주 지역사회와의 관계 속에서 무등산의 존재 의미를 되짚은 셈이거니와, 이 산이 광주 자체나 다름없는 상징적 존재임을 거듭 확인하는 시간이었다 할 것이다.

백제의 멸망 이후 광주를 이끌던 토착 사회세력이 신라 중앙과 타협하고 중앙귀족에게 협조한 것은 이를 나위 없이 기왕의 지위를 지키려는 데서 나온 고식책姑息策이었다. 압도해 오는 중앙의 지배 권력에 대처해 살아남고, 더불어 한계가 명백한 중에서나마 나름의 세력을 유지해 가기 위한 방책으로서였다. 따라서 중앙이 혼란에 빠지고 그리하여 지방에서 중앙의 영향력이 쇠퇴하는 시기가 오면, 저들 토착세력이 지역사회를 이끌던 본래의 자리로 되돌아가려는 유혹을 느끼며 분립적 경향을 띠게 되는 것은 거의 필연이라 할 것이다. 김헌창의 난이라든지 장보고 사건에서 그 단초가 간취되듯이 중앙의 통제에서 벗어나 새로운 활로를 모색하기 마련일 터인바, 9세기 말엽 광주 일대를 근거로 삼아 견훤甄萱이 등장한 것은 그러한 움직임의 한 정점에 해당한다 할 것이다. 광주 지역사회가 신라 중앙의 통제를 밀어내고 독자세력으로 대두하기에 이른 셈이거니와, 이제 자리를 달리하여 역시 무등산 자락에 위치하는 9세기 후반의 유물인 개선사지開仙寺址 석등石燈을 들여다보며 그러기까지의 경로를 둘러싼 궁금증에 도전하는 시간을 가져볼까 한다.

Ⅳ. 無等山의 開仙寺址 石燈

개선사지 석등은 광주호光州湖 상류 쪽인 광주호수생태원의 결 무등산 자락에 위치한다. 공식 행정구획상 전남全南 담양군潭陽郡 가사문학면歌辭文學面 학선리鶴仙里 593-2로서 개선開仙마을에 해당하는데, 실제로는 광주시光州市 북구北區 충효동忠孝洞과 맞닿아 경계를 이루는 구역으로서 대략 광주권에 드는 것으로 이해들을 하는 게 보통이다.[78] 행정적으로는 전남 담양에 속하지만 실제로는 광주권역의 일부로 간주하여 지나치다고 말하기 어려운 지리적 공간에 위치하는 바, 무등산 자락에 들어선 이 석등을 소재로 삼아 무등산의 역사를 가늠하며 또한 그와 관련시켜 광주 지역사회를 거론한다고 하여 그다지 큰 잘못은 아닐 것으로 생각한다.

개선사지 석등은 한국 석등 역사의 한 지표가 되는 유물로서 이름이 있다. 그 화사火舍의 기둥[火舍石]에 새겨진 명문銘文으로 해서 정확한 건립 연도가 확인되기 때문인데, 그리하여 각별한 보호대상으로서 보물 제111호로 지정되어 현지에 보존 중이다. 한편 석등의 명칭이라든지 특히 그 명문의 판독과 해석을 둘러싼 견해가 자못 다양한데, 대략 석등의 건립은 경문왕 8년(868) 그리고 거기에 명문이 새겨진 것은 진성여왕 5년(891) 무렵의 일로 각각 이해들을 하는 게 보통이다.[79] 먼저

78) 全南이 아닌 光州市의 문화재를 설명하면서 '개선사지 석등'을 하나의 항목으로 넣어 다루는 거와 같은 사례가 그러하다(光州直轄市史編纂委員會, 『光州市史』 1, 1992, 392-393쪽의 '開仙寺址 石燈' 항목).

79) 관련된 문제 모두를 일일이 다루지는 않을 생각이다. 이 글의 논의를 전개하는 데 필요한 한도 내에서의 언급에 그칠 예정인데, 주로 참고한 연구는 다음과 같다. 鮎貝房之進, 「潭陽 開仙寺石燈記」, 『雜攷』 第6輯上編, 朝鮮印刷株式會社, 1934; 『雜攷 俗字攷·俗文攷·借字攷』, 國書刊行會, 1972, 444-453쪽. 旗田巍, 「新羅·高麗の田券」, 『史學雜誌』 79-3, 1970;

해당 명문과 그 번역을 제시하면 다음과 같다.

景文大王主○○○○
文懿皇后主大娘主願燈二
炷唐咸通九年戊子中春夕
繼月光前國子監卿沙干金
中庸送上油粮業租三百碩
僧靈判○○○建立石燈○
龍紀三年辛亥十月日僧入雲京租
一百碩烏乎比所里公書俊休二人
常買其分石保坪大業渚畓四結(五 / 畦◑
東令行土北同 / 土南池宅土西川)奧畓十結(八東令行土西北同 /
畦土南池宅土○)

* ○ 글자 없는 빈칸. ◑ 미완성 글자? ( ) 두 줄로 된 세주細註

『朝鮮中世社會史の研究』, 法政大學出版局, 1972, 177-184쪽. 李泰鎭, 「畦田考」, 『韓國學報』 10, 1978; 『韓國社會史研究』, 지식산업사, 1986, 61-63쪽. 鄭早苗, 「開仙寺石燈記」, 『朝鮮學報』 107, 1983, 125-160쪽. 魏恩淑, 「나말여초 농업생산력 발전과 그 주도세력」, 『釜大史學』 9, 1985, 101-137쪽. 崔鉛植, 「開仙寺 石燈記」, 『譯註 韓國古代金石文』Ⅲ, 駕洛國史蹟開發研究院, 1992, 288-292쪽. 구문회, 「'潭陽 開仙寺石燈記'의 재검토」, 『역사와 실학』(龜泉元裕漢教授定年紀念論叢 上) 15·16合, 2000, 59-80쪽. 황호균, 「開仙洞 石燈 銘文考」, 『불교문화연구』 7, 2000, 121-140쪽. 張東翼, 「京都大學 所藏 開仙寺址石燈記의 拓本」, 『歷史教育論集』 36, 2006, 403-417쪽. 盧鏞弼, 「統一新羅의 논농사」, 『震檀學報』 107, 2009; 『韓國稻作文化研究』(한국연구총서 80), 한국연구원, 2012, 84-96쪽. 이경화, 「무등산 불교미술의 신앙적 양상과 교류」, 『歷史學研究』 45, 2012, 3-5쪽. 이영훈, 「開仙寺石燈에 새겨진 8~9세기 新羅의 토지제도」, 『古文書研究』 50, 2017, 97-128쪽. 김창겸, 「신라 開仙寺石燈의 건립과 '大娘主'의 정체」, 『신라사학보』 49, 2020, 281-309쪽.

경문대왕景文大王님과 문의황후文懿皇后님, 작은 황후님께서[80] 등燈 두 심지를[81] 원하셨다. 당나라 함통咸通 9년 무자戊子의 해 2월에, 저녁이면 달빛을 잇고자 전前 국자감경國子監卿인 사간沙干 김중용金中庸이 등유燈油와 양식糧食으로 운영하도록 조租 300석碩을 보내 올리니, 승려 영판靈判이[82] 석등石燈을 건립하였다. 용기龍紀 3년 신해辛亥의 해 10월 어느 날, 승려 입운入雲이 왕경王京으로 보내야 할 조 100석으로, 오호비소리烏乎比所里의 공서公書와 준휴俊休 두 사람에게서 그들 몫의 석보평石保坪에 있는 큰 생업生業인 물가의 논 4결結(세주細註: 5배미이며, 동쪽은 영행令行의 토지이고 북쪽도 같은 토지이다. 남쪽은 지택池宅의 토지이고 서쪽은 개울이다)과 물에서 멀리 떨어진 논 10결(세주: 8배미이며, 동쪽은 영행의 토지이고 서쪽과 북쪽도 같은 토지이다. 남쪽은 지택의 토지이다)을 상례常例대로 매입하였다.

위 석등기石燈記에 나오는 당唐 함통咸通 9년(무자戊子)은 신라의 경문왕 8년(868)에 해당하며, 용기龍紀 3년(신해辛亥)은 실

80) '大娘主'를 '큰 공주님'으로 새기면서 '眞聖女王'으로 이해한 기왕의 견해를 비판하고 景文王의 '次妃'일 것임을 논의한 견해(김창겸, 「신라 開仙寺 石燈의 건립과 '大娘主'의 정체」, 281-309쪽)에 따라, '작은 황후'라 새겼다. 銘文이 石燈에 刻字되던 당시 재위 중이던 국왕인 眞聖女王을 '大娘主' 운운으로 표기했을 리가 없으며, 경문왕의 차비이자 황후의 아우이던 여성을 그리 표기했으리라는 주장에 공감하는 바이다.

81) 기왕에는 대체로 '願燈立炷'로 읽는 게 보통이었으나, '願燈二炷'로 판독한 견해(황호균, 앞의 논문, 2000, 125-128·130-131쪽. 이영훈, 앞의 논문, 2017, 101-103쪽)를 따른다. 현장에서 확인한 바 '願燈二炷'가 분명하다.

82) '判'의 부분이 현재의 석등에서는 뭉개져 알아볼 수가 없지만, 『朝鮮古蹟圖譜』의 도판 등에는 선명하게 나타난다(황호균, 앞의 논문, 2000, 125-128·131쪽. 이영훈, 앞의 논문, 2017, 101-103쪽).

상 대순大順 2년인바 연호를 잘못 기록한 것으로서 진성여왕 5년(891)에 해당한다. 명문의 내용은 크게 전반부와 후반부로 나뉘는데, 그 각각을 대략 정리해가면서 논의를 진행하겠다.

경문왕景文王 내외 곧 왕王과 왕후王后 및 차비次妃가 사찰에 등燈 보시를 원하자, 경문왕 8년에 전前 국자감경國子監卿 김중용金中庸이 유량油粮 곧 등유와 양식으로 운영하도록 조租 300석을 보냈고, 그 일을 계기로 해서 승려 영판靈判이 석등을 세웠다는 게 전반부이다. 이른바 경문왕가景文王家라 칭해지는 당시 국왕·왕실의 발원發願과 김중용의 기진寄進을 바탕으로 승려 영판이 석등을 조성하였다는 것이다.

한편 이에 대해, 경문왕 내외가 단지 등燈 달기[懸燈]를 원했을 뿐이며 석등의 건립을 발원한 것은 아니라는 견해가 있다. 국왕 내외가 등 달기를 원하여 경문왕 8년 2월에 '석계월광夕繼月光' 곧 등을 달아 밤을 밝힘으로써 그 발원을 성취하였다는 것이다. 김중용의 '유량업조油粮業租' 기진이라든지 영판의 석등 건립은 그와 직접 관계된 일이 아니라는 지적이거니와, 나아가 김중용과 영판의 행위도 서로 무관하게 이뤄진 일이라고 한다. 김중용은 단지 유량油粮을 댄다는 명목으로 기진하였을 뿐인데, 영판이 그것을 밑천 삼아 석등을 건립하였던 것으로 이해한다. 그리하여 김중용의 기진이라든지 영판의 석등 조성은 현등이 이뤄진 경문왕 8년 이후의, 아마도 그에서 그리 멀지 않은 어느 시기의 일일 것으로 추정한다.[83] 사뭇 새로운 해

83) 이영훈, 앞의 논문, 2017, 103-104쪽.

석으로서 그럴 법하거니와, 경문왕 내외의 발원에 따라 김중용이 관련 비용을 기진하자 경문왕 8년(868)에 영판이 석등을 건립한 것이라는, 기왕에 대체적으로 받아들여져 온 이해와는 상당한 거리가 있다.

그렇지만 석등에 글을 새겨 넣은 이유가 그 조성이라든지 운영의 경위 등을 밝히기 위해서일 것이라는 데 생각이 미치면, 그러한 견해에 얼른 공감하기는 어려울 듯싶기도 하다. 새로운 해석대로라면, 석등의 건립을 직접 발원하고 또 그에 동의하여 비용을 시주한 인물이 전혀 드러나지 않으며, 또한 그 건립 시기조차도 불명이게 된다. 기껏 해야 석등의 조성 배경으로나 치부되어 마땅할 현등懸燈의 발원자라든지 그 시기 등은 명확히 밝히면서도, 막상 그에 새겨 넣은 글의 대상이 되는 석등의 발원자라든지 시주자나 그 건립 연도는 제외하거나 애매하게 처리하였다는 게 쉬이 납득이 되지를 않는다. 석등의 조성에 직접적으로 관련되는 일들이 모두 불분명해지는 한계가 도드라져 보인다. 해당 기문記文을 지나치게 짧게 끊어 단절적으로 해석한 데서 오는 문제가 아닌가 싶다. 석등에 명문銘文을 넣으면서 그 직접적인 당사자라 할 발원자라든지 시주자를 제외하고 또한 그 건립 시기를 밝히지 않은 채, 단지 그 간접적인 배경만을 명확하게 기록한다는 게 도무지 상식적이지를 않아 보인다. 그러한 해석이 불가능하지는 않지만, 신선해 보이는 그것보다는 아무래도 이제까지 대체적으로 받아들여져 오던 기왕의 논의에 한층 마음이 기우는 소이연이다.[84]

석등기石燈記의 후반부는, 승려 입운入雲이 진성여왕 5년(891)

에 경조京租 100석으로 오호비소리烏乎比所里에 거주하는 공서公書와 준휴俊休에게서 석보평石保坪에 위치하는 농토 14결結을 매입한 사실을 전하는 내용이다. 아마도 석등의 유지와 운영을 비롯한 사찰 재정의 토대를 튼튼히 굳히기 위해 토지를 매입하고서 그 경위며 결과 등을 명확히 해두고자 새겨 넣은 기록인 듯싶은데,[85] 통일신라의 토지제도라든지 9세기 말엽의

84) 銘文의 前半部 중 '油粮業租'의 해석을 두고도 논의가 엇갈린다. 油粮의 명목으로 기진한 '租'인가 혹은 '業租'인가로 대략 나뉘는데, '業'을 '일·생계·직업·생업·사업·경영·운영' 등으로 풀이한다면 둘 중 어느 쪽도 가능해 보이기는 한다. 그리하여 油粮의 비용으로 운영하도록 바친 租 혹은 油粮에 사용하도록 바친 家業의 租 등으로 번역하는 게 보통인데, 業의 의미를 보다 적극적으로 해석한 후자(이영훈, 앞의 논문, 2017, 103-104쪽)에 좀 더 마음이 간다. 다음으로 '油粮'의 문제가 있다. 이를 두고는 한결같이 燈에 사용될 '燈油'의 비용 정도로 번역해왔거니와, '粮'에도 '油'와 동일하게 비중을 두어서 석등을 조성하고 유지 운영하는 데 필요한 '油'와 '粮' 곧 '燈油'와 '糧食'정도로 풀이하는 게 온당하지는 않을까 생각한다.

85) 농토를 매입한 목적이 사찰의 재정에 보탤 요량에서라는 견해가 있다. 석등의 보수·유지라든지 운영 등을 위해 농지를 사들인 게 아니라는 주장이거니와, 그럼에도 석등에 명문으로 刻字해서 넣어 둔 것은 "토지를 매입한 사건이 매우 이례적이어서 전후 경위와 토지의 상태를 명확히 해 둠으로써 후일의 분쟁을 피하기" 위함에서라는 설명이다. 명문의 토지 매입 기사를 농지의 所有權이 아니고 그 收租權의 매입으로 이해하는 입장에서의 견해인바(이영훈, 앞의 논문, 2017, 106·110-114쪽), 일견 그럼 직해 보이기도 한다. 이 자리에서 수조권의 매매인가 여부 등을 정리하고 따질 겨를은 없다. 일단 미뤄 두려 하거니와, 다만 銘文 중의 '常買'를 "正常으로 매입" 운운하는 논자의 번역에 비추어, 승려 入雲이 公書와 俊休에게서 14結의 농토를 매입한 거와 같은 일을 '이례적'이라 보기는 어려울 듯싶다. 正常的으로 常例에 따라 매입한 것으로 기록된 토지의 거래를 굳이 이례적이라 평할 까닭은 없어 보인다. 그러한 이유에서라기보다는, 기왕의 대체적인 이해대로 석등의 유지라든지 운영의 경비를 마련하기 위해 농토를 매입하였으며(崔鉛植, 앞의 논문, 1992, 288쪽. 황호균, 앞의 논문, 2000, 133쪽. 김창겸, 앞의 논문, 2020, 300쪽), 그러하였기에 관련 내용을 석등에 새겨 둔 것으로 이해하는 게 한결 순조로울 듯 여겨진다. 사찰의 재정과도 무관치 않으며 그에 보탬이 되는 것은 이를 나위가 없는 일이겠

농법農法 등 여러 논점이 얽힌 가운데 오랜 기간에 걸쳐 허다한 논의가 이뤄져 온 부분에 해당한다. 그만큼 논쟁거리가 적지 않거니와, 이 글에서는 구태여 다루지 않아도 무방할 경우 그에까지 언급하지는 않을 생각이다.

먼저 연호年號로 '용기龍紀'가 사용된 문제에서 시작해 실마리를 풀어가도록 하겠다. 당에서 용기는 889년 한 해로 끝나고 이어 대순大順이 등장하므로, 진성여왕 5년(891)은 대순 2년에 해당함에도 석등의 기문에는 용기 3년으로 잘못 새겨져 전한다. 그 이유가 궁금한데, 중앙과의 관계가 먼 곳에서 일으킨 착각이라든지[86] 혹은 왕경과의 교통이 끊어진 결과라는[87] 점 등이 지적되어 왔다. 당의 연호가 신라 왕경을 거쳐 지방으로 전해져 사용되었으리라는 점에서, 중앙 내지 왕경이던 경주慶州와의 관계를 의식한 그러한 견해는 일리가 있어 보인다. 석등의 기문이 작성되고 또 새겨지던 진성여왕 5년 즈음, 개선사지가 위치하는 무등산 일대의 지역에서 신라 중앙과 소통하는 데 모종의 애로가 발생했거나, 혹은 아니더라도 최소한 연호의 변경에 관심을 기울일 만한 계제가 아니었기에 그러한 착오가 발생한 건 아니었을까 여겨지는 것이다.

논자에 따라서는 당시 신라가 당의 개원改元을 제대로 파악하지 못했을 가능성을 거론하기도 한다.[88] 그렇지만 동일하게

지만, 농지를 매입하는 명분으로서 왕실 발원의 불사 결과인 석등의 유지라든지 운영 등을 먼저 내세웠던 것이 아닌가 헤아려지는 것이다.

86) 崔鉛植, 앞의 논문, 1992, 288쪽.

87) 구문회, 앞의 논문, 2000, 79-80쪽.

88) 鮎貝房之進, 「潭陽 開仙寺石燈記」, 『雜攷 俗字攷·俗文攷·借字攷』, 445쪽.

무진주 지역에 위치하는 장흥長興 보림사寶林寺의 석탑石塔에, 동일한 연도인 진성여왕 5년(891)을 '대순 2년 신해辛亥'로 바르게 기록한 자료가 전해짐에 비추어,[89] 신라까지는 거론할

김창겸, 앞의 논문, 2020, 299쪽 註 47).

89) 寶林寺에 들어선 2基의 석탑 중 南塔誌의 기록이 그것인데, 기왕의 조사와 연구를 바탕으로 (金南允, 「寶林寺 石塔誌」, 『譯註 韓國古代金石文』Ⅲ, 駕洛國史蹟開發硏究院, 1992, 332-334쪽. 崔仁善 外, 「三層石塔과 石燈」, 『迦智山 寶林寺』, 順天大博物館·迦智山寶林寺, 1995, 55-58쪽. 정선종, 「寶林寺 塔誌 校勘」, 『불교문화연구』 7, 2000, 13-16쪽) 해당 원문과 그 번역을 제시하면 다음과 같다.

> **咸通十一祀庚寅 立塔大順二 祀辛亥十一月日 沾記內宮舍 利七枚勅在白**
> [咸通 11년 庚寅年(870, 景文王10)에 塔을 세웠다. 大順 2년 辛亥年(891. 眞聖女王5) 11월 어느 날 內宮의 사리 7매를 덧붙여 기록하라는 勅이 계시었다.]

원문의 판독을 두고는 연구자에 따라 약간의 異同이 있는데, 위의 최인선·정선종 글에 실린 蠟石製의 塔誌石 해당 부분을 촬영한 사진을 보면 금방 확인이 된다. 이 자료에서 관건이 되는 것은 誌文의 끝인 '沾記…勅在白'의 부분을 어찌 번역할 것인가이다. 吏讀式의 문장으로 이해되는바, 이제까지는 '…沾記'에서 끊어 읽고 그 뒤는 별도의 문장으로 이해하는 게 보통이었다. 그리하여 "함통 11년 경인에 탑을 세웠다. 대순 2년 신해 11월 어느 날에 기록하다. 내궁에 사리 7매가 삼가 계시다"로 번역하였다(金南允, 崔仁善). '沾'이라든지 '勅'의 의미가 제대로 반영되었는지 의문이 없지 않지만, 그런대로 의미는 통하는 듯 보인다. 그런데 흔히 '겨숣'으로 새기는 '在白'의 의미를 '이사옵' 혹은 '계시옵' 등으로 풀이할 수가 있다면(한글학회, 『우리말 큰사전』4(옛말과 이두), 어문각, 1992, 5430쪽), '勅在白'은 '勅겨숣' 곧 '勅이시었'(다) 내지 '勅(이) 계시었'(다) 등으로 풀이할 수가 있을 법하며, 그리하여 인용문에 예시한 것처럼 '…를 덧붙여 기록하라는 勅이 계시었다'와 같이 번역하는 쪽이 한결 순조로운 듯싶기도 한다. 글자 하나하나의 의미를 충실히 반영하면서 동시에 문맥이 잘 통하려면 그처럼 접근하는 게 온당하지 않을까 여겨지는 것이다. 한편 '內宮의 舍利 7枚' 운운은 아마도 석탑에 사리를 봉안한 일을 가리키는 듯싶은데, 이와 관련하여 1층 탑신석 중앙의 舍利孔에서 나왔다고 하는 蠟石製 舍利壺 및 그에 담긴 舍利를 또한 눈여겨봄 직하다(崔仁善 外, 「三層石塔과 石燈」, 51·54·59-60쪽).

것 없이 경주에서 멀리 떨어진 무진주 일원에서만도 벌써 연호의 변경을 정확하게 파악 중이었음을 확인할 수가 있다.[90] 다만 궁금한 것은, 동일한 무진주의 관내에서 동일한 연도에 있었던 일을, 역시 아마도 거의 동일한 시기에 작성되었을 것으로 판단되는 개선사지開仙寺址 석등기石燈記와 보림사寶林寺 석탑지石塔誌에서, 그처럼 각각 다른 연호로 표기하기에 이른 연유가 무엇이었을까 라는 점이다.

개선사지 석등과 보림사 석탑은 모두 경문왕景文王 혹은 그를 필두로 한 경문왕가景文王家의 발원으로 조성되었다.[91] 둘 다 경문왕의 주도 아래 각각 경문왕 8년(868, 함통咸通9)과 10년(870, 함통11)에 세워졌던 것이다. 동일한 무진주 관내의 두 고을에서, 동일한 국왕이 재위하는 동안의 2년 간격, 말하자면 거의 동일한 시기라고 하여 지나치지 않을 그처럼 짧은 사이를 두고 두 불사佛事가 진행된 셈이었다. 또한 그에 더하여 석등기와 석탑지 작성의 계기가 되는 바 석등을 위한 농지의 매입이라든지 석탑에의 사리 봉안은, 각기 경문왕의 공주인 진

90) 신라 전체가 연호의 변화를 몰랐다기보다는 중앙과 지방의 정보 차이를 보여주는 것으로서, 중앙 조정이 해당 佛事에 관심을 가진 정도에 따라 그러한 차이가 나타났을 것으로 이해하기도 하거니와(崔鉛植, 「月光寺 圓朗禪師塔碑」, 『譯註 韓國古代金石文』Ⅲ, 駕洛國史蹟開發研究院, 1992, 142쪽), 관련 정보라든지 혹은 중앙에서 관심을 보인 정도에 그처럼 차이가 나타나게 된 이유가 궁금하다.

91) 위에 제시한 開仙寺址 石燈의 銘文과 함께, 寶林寺 北塔誌의 "造塔時 咸通十一年 庚寅五月日 時 凝王即位十年矣 所由者 憲王往生 慶造之塔 …" 곧 "塔을 조성한 때는 咸通 11년 庚寅(870, 景文王10) 5월 어느 날로서, 때는 凝王(景文王)이 즉위하고 10년이다. 말미암은 바는 憲王(憲安王)의 往生을 위해 福을 빌고자 만든 塔이다 …"의 기록에서, 그것을 확인할 수가 있다.

성여왕 5년(891) 10월과 11월의 일로서 또한 같은 해에 한 달을 사이로 시행되었다. 개선사지 석등과 보림사 석탑이 경문왕가와의 깊은 인연이라고 하는 공통점을 지닌 가운데, 동일한 시기에 무진주 일원에서 조성되고 유지·운영되었음을 보여준다. 현존하는 두 불교 문화재 사이의 연고가 그리 얕지만은 않음을 직감할 수가 있거니와, 그럼에도 동일한 연도에 이뤄진 토지 매입과 사리 봉안이 각각 석등기에는 용기 3년 그리고 석탑지에는 대순 2년의 일로 서로 다른 연호를 사용해 표기되어 전한다. 필유곡절이 아닐 수가 없어 보인다.

개선사지 석등기의 후반부에 나오는 토지 매입 기사에는, 국왕이라든지 왕실이 명시적으로 등장하지를 않는다. '경조京租' 운운을 통해 간접적으로 그러했을 개연성이 추정되는 정도이다. 왕경王京 경주慶州로 가야 할 조 100석을 사용해서 농토를 매입하려면, 국왕이나 왕실이라든지 조정 내지는 관련된 관아의 승인이 필요했을 터이다. 농지 매입의 출발점이라 할 개선사지 석등이 경문왕의 발원으로 조성되었음을 떠올리면, 경문왕의 공주로서 당시 재위 중이던 진성여왕이 경조의 사용이라든지 토지의 매입 등에 관여되었을 가능성을 무시하기 어려워 보인다. 그렇지만 막상 관련 자료에서 국왕이나 왕실이 그에 개입한 흔적을 찾아보기란 쉽지를 않다. 국왕의 권한으로 경조가 하사되었으리라는 주장이 있지만,[92] 그러했다면 석등의 명문에도 그러한 사실이 명시되거나 아니더라도 무언가

92) 이영훈, 앞의 논문, 2017, 104쪽.

보다 구체적인 흔적을 남겼을 법하다. 앞서 석등 조성 당시 경문왕이 발원했음을 그 명확한 시기와 함께 밝혀 기록했던 예에 비추어 그처럼 판단된다. 적어도 국왕이나 왕실에서 그에 직접적으로 관계되지는 않았을 가능성이 농후해 보이거니와, 아마도 승려 입운入雲이 신라 중앙 내지는 관련 관아와의 직·간접적인 교섭을 통해 경조 100석의 사용을 허락받아 토지 거래에 나섰던 것은 아닐까 추정된다.

개선사지 석등의 명문에 등장하는 바의 농토 매입에 왕경의 국왕이나 왕실이 직접적으로 관여하지는 않았을 것임을 헤아렸다. 석등의 기문에 관련 사실이 새겨져 전하지 않는 처리 방식에 비추어 그러했을 가능성이 높은 것으로 판단하였다. 그런데 앞서 언급한 보림사 석탑지의 경우는 그와 달랐다. 석탑에 사리를 봉안하고 그 일을 기록한 것이 '칙勅'에 의해 이뤄진 조치였음을 명시적으로 전한다. 석탑의 지문에 의하면 그것은 왕명을 받아 공식적으로 시행된 일이었음이 분명하다. 개선사지 석등의 명문에서는 그 개연성 정도가 희미하게 간접적으로 추정되는 데 비해, 보림사 석탑지에는 관련 조치가 왕명에 의해 이뤄진 것임이 명확하게 기록되어 전하는 것이다. 동일한 연도에 한 달을 간격으로 이뤄진 농토 매입과 사리 봉안을 각각 기록한 무등산無等山 개선사지開仙寺址 석등기石燈記와 장흥長興 보림사寶林寺 석탑지石塔誌의 사이에는, 국왕의 관여를 명시해 전하는가의 여부에서 서로 구별되는 차이점이 존재한다고 하여 지나치지 않은 셈이다.

위에서 문제로 거론했던 바, 동일한 연도의 사실을 거의 같은 시기에 작성된 것으로 보이는 석등기와 석탑지에서 서로 다른 연호로써 표기하는 차이가 나타났던 것도, 그러한 데에서 말미암은 일은 아니었을까 여겨진다. 왕명으로, 이를테면 신라 중앙과의 직접적인 연계 하에서 시행된 조치를 바탕으로 작성된 보림사 석탑지에는 연호의 변경이 정확히 반영되었다. 반면에 국왕의 직접적인 관여 없이, 아마도 승려 입운入雲 등의 노력으로 조정이라든지 혹은 관련 관아와의 직·간접적인 관계 속에서 성사된 듯싶은 토지 매입을 전하는 석등의 명문에는, 개원改元 이전의 옛 연호가 그대로 사용되었다. 석등기를 작성해 새긴 관계자들이 개원 사실을 제대로 파악하지 못했던 데 말미암은 일인 듯싶거니와, 아니더라도 저들이 연호의 변경에 관심을 기울일 만한 계제가 되지 못하였음은 거의 틀림없어 보인다.[93] 왕명으로 경조京租를 하사받아 토지가 매입되는 등 왕실과 직결된 거래였고, 또 그러한 사실을 명시하기 위해 석등에 기문을 새겨 넣었다면, 보림사 석탑지의 예에서 확인되듯이 그러한 명문銘文에 연호가 잘못 기재되었을 리는 없다고 생각한다.

나아가 그처럼 연호의 변화가 반영되지 않았다는 점에서,

---

93) 앞서 언급하였듯이, 개선사지 석등이 들어선 무등산 일원이 당시 왕경과의 교통이 끊어져 신라 중앙과 단절된 상태였으며 그리하여 연호에 착오가 나타났으리라는 지적이 있다(구문회, 앞의 논문, 2000, 79-80쪽). '京租'의 사용이 신라 중앙과는 무관하게 지방 관아의 승인만으로 —실제 그것이 가능했을지 여부는 별개로 하고— 진행되었다면 그랬음 직도 하거니와, 다만 꼭 그렇게까지는 아니라고 하더라도 당시 무등산 일원의 지역에서 중앙과 소통하는 데 모종의 장애가 있었으며, 자연히 중앙과의 관계도 그리 긴밀하지 않았을 것임은 충분히 예상할 수가 있어 보인다.

석등기에 전하는 농토의 거래가 왕경 등지와는 상당한 거리가 있는 지역에서 이뤄졌을 가능성을 떠올려봄 직하다. 경주와 같은 신라 중앙 내지는 그와 긴밀한 소통이 가능한 공간에서 거래가 진행되었다면, 개원을 제대로 파악하지 못한다든지 혹은 그러한 변화에 무관심한 듯 보이는 기록이 작성되지는 않았을 성싶다. 개선사지 석등에 새겨진 농지의 거래가 국왕 내지는 왕실과 직결되지 않았으며 또한 관련 거래가 왕경 등지에서 이뤄지지 않았을 가능성이 다분해 보이거니와, 더불어 거래 당사자가 본인 의지와 관계없이 왕경과의 소통에서 무슨 어려움을 겪거나 혹은 그와 달리 아예 그러한 데 관심이 깊지를 않은 인물, 아마도 왕경인王京人과는 거리가 먼 지방인地方人이었을 가능성도 무시할 수 없어 보인다. 문제의 농토가 위치하는 무등산권역의[94] 아마도 무진주의 치소인 광주 일원에서 지역민 사이에 거래가 이뤄졌고, 또 그것을 왕경인이 아닌 지역민이 석등에 새겨 넣어 오늘에 전하는 건 아닌가 여겨지는 것이다.

농토 거래의 한쪽 당사자인 공서公書와 준휴俊休는 오호비소리烏乎比所里에 거주하는 인물이었다. 그런데 그 오호비소리는 왕경王京 내지 소경小京에 소재하는 '리里'의 명칭이라고 한다. 방리제坊里制가 왕경과 소경에서 시행되었음을 근거로 한 주장

94) 거래 농토가 위치하는 '石保坪'이 개선사지 석등과 멀지 않은 무등산 일원에 위치할 것임은, 황호균, 앞의 논문, 2000, 131쪽과 구문회, 앞의 논문, 2000, 65-67쪽 및 이영훈, 앞의 논문, 2017, 115-117쪽 등의 설명을 참고하라.

이다. 경주의 소위 35금입택金入宅[95] 중 하나인 '우비소택亐比所宅'이 바로 이 오호비소리에 위치하였을 터이며, 또한 석등의 명문에 거래 농토와 경계를 접한 이웃 농토의 소유주所有主 혹은 수조권자收租權者로 등장하는 '지택池宅'이 역시 35금입택 가운데 하나임도[96] 그러한 방증으로 들어진다. 그리하여 공서와 준휴를 '왕도王都 내內의 귀족貴族'이라거나 혹은 농토에서 먼 거리의 왕경 내지 소경에 거주하는 '부재지주不在地主' 내지는 하급 관료나 중앙군으로서 '왕경王京의 국인國人'인 것으로 간주한다.[97]

그렇지만 개원改元의 사실조차 올바로 파악하지 못한 저들을 그처럼 왕경이나 소경에 거주하는, 대략 관료급으로 간주되는 왕경인王京人 정도의 신분 출신으로 이해함이 과연 온당한지는 의문이다. 또한 매매의 당사자인 공서와 준휴가 그처럼 왕경인이라면 농토의 거래는 왕경 등지에서 이루어졌을 공산이 커 보이는데, 그럼에도 연호의 변경조차 제대로 파악되지 않은 가운데 일이 진행되었으리라는 데에는 쉬이 공감할 수가 없다. 정상적이라고만은 보기가 어렵지 않을까 싶거니와, 토지 매매라고 하는 상당한 비중의 경제적이며 법적·행정적인

95) 李基東, 「新羅 金入宅考」, 『震檀學報』 45, 1978; 『新羅骨品制社會와 花郎徒』, 一潮閣, 1997, 183-298쪽.

96) … 新羅全盛之時 京中十七萬八千九百三十六戶 一千三百六十坊 五十五里 三十五金入宅 南宅·北宅·亐比所宅·本彼宅…思內曲宅·池宅·寺上宅…井下宅 (『三國遺事』 1 紀異2 辰韓)

97) 鮎貝房之進, 「潭陽 開仙寺石燈記」, 『雜攷 俗字攷·俗文攷·借字攷』, 1972, 452-453쪽. 구문회, 앞의 논문, 2000, 65-67쪽. 이영훈, 앞의 논문, 2017, 105·110쪽.

조치를 수반하는 그러한 일이 추진 성사될 만한 공간이었던 것으로는 여겨지지를 않는다. 그와 달리 가령 저들이 농토 소재지의 현지인을 대리인으로 내세워 무진주에서 거래가 이뤄졌다고 하더라도, 왕경인의 법적 대리인이 연호 변경조차 올바로 파악하지 못한 상태에서 그와 같은 무게를 지닌 경제적·행정적인 업무를 대신해서 수행했으리라고는 생각이 되지를 않는다. 앞서도 지적하였듯이 공서와 준휴는 왕경인과 구분되는 지방인이었을 가능성이 다분해 보이거니와, 방리坊里의 제도가 왕경·소경은 물론 주치州治에서도 시행되었으며[98] 또한 무진주의 치소 곧 통일신라시기의 광주에서도 시가지에 격자형의 가로망이 구축되어 방리제가 운영되었음이 지적되는[99] 등, 저들의 거주지인 오호비소리가 무진주의 치소治所에 자리하는 '리里'였을 개연성이 충분함에서도 더욱이 그것을 확인할 수가 있을 성싶다. 공서와 준휴는 무진주 주치의 오호비소리에 거주하는 지방인이었던 것으로 파악함이 온당할 듯 여겨지는 것이다.[100]

---

98) 朴泰祐, 「統一新羅時代의 地方都市에 對한 研究」, 『百濟研究』 18, 1987, 49-97쪽. 여호규, 「도성과 도시」, 『한국고대사 연구의 새 동향』(한국고대사학회 편), 서경문화사, 2007, 630-633쪽.

99) 구문회, 「武珍古城 出土 銘文資料와 新羅統一期 武州」, 『韓國史의 構造와 展開』(河炫綱教授定年紀念論叢), 혜안, 2000, 135·139-141쪽. 林永珍, 「統一新羅 武珍都督城의 位置와 規模」, 『지방사와 지방문화』 11(2), 2008, 249-253쪽. 도도로키 히로시, 「지적원도를 활용한 신라 무진주(무주) 경관 복원」, 『韓國古地圖研究』 12-1, 한국고지도학회, 2020, 5-24쪽. 최영주, 「삼국·통일신라시기 광주 중심지 연구」, 『歷史學研究』 83, 호남사학회, 2021, 61-65쪽.

100) 그밖에도 석등 명문의 후반부를 둘러싼 이러저러한 논란이 적지 않은데,

한편 거래의 또 다른 당사자로서 토지를 매입한 이로 나오는 승려 입운入雲은, 아마도 무등산 개선사開仙寺라 전해지는 바의, 석등이 위치하는 사찰인 '전개선사傳開仙寺'에 소속된 승려였을 터이다. 최소한 거래 당시에는 그러했을 법하거니와, 하다못해 그러한 전개선사에 무언가 연고가 있는 그리하여 그에 거주하며 거래를 성사시킨 승려였을 것임에는 거의 의문의 여지가 없어 보인다. 말하자면 토지 거래의 양 당사자가 모두 농토의 소재처인 무등산 인근에서 거주 내지 생활하는 이들이었다는 뜻이다. 농지의 매매가 국왕·왕실과 직결되지 않았으

가령 '… 公書俊休二人 常買其分石保坪大業渚畓四結 …'에 나오는 바 '大業'을 人名으로 파악하는 견해와 같은 게 그러하다. 이제까지의 연구와는 전혀 다른 자못 흥미로운 접근으로서, 그 가능성을 무시할 수만은 없어 보인다. 石燈記에 등장하는 거래 농지를 국가에 의해 분급된 收租地로 그리고 공서와 준휴를 그 收租權者로 파악하면서, 문제의 '大業'은 그러한 수조지를 경작하는 丁戶인바, 이로써 통일신라에서 722년 丁田制의 시행으로 제도화하였을 것으로 여겨지는 丁戶 農民의 실체를 처음으로 발견하였다는 주장이다. 문제의 농토를 국가에서 관리에게 분급한 收租地로 파악함에 따라 공서와 준휴는 자연히 '하급의 관료' 혹은 '중앙군'의 신분을 지닌 '王京의 國人'이 되려니와 저들은 또한 그 수조지의 共有者라는 것이며, 그리하여 그들이 승려 입운에게 매도한 것은 所有權이 아닌 그 共有 收租權이라는 이해이다(이영훈, 앞의 논문, 2017, 107-114·117-122쪽). 일반 관료 이외 中央軍에의 收租地 分給이라든지 收租地의 共有 혹은 그러한 收租權의 사사로운 매매 등, 하나같이 통일신라시기 祿邑이나 官僚田 그리고 丁田 등의 제도 시행과 운용에 직결되는 핵심적인 사항들로서, 앞서 언급하였듯이 여기에서 간단히 다뤄 넘길 만한 성질의 문제가 아니다. 관련 내용을 함께 다룰 만한 준비를 미처 갖추지 못하였거니와, 다만 오호비소리의 위치라든지 그에 따른 공서와 준휴의 왕경인 여부 등에 관해서는 얼마간 생각을 달리하며, 그리하여 문제의 '大業'도 丁戶 農民의 人名이라기보다는 공서와 준휴의 입장에서 볼 때 '크다고 할 만한 업' 곧 '상당히 큰 것으로 여기는 재산이나 생업' 정도로 번역해 두고자 한다.

며 또한 그것이 무등산권역 아마도 무진주의 치소인 광주 일원에서 성사되었을 것임을 다시금 떠올리게 되거니와, 거래 당사자 양측이 모두 왕경과는 멀리 떨어진 무진주치武珍州治 일원의 거주자이며, 자연히 그러한 사실을 석등에 명문으로 남기는 데 관여한 이들도 왕경인이 아닌 지방인이었을 가능성을 새삼 되뇌는 연유이다. 왕명으로 시행된 보림사 석탑의 사례와 비교할 때, 개선사지 석등기에 등장하는 토지 매매의 경우 그처럼 국왕은 물론이고 신라 중앙과의 연계라든지가 쉬이 확인되지 않을 만큼 왕경 등지와는 얼마간 격리된 공간에서 진행되었기에, 관계자들이 개원 사실을 미처 파악하지 못했거나 혹은 그에 깊은 관심을 돌리지 못한 가운데 연호 사용에 착오가 생겼을 것임을 헤아리게 한다.

신라 중앙 특히 재위 중이던 진성여왕의 입장에서는 개선사지의 석등 관련 불사佛事에 마냥 무관심할 수만은 없었음 직하다. 문제의 석등이 부왕인 경문왕의 발원으로 조성되었음을 떠올리면, 어떤 식으로든 그에 관여하고 싶은 마음이 강하였을 성싶다. 경문왕은 중앙과 지방에서 토목의 불사를 많이 진행하였으며, 그로써 분열된 원성왕계元聖王系의 단합을 촉진하고 더불어 불교계를 정비하는 등으로 왕권의 강화 내지 안정을 꾀하였음이 지적된다.[101] 특히 지방에서는, 중앙의 통제력

101) 丁元卿, 「新羅景文王代의 願塔建立」, 『부산직할시립박물관연보』 5, 1982; 『박물관연구논문집』 1, 부산직할시립박물관, 1992. 金昌謙, 「新羅 景文王代 '修造役事'의 政治史的 考察 -王權强化策과 관련하여-」, 『溪村閔丙河教授停年紀念史學論叢』, 1998. 曺凡煥, 「新羅 下代 景文王의 佛教政策」, 『신라문화』 16, 동국대학교 신라문화연구소, 1999.

이 약화되고 반신라적反新羅的 분위기가 고조되어감에 당하여 미륵하생신앙彌勒下生信仰을 수용하는 등으로써, 이반된 민심을 포섭 회유하여 왕권의 안정을 가져오려 도모하였다고도 한다.[102] 불사를 통해 정치적 안정을 염원하며 그 성취를 도모하는 경문왕의 그러한 정책에 비추어, 개선사지 석등의 조성을 발원한 그의 속셈도 또한 능히 짐작할 만하거니와, 나아가 진성여왕의 경우 그러한 필요성이 한층 더 커진 처지였음을 지나칠 수가 없다. 같은 왕의 3년(889) 이래 전국적으로 폭발했다고 하는 농민 봉기라든지 초적의 횡행 등이 그것이었다.[103] 정치적 안정의 갈망이라는 면에서 경문왕대와는 비교할 수 없으리만큼 어려운 고비를 마주한 진성여왕이, 가능하다면 무등산의 전개선사傳開仙寺와 같은 왕경과 떨어진 지역에 소재하는 사찰의 불사에 한층 적극적으로 나서는 게 요구되었을 법해 보이는 것이다. 가령 지방 사찰로서 전개선사와 동일하게 무진주 관내에 위치하는 장흥 보림사의 석탑에 관련된 불사를 왕명으로 시행한 일과 같은 게 그러하였다. 그런데 장흥 보림사와 달리 개선사지 석등의 경우에는 그렇지를 못하였다. '경조京租' 운운에서처럼 국왕이 아니고 기껏해야 중앙과의 연계 가능성을 간접적으로 추정할 수 있는 정도에 지나지 않았다. 국왕 내지 신라 중앙에서의 적극적인 관여 의지가 예상됨에도 불구하고 그런 수준에 그치었다. 개선사지 석등에 새겨져 전

102) 曺凡煥, 앞의 논문, 1999, 30-34쪽.

103) 國內諸州郡 不輸貢賦 府庫虛竭 國用窮乏 王發使督促 由是 所在盜賊蜂起 於是 元宗·哀奴等 據沙伐州叛 … (『三國史記』 11 新羅本紀11 眞聖王 3년)

하는 농토 매입의 과정에 국왕·왕실이 관여한다든지, 혹은 해당 거래가 왕경과 연결되는 수준과 같은 사항들이, 국왕 내지 신라 중앙의 의지나 선택에 의해서라기보다는 그 거래가 진행된 현장, 바꿔 말해 무진주 치소인 광주 일원의 현지 정세와 상황에 의해 결정되었을 소지가 다분함을 헤아리게 하는 대목이다.

개선사지 석등 명문상의 농토 매매와 관련된 몇몇 사항들이 —예컨대 신라 중앙이 관여하거나 혹은 그와 연결된 속에서 그러한 거래가 추진 성사되었는지 여부가 쉬이 확인되지를 않는다든지, 또는 거래 당사자를 비롯한 관계자가 개원改元과 같은 중앙에서의 변화를 미처 파악하지 못했거나 혹은 그에 둔감하여 관심을 돌리지 못하였던 거와 같은 사항들이— 국왕을 비롯한 신라 중앙의 의지나 선택에 기인한다기보다는 그 현장인 무등산권, 아마도 무진주 치소인 광주 일원의 정세 곧 지역사회의 분위기와 무관치 않을 것임을 더듬었다. 석등에 명문이 넣어지던 진성여왕 5년(891) 무렵은, 널리 인정되는 바와 같이 커다란 변화의 바람이 일던 시기였다. 중앙과 지방을 막론하고 새로운 정세의 전개 속에서 서로 격렬하게 부딪치던 변혁기였다. 유례 드문 격동을 향해 내닫던 즈음이었거니와, 따라서 당시 무진주의 치소 곧 현 광주의 지역사회에서 국왕이라든지 왕경 내지 신라 중앙을 바라보는 태도는 꽤나 복잡하였음 직하다. 크게 보아 둘로 나뉘었을 법한데, 가령 중앙귀족과 타협하며 이제까지 왕경과 맺어온 연계의 전통을 얼마간이라도 유지하려는 측과 혹은 추이를 관망하며 변화하는 정세에 맞춰 새로운 방향을 모색하려는 측 등이 그것이다. 무등산 개선사지 석등의 명문에서 감지되는 바 무등산권역 곧 무진주치武珍州治 일원과 신라 중앙 사이의 연결이 불명확한 듯 보이는 애매한 상황과 같은 데서, 그와 같은 지역사회의 분위기를 암시받을 수 있지는 않을까 여겨지는 것이다.

석등기에서 경조京租를 이용하여 토지를 매입한 이로 부각된 승려 입운入雲은 아마도 신라 중앙과 연결된 인물이었을 가능성이 높아 보인다. 아니더라도 왕경 경주 쪽과 무언가 연고는 가졌을 성싶은데, 경조의 이용자였다는 사실만으로도 그처럼 추정할 수가 있음직하다. 국왕의 발원으로 조성된 석등임이 명문의 첫 머리에 가장 큰 글씨체로[104] 강조된 가운데, 그와 관련된 토지의 매입을 그가 주도하였음이 적시된 사실 등에 비추어 그처럼 판단된다. 공서公書와 준휴俊休는 최소한 반신라적反新羅的 성향은 아니었을 듯싶다. 국왕의 발원으로 조성된 석등 내지는 그것이 소재하는 사찰 곧 전개선사傳開仙寺와 어떤 식으로든 관련을 맺었다는 점에서, 친신라적인지 여부까지는 불확실하지만 반신라적이지는 않았을 성싶으며, 중립적이거나 또는 약간이나마 경주 쪽으로 기운 입장 정도로 간주해 무방할 듯 보인다. 그 밖에 석등의 기문을 작성하고 그것을 새기는 일 등에 관여한 이들도 대략 공서·준휴와 비슷한 경향이었을 것으로 보아 무난함 직하다. 무진주 치소 일원에서 전개선사라든지 그 석등 내지는 명문과 관련된 인물들은, 대체

104) 황호균, 앞의 논문, 2000, 122쪽.

로 신라 중앙과의 연결에 다소라도 마음이 기운 쪽이었을 개연성을 상정해 무방하지 않을까 여겨지는 것이다.

그런데 입운 등에게서 느껴지는 그와 같은 분위기는, 당시 무진주 치소 일원의 일반적인 정서와는 꽤 거리가 있었던 듯 싶다. 앞서 지적한 바 새로운 방향을 모색하는 측의 존재 가능성을 가리킴이거니와, 주치州治인 현 광주지역의 사회적 분위기가 신라 국왕을 위시한 왕실이라든지 중앙귀족에게 마냥 호의적이지만은 않았을 수도 있음을 염두에 올리지 않을 수가 없어 보인다. 석등의 명문에 등장하는 농토 거래에서, 관련자들의 예상되는 성향에도 불구하고 국왕이라든지 신라 중앙과의 연결 여부를 직설적으로 드러내기 어려웠던 상황을 떠올릴 때, 그와 같은 반중앙적 내지 반신라적인 정서의 흐름이 실재했을 개연성을 마냥 부정할 수만은 없지 않을까 여겨지는 것이다. 석등은 경문왕의 발원으로 조성되었다. 신라 중앙과의 연계 나아가 친신라의 상징이라 이를 만하거니와, 반중앙적 정서의 저들이 그러한 석등의 명문에 자신의 자취를 직접적으로 남기기는 어려웠을 터이다. 개선사지 석등의 명문에 그 모습을 드러내지 않은 가운데, 아마도 지역사회에서 또 다른 한 쪽을 이루었을 저들의 존재가 눈앞에 아른거린다.

전개선사傳開仙寺 내지 거기 들어선 석등을 위한 토지의 매입과 같은 불사를 주도하거나 그에 관여한 입운 등 당사자들은, 아마도 해당 거래라든지 관련 기록에서 신라 중앙과의 연고를 강조하고 싶었을 성싶기도 하다. 명문銘文의 첫 머리에서 석등 조성의 발원자가 경문왕 내외임을 가장 큰 글씨체로 특필했던 사실만으로도 그러한 추정이 가능해 보인다. 한데 그럼에도 불구하고 막상 진성여왕 5년(891)의 농토 거래 부분에서는, 국왕·왕실이라든지 중앙과의 연계를 직접 거론하지 못한 채 경조京租 운운으로 희미하게 간접적인 암시를 하는 데 그쳤다. 그만큼 당시 무등산권 곧 현 광주를 중심으로 한 무진주 치소 일원의 분위기가 입운 등의 정서와는 거리가 있었음을 반영한 게 아닌가 짐작된다.

개선사지 석등기가 새겨지던 진성여왕 5년 무렵, 무진주의 치소인 광주 일원에서는 신라 중앙과 정서적인 거리감을 지닌 가운데 그와 멀리하려는 분위기가 사회 일반에 감돌았던 듯싶다.[105] 광주 지역사회와 신라 중앙과의 소통이 원활하기를 기대하기가 어려운 형편이었을 공산이 커 보인다. 연호의 변경과 같은 일이 왕경 경주에서 무진주 치소였던 광주 지역사회로 전달되기가 용이하지 않은 여건이었을 것임을 암시한다. 무진주 치소와 왕경과의 연결이 취약하였음을 반증하는 듯 여겨지거니와, 동일하게 무진주 관내의 소재이면서도 장흥 보림사 석탑지와는 달리 무등산 개선사지 석등의 명문에 연호의 착오가 나타난 배경으로는, 그와 같은 광주 일원의 사회적 분위기를 우선 떠올리는 게 마땅하다고 생각한다.

개선사지 석등의 기문은 무등산권역에 거주하는 이들 사이에서 성사된 토지 거래를 지역민이 기록해 새긴, 말하자면 광

105) 9세기 후반의 무진주 곧 현 전남지역 일원에 '反新羅的 감정이 팽배'하였음을 개괄적으로 정리한, 이윤미, 「9世紀 後半 武州地域의 政治的 動向과 甄萱의 自立」, 『歷史教育論集』 44, 2010, 180-184쪽의 설명을 참고하라.

주 지역사회의 산물이라 일러 무방할 만한 자료이다. 한데 당시 무등산 일대 곧 무진주 치소인 광주를 위시한 일원에서는 반신라적이거나 혹은 신라 중앙과의 연계에 반대 내지 방관하는 소극적인 분위기가 사회 일반에 조성되었고, 그리하여 왕경 경주와의 소통이 원활하지 못함에 따라 주치州治임에도 연호의 변경조차 제대로 파악하지 못하는 상황에 이르게 되었다. 개선사지 석등에 명문이 넣어지고 그리하여 그것이 세상에 모습을 드러낸 것은 그러한 속에서의 일이었다. 국왕 내지 그를 필두로 한 신라 중앙에서 절감하였을 바 해당 불사에 관여할 필요성이라든지 혹은 그를 향한 의지 등이 점쳐지며, 그리고 왕경의 그러한 요구에 부응하려는 입운 등 신라와의 연고에 의지하고 싶어 하는 지역사회 일부의 노력이 예상됨에도 불구하고, 현실은 그러하였다. 광주 지역사회에서의 신라 중앙을 향한 거부 정서가 만만치 않았음을 암시한다. 신라의 통일 이래 중앙귀족과 타협함으로써 무진주 치소를 비롯한 노령 이남 지역에서의 주도권을 획득하고 유지하는 데 관심을 집중하던 지역의 토착세력이, 9세기 후반 들어 석등이 건립되고 뒤이어 관련 농토의 매매가 이루어질 즈음이면 기왕의 방침에서 눈을 돌려 새로운 길을 찾아 나섰을 것임을 예상케 하는 대목이다.[106]

106) 동일한 무진주 관내에서도 고장에 따라 사회 분위기에 상당한 차이가 있었을 법하다. 가령 신라 중앙과의 소통에 큰 지장이 없었던 듯 보이는 長興 寶林寺 일원의 경우, 州治인 光州를 포함한 무등산권역에 비해 지역사회의 反新羅的인 분위기가 상대적으로 약했을 가능성이 없지 않다. 무진주 치소 일원에서와 마찬가지로 신라 중앙을 바라보는 시선에 차이가

개선사지 석등에 글을 새겨 넣고자 나선 것은 승려 입운이었음 직하다. 기문記文의 작성이라든지 각자刻字 등이 친신라 성향에 가까웠을 것으로 추정되는 저들에 의해 주도되었을 공산이 커 보이거니와, 그리하여 입운 등이 석등에 그러한 명문銘文을 남김으로써 확인하고 싶었던 것은, 어쩌면 새겨진 내용 자체라기보다는 그것을 통해 이제까지 광주 지역사회가 신라 중앙과 우호적 관계를 맺었던 사실을 상기시키는 일은 아니었을까 짐작된다. 옛 시절을 회고하며 국왕과 왕실을 두둔하고 왕경 경주의 처지를 감싸면서 힘닿는 데까지 반신라적 풍조의 확산을 억제해서, 그리하여 가능하다면 지역사회의 분위기를 되돌리려는 게 입운 등의 입장은 아니었을까 헤아려진다. 20년이 훌쩍 지난 경문왕 8년(868)의 옛일이었음에도 경문왕가景文王家와의 연고를 석등 명문의 첫머리에서 크게 강조한 의도를, 그것을 배제한 채 다른 데서 찾기는 어려울 것으로 생각한다. 진성여왕 5년(891)이라고 하는 격동의 시기를 당하여 전개선사傳開仙寺에 소재하는 석등의 운영 유지를 명분으로 농토를 매입하고서는, 그것을 구실로 기문을 작성하여 석등에 새겨 넣음으로써 관련 사실이 오래도록 사라지지 않고 널리 알려지도록 애썼던 데에는, 저들의 그와 같은 의도가 작용하였을 가능성을 무시할 수만은 없어 보인다.

있는 두 부류가 존재했을 터이지만, 장흥의 보림사 일원에서 신라 중앙에 보내는 시선은 보다 덜 싸늘했을 듯싶으며, 무진주 관내의 여러 고장에서도 저마다의 사정에 따라 그러한 차이가 제법 노정되었을 듯 여겨지는 것이다.

석등의 명문이 모습을 드러내고 십 수 년가량이 흐른 뒤인 효공왕孝恭王 12년(908), ‘이재異才’라는 인물이 병란兵亂의 시기를 맞아 등루燈樓를 조성해서 불법佛法 존숭의 등燈을 밝혀 들었다. 그러자 최치원崔致遠은 그것이 “나라에 복福을 가져오는 밑천이자 병란의 허물을 물리치기 위한” 일이라며 칭송하였다.[107] ‘호국의영도장護國義營都將’이라 칭해진 이재는 신라에 충성을 다한 “본국충신本國忠臣”이라는 게 그의 평이거니와, 또한 최치원은 이재의 입을 빌어 “하늘이 내리는 재앙이 아직 끝나지 않고, 땅은 오히려 간악한 무리를 허용하는구나. 시절이 위태로우면 생명이 모두 위태로우며, 세상이 어지러우면 인심도 또한 어지러운 법이다. 내가 뜻하지 않게 먼저 깨닫게 되었으니, 힘써 신중히 후일을 도모하리로다. 이제 내 넋이 이채로운 징조에 감응하여 기이한 형상을 눈으로 볼 수 있었거늘, 문득 분에 넘치게 산에 (흙을) 보태고 바다에 (물을) 더할 것을 넘겨다보면서, 어찌 흙덩이를 손가락으로 집어내어 도랑

107) 天祐五年戊辰冬十月 護國義營都將重閼粲異才 建八角燈樓于南嶺 **所以資國慶而攘兵釁也** 俚語曰 … 有重閼粲者 偉大夫也 乘機奮志 嘗逞儁於風雲 易操修身 冀償恩於水土 豹變而併除三害 蛇盤而益愼九思 旣能除剗荊蓁 爰必復歸桑梓 所居則化 … 加以志切三歸 躬行六度 頓悟而朝凡暮聖 漸修而小往大來 皆由貶己若讎 敬僧如佛 常營法事 靡导他緣 … 閼粲眞是枉家大士 蔚爲**本國忠臣** 以盤若爲干戈 以菩提爲甲冑 能安一境 僅涉十秋 … (異才) 乃以龍年羊月庚申夜夢 … 洎覺乃念言曰 “**天未悔禍 地猶容奸 時危而生命皆危 世亂而物情亦亂 而我偶諧先覺 勉愼後圖 今得魂交異徵 目擊奇相 輒覬裨山益海 寧慚撮壤導涓 决報君恩 盖隆佛事 所願不生冥處 遍悟迷羣 唯宜顯擧法燈 函銷兵火**” 爰憑勝槪 高刱麗譙 爇以銀釭 鎭於鐵甕 **永使燭龍開口 無令燧象焚軀** 其年孟冬 建燈樓已 至十一月四日 邀請公山桐寺弘順大德爲座主 設齋慶讃 … (『孤雲集』 1 新羅壽昌郡護國城八角燈樓記)

의 물길을 내는 (작은) 일을 부끄러워하리오. 결단코 임금의 은혜에 보답하고자 불사佛事를 존숭하여 높이려니와, 바라는 바는 어두운 곳에 태어나지 않고 미혹의 무리를 두루 깨우침이니, 오로지 법등法燈을 밝혀 들어 병란의 불길을 모두 잡음이 마땅하리라" 되뇌고는, 이어서 거듭 다짐하듯 "촉룡燭龍(등촉燈燭을 입에 물고 사방을 비추는 붉은 신룡神龍)으로 하여금 길이 입을 열도록 하고, 수상燧象(볼기에 횃불을 달고 뛰어드는 코끼리)으로 하여금 몸을 불사르지 않도록 하리라"는 그 자신의 기대감, 다시 말해 등불이 영원토록 빛을 발하여 병란의 불길이 세상을 불사르지 않도록 해줄 것을 기대하는 최치원 본인의 간절한 염원을 다시금 피력하였다.108)

전란의 시기로 들어선 신라말엽의 사회에서, 등을 켜 이둠

108) 崔致遠의 위 '新羅壽昌郡護國城八角燈樓記' 서두에 등장하는 '天祐'는 唐의 마지막 연호이다. 그런데 唐은 天祐 4년(907)에 後梁(907~923)의 朱全忠(852~912)에 의해 멸망당하였다. 위에 제시한 자료의 天祐 5년(戊辰, 908, 孝恭王12)은 잘못이라는 뜻으로서, 앞서 논의했던 연호 '龍紀'의 착오가 연상되어 공교롭다. 그렇지만 최치원이 '천우 5년 무진' 운운한 것은 착각이라기보다는 의도적이었던 듯 보인다. 최치원의 唐을 향한 숭모는 더 이를 나위가 없을 터이다. 朱全忠을 簒奪者로 인식했음이 틀림없으며, 그러한 朱全忠의 後梁이 내세운 연호 '開平'을 사용하는 것은 그의 입장에서 아예 논외였을 것임이 거의 분명하다. 또한 唐의 동맹이었던 新羅는 물론이고 後百濟 등 당시 한반도의 나라들에서는, 하나같이 後梁을 僭僞國으로 인식하여 그와의 통교를 꺼리며 그 시도조차 하지 않았음이 지적된다(邊東明, 「後百濟의 海上活動과 對外關係」, 『韓國古代史探究』 19, 2015, 290쪽). 최치원에 한정되지 않고 후삼국의 각 나라에서 후량 연호의 사용이 일반화되지는 않았을 듯 여겨지거니와, 그러므로 최치원이 唐의 옛 연호인 '천우'를 사용한 것을 두고 개선사지 석등의 명문에 나타나는 연호 '용기'의 착오와 동일시해서 비교한다든지 할 수는 없을 것으로 믿는다.

을 밝히는 일이 친신라 성향의 인물들에게 의미하는 바를 생생하게 전한다. 불법의 등불을 밝혀 병란을 극복하고 신라를 지켜내자는 생각을, 굳이 비유랄 것도 없이 직설적으로 토로해 인상적이다. 평시는 물론이고 전란의 시기일수록 법등을 켜 어둠을 밝히는 일이 저들에게는 한층 각별한 의미를 지니려니와, 이재에 10여 년 앞서 무등산 자락의 개선사開仙寺라 전해지는 사찰에서 등불을 밝히고자 농토를 매입하고, 관련 사실을 석등의 화사석火舍石에 새겨둔 입운 등의 마음이라고 그와 달랐을 까닭이 없을 터이다. 반신라적 기운이 번져가는 가운데, 석등의 명문 첫 머리에 경문왕을 앞세워 그에 담긴 의미를 널리 알리고, 또 그것이 길이 잊히지 않도록 애쓰던 승려 입운의 간절한 심정을 능히 헤아릴 수가 있을 듯싶은 것이다.

그렇지만 입운 등의 그러한 노력은 성공하지 못할 운명이었다. 돌이키기에는 사회적인 동요가 이미 널리 그리고 깊게 번진 상황이었다. 개선사지에서 석등의 명문이 처음 그 모습을 드러내던 즈음, "북원적北原賊의 괴수魁帥인 양길梁吉이 그 부하 장수 궁예弓裔를 보내어 백여 기를 거느리고 북원 동쪽의 부락과 명주溟州의 관할 내인 주천酒泉 등 10여 군현郡縣을 쳐들어가게 하였다"고 한다.109) 진성여왕 5년(891) 10월 곧 무등산 자락의 전개선사傳開仙寺에서 명문이 석등에 새겨 넣어지던 바로 그 해 그 달, 강원도 원주에서는 양길이 수하의 궁예를 시

109) 北原賊帥梁吉 遣其佐弓裔 領百餘騎 襲北原東部落 及溟州管內酒泉等十餘郡縣 (『三國史記』 11 新羅本紀11 眞聖王 5년 10월)

켜 주천 곧 오늘의 영월寧越을 비롯한 일대 10여 고을에 쳐들어갔던 사실을 전한다. 궁예전弓裔傳(『삼국사기三國史記』 50)에서는 이를 이듬해인 진성여왕 6년의 일로 전하거니와, 그 즈음 해당 고을들이 양길의 손아래 떨어졌음을 알려준다. 또한 진성여왕 5년 무렵에 '왕기王畿'인 경주 일대를 제외한 고을들이 '반부상반叛附相半'함으로써 신라 중앙의 통제를 받거나 혹은 벗어난 지역이 서로 반반이며, 원근에서 도적의 무리가 봉기하였다고도 한다.[110] 신라 중앙의 통치가 와해되고 고장마다에서 유력자들이 자립한 가운데 서로 경쟁하며 때로는 이웃 고을을 공격해 차지하는 상황에까지 이르렀음을 헤아리게 한다. 이른바 호족豪族의 할거와 쟁투의 시대가 도래한 것이었다.

무진주라고 그러한 추이에서 예외였을 까닭이 없다. 무등산 잣고개에 들어선 무등산고성 이른바 무진고성에는 9세기 말엽에 들어 대대적인 수축을 가한 흔적이 뚜렷하다고 한다.[111] 유동적인 정세의 변화에 대응하여 지역사회에서 방어시설을 정비하고자 힘을 쏟은 자취일 터이다. 지역 정세가 자못 불안하였음을 반영한 조치이려니와, 당시 무등산 일원을 주도하던 무진주의 치소 곧 광주 지역사회의 분위기를 알 만하다. 신라

110) … 見新羅衰季 政荒民散 王畿外州縣 叛附相半 遠近羣盜 蜂起蟻聚 善宗謂乘亂聚衆 可以得志 以眞聖王卽位五年大順二年辛亥(891) 投竹州賊魁箕萱 … 景福元年壬子(892) 投北原賊梁吉 吉善遇之 委任以事 遂分兵 使東略地 於是出宿雉岳山石南寺 行襲酒泉·奈城·鬱烏·御珍等縣 皆降之 乾寧元年(894) … (『三國史記』 50 列傳10 弓裔傳)

111) 林永珍, 『武珍古城』 Ⅱ, 全南大博物館, 1990, 164쪽. 구문회, 앞의 논문, 2000, 139-141쪽. 林永珍, 앞의 논문, 2008, 248쪽.

말 고려초를 주도하며 후삼국시대를 이끈 호족은, 자위조직을 구성해 운영하는 등[112] 그 군사적 성격이 도드라진 사회세력으로서 이름이 있다. 사병私兵을 거느린 장군將軍이자 본거지에 성城을 쌓고 웅거한 성주城主였거니와,[113] 무등산고성을 대대적으로 수축 정비해서 사용한 광주의 토착세력 역시 그러한 존재에 해당할 것임은 이론의 여지가 없다. 무등산의 개선사지에서 석등의 명문이 처음 그 모습을 드러내던 진성여왕 5년(891) 10월 무렵이면, 지역에 따라 얼마간 차이는 있을망정 신라의 통치가 무너져 분립적 경향이 만연한 가운데 상당수의 고을에는 중앙의 입김이 거의 미치지 않는 게 보통이었으며, 무진주의 치소인 현 광주 일원에서도 유사한 상황이 전개되기는 매한가지였음이 거의 틀림없을 듯 여겨지는 것이다.

그런데 흥미롭게도 바로 그러한 즈음, 무진주 치소를 포함한 무등산권역이 예상과 다르게 신라 중앙과 완전히 단절된 것만은 아니었던 듯 보이는 구석이 있어 이색적이다. 앞서 언급하였거니와, 개선사지 석등의 명문에서 그 서두에 경문왕景文王의 발원임을 대서체大書體로 특필하고 또한 뒤이어 경조京租의 사용을 명시적으로 드러냈던 거와 같은 게 그러하였다. 광주 지역사회가 국왕이라든지 신라 중앙과의 연고를 아예 내세우지도 못할 만큼의 분위기는 아니었음을 알려준다. 또한 석

112) 蔡雄錫, 「新羅下代 사회변동과 豪富層의 성장」, 『高麗時代의 國家와 地方社會』, 서울대학교출판부, 2000, 33-43쪽.

113) 李基白, 「新羅私兵考」, 『新羅政治社會史研究』, 一潮閣, 1974, 261-267쪽. 李基白, 「後三國時代의 豪族」, 『韓國古代史論』(增補版), 一潮閣, 1995, 73-74쪽.

등에 명문이 넣어지기 1년 전인 진성여왕 4년(890) 무렵 무진주 도독이 재임 중이었음을 추정케 하는 기록도 전한다.[114] 개선사지 석등의 명문이 처음 그 모습을 드러내던 즈음이면, 광주 지역사회에서 신라 중앙과의 소통에 원활을 기하기 어려웠고 그리하여 왕경과의 연결도 많이 취약하였음이 사실이지만, 그러한 중에서도 양자의 관계가 완전히 단절된 상태는 아니었을 가능성에 주의를 돌릴 필요가 있을 듯 여겨지는 것이다.

하지만 그럼에도 당시 광주 지역사회가 크게 동요하는 중이었으리라는 데에는 이견이 있을 수가 없다. 역시 앞서 지적한

114) 崔致遠이 찬술한 聖住寺 朗慧和尙의 塔碑文 중 첫머리의 "唐이 武功으로 (黃巢의) 난을 평정하고 연호를 바꾸어 文德으로 고친 해(888) 11월 … 禪和尙이 목욕재계한 뒤 가부좌한 채 입멸하였다 … 2년 후(890) 돌을 다듬어 탑을 세우니 소문이 王京에까지 들렸다. 보살계를 받은 (스님의) 제자인 武州都督 蘇判 (金)鎰과 執事侍郎 (金)寬柔, 浿江都護 (金)咸雄, 全州別駕 (金)英雄은 모두 王孫이다. 임금의 덕을 훌륭히 보필하면서 어려운 일이 있을 때에는 스님의 은혜를 입었거늘, 어찌 반드시 출가한 연후에라야 入室弟子라 하겠는가. 드디어 (스님의) 門人 昭玄大德 釋通賢, 四天王寺 上座 釋愼符와 논의 … 이에 僧·俗이 서로 호응하여 諡號를 내려줄 것과 塔碑에 새길 글을 청하니 …"[帝唐 揃亂以武功 易元以文德之年 暢月月缺之七日 … 禪和尙 盥浴已趺坐示滅 … 越二年 攻石封層冢 聲聞玉京 菩薩戒弟子 武州都督蘇判鎰 執事侍郎寬柔 浿江都護咸雄 全州別駕英雄 皆王孫也 維城輔君德 險道賴師恩 何必出家 然後入室 遂與門人昭玄大德釋通賢 四天王寺上座釋愼符 議曰 … 迺白黑相應 請贈諡暨銘塔 教曰可 … (藍浦 聖住寺 朗慧和尙 白月葆光塔碑文. 李智冠, 『譯註 歷代高僧碑文』(新羅篇), 伽山文庫, 1993, 154-209쪽)] 부분이 그것이다. 낭혜화상이 입적한 888년(진성여왕2)에서 2년이 지난 890년 무렵의 일을 언급하는 가운데, 武州 곧 武珍州의 都督인 蘇判 金鎰이 등장하는 것이다. 都督 金鎰이 당시 무진주 치소에서 재임하며 실제 업무를 수행했는지의 여부는 불명이지만, 개선사지 석등의 명문이 처음 그 모습을 드러내기 1년 전 즈음 무진주를 다스리는 지방장관이 존재했을 가능성을 전한다는 점에서 눈여겨볼 만하다.

바이거니와, 전개선사 내지 그곳 석등을 위한 농토의 거래가 국왕 내지 신라 중앙과의 직접적인 연계를 바탕으로 추진 성사되기 어려운 상황이었다는 사실만으로도 그렇게 말할 수가 있을 터이다. 그 무렵 광주 지역사회에는 반중앙 내지 반신라적인 분위기가 자못 팽배하였던 듯 여겨지는 것이다. 신라 중앙과의 관계를 다시금 찬찬히 들여다보며 새로운 활로를 모색하는 등 지역 토착세력의 은밀한 준동이 예상되는 대목이다. 그리고 과연 석등의 명문이 모습을 드러낸 이듬해 곧 진성여왕 6년(892)이 되자 무진주를 거점으로 자립한 견훤甄萱이 후백제後百濟를 세우고 스스로 왕위에 올랐거니와,[115] 그러한 데에서 저간의 사정을 헤아리는 게 그리 어려운 일만은 아닐 것으로 생각한다.[116] 신라의 백제 병합 이래 왕경 경주와 타협하

115) · 完山賊甄萱 據州自稱後百濟 武州東南郡縣降屬 (『三國史記』 11 新羅本紀11 眞聖女王 6년)
· 唐昭宗景福元年 是新羅眞聖王在位六年 … 百姓流移 羣盜蜂起 於是(甄)萱竊有覦心 嘯聚徒侶 行擊京西南州縣 所至響應 旬月之間 衆至五千人 遂襲武珍州自王 猶不敢公然稱王 … (같은 책 50 列傳10 甄萱傳)

116) 甄萱이 武珍州에서 군사를 일으켜 自立한 연도를 둘러싼 논란이 있다. 대체로는 『三國史記』를 따라 眞聖女王 6년(892)으로 이해하는 게 보통이었는데, 그보다 앞선 진성여왕 3년(889)에 擧兵·自立하였고 3년 뒤인 892년에 後百濟를 내세우며 왕을 자칭하였으리라는 주장이 제기되었고 (申虎澈, 「甄萱政權의 成立」·「甄萱關係 諸異說의 檢討」, 『後百濟 甄萱政權硏究』, 一潮閣, 1993, 35-47·218-221쪽), 또 이에 공감하는 측이 생겨난 것이다. 구체적인 논의는 삼가려니와, 앞서 본문에서 논의하였던 바의 진성여왕 4년(890) 武州都督의 존재 가능성이라든지 더욱이 개선사지 석등의 명문에서 감지되는 진성여왕 5년(891)의 광주 지역사회 분위기 등에 비추어, 그보다 앞선 진성여왕 3년(889)에 벌써 견훤이 거병해 자립하였고, 그랬다면 아마도 무진주 치소 일원과 신라 중앙이 실질적으로 단절된 상태에 들어갔을 터인데, 과연 그러했던 것인지 쉬이 고개가 끄덕여지지는 않는다. 견훤이 진성여왕 6년(892)에 거병하여 '열흘에서 한

고 중앙귀족에게 협조하며 무진주 일원에서의 주도권 획득과 유지에 관심을 기울이던 광주의 토착세력이, 석등이 건립되고 뒤이어 명문에 기록된 농토 거래가 이뤄질 즈음이면, 새삼 정세의 추이를 관망하는 가운데 이제까지의 고식적인 타협책에서 돌아서서 새로운 길을 찾아 자립을 도모하기에 이르렀고, 마침내 견훤의 후백제 건국으로 결실을 보게 된 셈이었다.[117)]

V. 맺음말

삼국에서 통일신라에 이르는 사이의 무등산을 광주 지역사

달 사이에 무리 5천여 인'을 모아 '무진주를 습격해 스스로 왕이 되었다'는 사서의 기록(『三國史記』 50 甄萱傳)은 의심을 받을 만하다. 그보다는 889년에서 892년 사이에 견훤이 순차적으로 反新羅의 기치 아래 거병·자립하고 후백제를 세우며 왕을 칭하기에 이르렀으리라는 주장이 훨씬 설득력을 지니는 듯 보인다. 한데 문제는 당시 무진주 치소 일원에서 견훤이 거병·자립했음을 암시하는 등의 자취를 전혀 찾아볼 수가 없다는 점이다. 일리 있는 주장임에도 불구하도 선뜻 그에 동의하고 나서기는 아직 주저되는 바이어니와, 견훤이 거병 한 달만에 무리 5천여를 모았고 또한 무진주를 쳐서 점령한 거와 같은 놀라운 세력 성장은 믿기 어려울 정도이지만, 지역사회 내에 그만큼 반신라 분위기가 만연하였음을 보여주는 반증으로 이해하는 정도의 선에서 일단 마무리하고 後考를 기약하려 한다.

117) 甄萱이 後百濟를 세우면서 옛 百濟地域의 遺民意識을 주요한 지지 기반으로 삼았으리라는 데에는 이론이 있을 수가 없다(조인성, 앞의 논문, 2018). 다만 그러한 백제유민의식이 지역과 계층에 따라 또는 동일한 지역이나 계층 내에서도 각각의 처지에 따라 그 강약이라든지 표출 방식 등에서 차이가 있을 수 있으며, 통일신라시기 무진주의 치소 곧 현 광주 일원에서 지역사회를 주도하던 토착 유력계층의 움직임도 그러한 측면에 유의하면서 좀 더 조심스럽게 접근해 분석할 필요가 있지는 않을까 생각한다.

회와 연관시켜 검토하였다. 자료의 제약에 따른 일이라지만 통일신라시기에 치우쳐 들여다본 책임을 면하기 어렵거니와, 광주의 역사적 흐름에 비춰 무등산을 조망함으로써 이 산과 관련된 인간들의 삶을 일부나마 드러내고자 노력하였다.

무등산無等山은 처음 무진악武珍岳이라 불렸다. 늦어도 통일신라 이래로 그러하였다. 무등산이라는 명호가 등장한 것은 고려시기에 들어서였다. 무진악과 무등산은 동어同語의 이표기異表記라는 게 대체적인 이해이다. 그 독음과 의미를 두고는 견해가 엇갈리는데, '무돌뫼' 혹은 '무들뫼'로 달리 읽으면서 각각 '무리지어 모인 돌[石]의 산' 혹은 '물[水]이 있는 들녘의 산'으로 풀이한다. 그런데 '무武'의 일본어 독음인 '다케(たけ)'가 '독'[石]을 연상시키는바, '무진악武珍岳'을 '독돌뫼'로 읽고 그 의미를 '석석산石石山'으로 새기면, 동일어를 중첩해 복수형을 표시한 것으로 이해하여 '돌들로 이루어진 산'이라는 풀이가 가능하다. 산마루의 장대한 암석군이 돋보이는 이 산의 명호로서 제격이거니와, 그러한 무진악이 경덕왕景德王의 한화정책漢化政策과 고려왕조의 성립이라는 변화를 거치면서 무등악(산)武等岳(山)을 거쳐 무등산無等山으로 정착되어 오늘에 이르렀다.

광주의 옛 이름으로는 무진주武珍州가 대표적이다. 무진악에서 유래하였거니와 아마도 백제에서는 무진군武珍郡이었던 듯싶은데, 통일신라에 들어 무진주가 성립하면서 고을의 주된 명호로 자리를 잡았다. 광주의 다른 옛 이름인 노지奴只는 냇물이 흐르는 들녘을 연상시킨다. 광주의 옛 이름들이 무등산 및 그 앞의 들녘에서 말미암은바, 그곳을 터전으로 삼아 온 지역민의 삶을 표상한다는 점에서 자못 함축적이다. 아울러 고을의 주된 명호가 무진주라는 점에서 무진악 곧 무등산이 광주 지역사회를 상징하는 존재임을 확인할 수가 있기도 하다.

무등산신앙은 광주 일원에서 전해오는 민간의 풍속으로서, 무등산을 주재하는 것으로 여겨지는 산신을 숭배하는 전통 관습이다. 광주의 유력한 토착세력을 상징하는 전통시기의 정치적이며 사회·문화적인 습속이었는데, 통일신라에서는 그러한 무등산신앙을 소사小祀에 편제하여 중앙의 규제를 받도록 정하였다. 왕경을 중심으로 일원적인 통치체제를 정비하는 일환이었거니와, 광주의 토착세력은 신라 중앙의 그러한 정책에 꽤나 협조적이었다. '무진고성'(무등산고성)의 축조라든지 그러한 결과 탄생한 무등산가에 함축된 광주 지역사회의 동향에서 헤아릴 수가 있는 일이었다. 신라의 백제 병합으로 신라 중앙과 접촉을 시작한 이래, 광주의 토착 유력계층은 중앙귀족에게 협조하는 타협의 길을 걸었다. 중앙귀족과의 연계를 발판으로 삼아 광주를 이끄는 전통적인 유력 사회계층으로서의 위치를 다지며, 나아가 노령 이남에서 토착세력을 대표하는 위상을 확보하고 또 지켜나가고자 하는 게 통일신라시기 광주 지역사회의 선택이었다. 이후 9세기 전반前半에 이르도록 광주 지역사회의 그러한 방침은 대체로 일관되고 유효하게 작동하였다. 무등산신앙과 무등산가를 더듬어 광주 지역사회와의 관계 속에서 무등산의 존재 의미를 되짚었거니와, 이 산이 광주나 다름없는 상징적 존재임을 거듭 확인할 수가 있었다.

9세기 말엽 광주에 견훤甄萱의 후백제後百濟가 들어섰다. 신라 중앙과 타협하고 중앙귀족에게 협조하던 지역 토착세력이, 기왕의 고식적인 방책을 버리고 왕경 경주의 통제에서 벗어나 독자세력으로 자립하였다. 무등산 개선사지 석등의 명문銘文에는 그처럼 이제까지와 다른 길을 선택하기에 이른 광주 지역사회의 분위기가 담겨 전한다. 진성여왕 5년(891) 10월 무렵 새겨진 석등기에 의하면, '전개선사傳開仙寺'에서 토지를 매입하는 불사佛事에 국왕이나 왕실은 관여하지 못하였다. 신라 중앙의 경우도 기껏해야 관여의 가능성이 짐작되는 정도에 지나지 않았다. 당시 국왕이라든지 신라 중앙에서는 해당 불사에 가능한 한 참여해야 할 필요가 있었으며, 더불어 그러한 중앙의 요구를 반영하고자 지역사회의 일부에서 애를 썼음에도 불구하고, 그런 수준에 그쳤다. 광주 지역사회의 분위기가 신라에 호의적이지만은 않았음을 암시한다. 아직 신라 중앙과 완전히 단절된 것은 아니었다. 그렇지만 전반적으로 반신라적인 기운이 만연한 가운데, 저들과의 관계를 되짚으며 새로운 활로를 모색하려는 지역 토착세력의 은밀한 준동이 있었다. 진성여왕 6년(892) 견훤이 자립하여 스스로 왕을 칭하기에 이르기까지 광주 지역사회의 분위기는 그러하였다.

참고문헌

〈문헌〉

『三國史記』, 『三國遺事』, 『高麗史』, 『世宗實錄』, 『新增東國輿地勝覽』, 『昌平邑誌』(奎17421), 『大東地志』, 『孤雲集』.

〈단행본〉

駕洛國史蹟開發硏究院, 『譯註 韓國古代金石文』 Ⅲ, 1992.

光州廣域市史編纂委員會, 『光州市史』(附錄 1卷), 2001.

光州直轄市史編纂委員會, 『光州市史』 1, 1992.

旗田巍, 『朝鮮中世社會史の硏究』, 法政大學出版局, 1972.

김기혁 외, 『한국지명유래집-전라·제주편』, 국토해양부 국토지리정보원, 2010.

盧鏞弼, 『韓國稻作文化硏究』(한국연구총서 80), 한국연구원, 2012.

都守熙, 『百濟語 語彙 硏究』, 제이앤씨, 2004.

都守熙, 『百濟語 硏究』(改訂), 제이앤씨, 2005.

도수희, 『한국지명 연구』, 이회문화사, 1999.

李基白, 『新羅政治社會史硏究』, 一潮閣, 1974.

李基白·李基東, 『韓國史講座』(古代篇), 一潮閣, 1982.

박선홍, 『無等山』(증보 5판), 금호문화, 1998.

백문식, 『우리 말 어원 사전』, 도서출판 박이정, 2014.

邊東明, 『한국 전통시기의 산신·성황신과 지역사회』, 전남대학교 출판부, 2013.

서정범 지음, 박재양 엮음, 『새국어어원사전』, 보고사, 2018.

송병기, 『울릉도와 독도, 그 역사적 검증』, 역사공간, 2010.

順天大博物館·迦智山寶林寺, 『迦智山 寶林寺』, 1995.

유석재, 『독도공부 -한 권으로 읽는 독도 논쟁의 모든 것-』, ㈜교유당, 2019.
李基東, 『新羅骨品制社會와 花郎徒』, 一潮閣, 1984.
李智冠, 『譯註 歷代高僧碑文』(新羅篇), 伽山文庫, 1993.
李泰鎭, 『韓國社會史研究』, 지식산업사, 1986.
林永珍, 『武珍古城』 Ⅰ·Ⅱ, 全南大博物館, 1989·1990.
全基雄, 『羅末麗初의 政治社會와 文人知識層』, 혜안, 1996
鮎貝房之進, 『雜攷 俗字攷·俗文攷·借字攷』, 國書刊行會, 1972.
蔡雄錫, 『高麗時代의 國家와 地方社會』, 서울대학교출판부, 2000.
한국고대사학회 편, 『한국고대사 연구의 새 동향』, 서경문화사, 2007.
한글학회, 『우리말 큰사전』4(옛말과 이두), 어문각, 1992.

〈논문〉

구문회, 「'潭陽 開仙寺石燈記'의 재검토」, 『역사와 실학』 15·16合(龜泉元裕漢教授定年紀念論叢 上), 2000.
구문회, 「武珍古城 出土 銘文資料와 新羅統一期 武州」, 『韓國史의 構造와 展開』(河炫綱教授定年紀念論叢刊行委員會), 혜안, 2000.
旗田巍, 「新羅·高麗の田券」, 『史學雜誌』 79-3, 1970; 『朝鮮中世社會史の研究』, 法政大學出版局, 1972.
김기주, 「조선후기~대한제국기 울릉도·독도 개척과 전라도인의 활동」, 『大丘史學』 109, 2012.
金南允, 「寶林寺 石塔誌」, 『譯註 韓國古代金石文』Ⅲ, 駕洛國史蹟開發研究院, 1992.
김덕진, 「전라도 광주 무등산의 神祠와 天祭壇」, 『歷史學研究』 49, 2013.
金東洙, 「新羅 憲德·興德王代의 改革政治」, 『韓國史研究』 39, 1982.

金榮洙, 「三山五嶽과 名山大川 崇拜의 淵源 硏究」, 『人文科學』 31, 성균관대 인문학연구원, 2001.
金周成, 「신라말·고려초의 지방지식인」, 『湖南文化硏究』 19, 1990.
김창겸, 「신라 開仙寺石燈의 건립과 '大娘主'의 정체」, 『신라사학보』 49, 2020.
金昌謙, 「新羅 景文王代 '修造役事'의 政治史的 考察 -王權强化策과 관련하여-」, 『溪村閔丙河敎授停年紀念史學論叢』, 1998.
김창원, 「고려시대 백제 지역에 대한 심상지리와 백제 가요」, 『국제어문』 51, 2011.
金鶴輝, 「城址」, 『光州市史』(附錄 1卷), 光州廣域市史編纂委員會, 2001.
나경수, 「무등산 전설의 연구」, 『韓國民俗學』 41, 2005.
盧鏞弼, 「統一新羅의 논농사」, 『震檀學報』 107, 2009; 『韓國稻作文化硏究』(한국연구총서 80), 한국연구원, 2012.
도도로키 히로시(轟博志), 「지적원도를 활용한 신라 무진주(무주) 경관 복원」, 『韓國古地圖硏究』 12-1, 한국고지도학회, 2020.
李基白, 「新羅 景德王代 『華嚴經』 寫經 關與者에 대한 考察」, 『韓國古代政治社會史硏究』, 一潮閣, 1996.
李基白, 「新羅 五岳의 成立과 그 意義」, 『新羅政治社會史硏究』, 一潮閣, 1974.
박용국, 「新羅 憲德王代 金憲昌의 亂과 晉州地域」, 『退溪學과 韓國文化』 37, 2005.
朴泰祐, 「統一新羅時代의 地方都市에 對한 硏究」, 『百濟硏究』 18, 1987.
邊東明, 「9세기 前半 武州 西南海地域의 海上勢力」, 『韓國史學報』 57, 2014.
邊東明, 「高麗後期의 無等山信仰과 光州」, 『東亞硏究』 38, 2000; 「무등산신앙과 광주」, 『한국 전통시기의 산신·성황신과 지

역사회』, 전남대학교출판부, 2013.
邊東明, 「武珍州의 성립과 車得·安吉 설화」, 『歷史學研究』 48, 2012.
변동명, 「한국 전통시기의 산악신앙·성황신앙과 지역사회 -역사상 인물의 산신·성황신 추앙을 중심으로-」, 『호남학』 67, 2020.
邊東明, 「後百濟의 海上活動과 對外關係」, 『韓國古代史探究』 19, 2015.
서금석, 「고려 초 '光州'지명의 출현 시기와 정치적 배경」, 『歷史學研究』 69, 2018.
서영숙, 「백제권 가요의 존재양상과 전승실태」, 『古詩歌研究』 7, 2000.
손흥호, 「9세기 전반 신라의 사회변동과 지방사회」, 『大丘史學』 135, 2019.
손희하, 「고지도에 나타난 '무등산' 연구 -산이름 표기의 정리와 해독을 중심으로-」, 『지명학』 23, 한국지명학회, 2015.
손희하, 「고지도와 차자표기 -무등산 일대 표기를 중심으로-」, 『구결연구』 33, 2014.
신동하, 「백제 성주산 신앙과 성주사」, 『불교학연구』 22, 2009.
安東柱, 「百濟 詞不傳 歌謠 研究」, 『古詩歌研究』 5, 1998.
여호규, 「도성과 도시」, 『한국고대사 연구의 새 동향』(한국고대사학회 편), 서경문화사, 2007.
魏恩淑, 「나말여초 농업생산력 발전과 그 주도세력」, 『釜大史學』 9, 1985.
이경화, 「무등산 불교미술의 신앙적 양상과 교류」, 『歷史學研究』 45, 2012.
李基東, 「귀족사회의 분열과 왕위쟁탈전」, 『한국사』 11, 국사편찬위원회, 1996.

李基東,「新羅 金入宅考」,『震檀學報』45, 1978;『新羅骨品制社會와 花郎徒』, 一潮閣, 1997.

李基東,「新羅 下代의 王位繼承과 政治過程」,『歷史學報』85, 1980;『新羅骨品制社會와 花郎徒』, 一潮閣, 1984.

李基白,「新羅私兵考」,『歷史學報』9, 1957;『新羅政治社會史研究』, 一潮閣, 1974.

李基白,「後三國時代의 豪族」,『韓國古代史論』(增補版), 一潮閣, 1995.

李道學,「泗沘時代 百濟의 4方界山 護國寺刹의 成立」,『백제연구총서』 4, 1994.

李丙燾,「大東地志解題」,『大東地志』, 亞細亞文化社 韓國學文獻研究所 編, 1976.

이영훈,「開仙寺石燈에 새겨진 8~9세기 新羅의 토지제도」,『古文書研究』 50, 2017.

이윤미,「9世紀 後半 武州地域의 政治的 動向과 甄萱의 自立」,『歷史教育論集』 44, 2010.

李壯雄,「백제 五岳 제사와 佛教寺院」,『百濟研究』 66, 2017.

李泰鎭,「畦田考」,『韓國學報』10, 1978;『韓國社會史研究』, 지식산업사, 1986.

林永珍,「統一新羅 武珍都督城의 位置와 規模」,『지방사와 지방문화』 11(2), 2008.

張東翼,「京都大學 所藏 開仙寺址石燈記의 拓本」,『歷史教育論集』 36, 2006.

鮎貝房之進,「潭陽 開仙寺石燈記」,『雜攷 俗字攷·俗文攷·借字攷』, 國書刊行會, 1972.

정선종,「寶林寺 塔誌 校勘」,『불교문화연구』7, 南道佛教文化研究會, 2000.

丁元卿, 「新羅景文王代의 願塔建立」, 『부산직할시립박물관연보』 5, 1982; 『박물관연구논문집』 1, 부산직할시립박물관, 1992.
鄭早苗, 「開仙寺石燈記」, 『朝鮮學報』 107, 1983.
조강봉, 「武珍, 馬突·馬珍·馬等良, 難珍阿·月良, 難等良, 月奈에 대하여」, 『지명학』 24, 한국지명학회, 2016.
曺凡煥, 「新羅 下代 景文王의 佛敎政策」, 『신라문화』 16, 동국대학교 신라문화연구소, 1999.
조인성, 「통일에서 분열로 -후백제의 성립 배경과 관련하여-」, 『新羅史學報』 42, 2018.
趙載勳, 「無等山歌小考」, 『百濟文化』 12, 1979.
趙載勳, 「百濟歌謠의 硏究」, 『百濟文化』 5, 1971.
朱甫暾, 「新羅 下代 金憲昌의 亂과 그 性格」, 『한국고대사연구』 51, 2008.
채미하, 「백제의 산천제사와 그 整備」, 『東國史學』 48, 2010.
蔡雄錫, 「新羅下代 사회변동과 豪富層의 성장」, 『高麗時代의 國家와 地方社會』, 서울대학교출판부, 2000.
崔鉛植, 「開仙寺 石燈記」·「月光寺 圓朗禪師塔碑」, 『譯註 韓國古代金石文』Ⅲ, 駕洛國史蹟開發硏究院, 1992.
최영주, 「삼국·통일신라시기 광주 중심지 연구」, 『歷史學硏究』 83, 호남사학회, 2021.
崔仁善 外, 「三層石塔과 石燈」, 『迦智山 寶林寺』, 順天大博物館·迦智山寶林寺, 1995.
黃善榮, 「新羅 下代 金憲昌亂의 性格」, 『역사와경계』 35, 1998.
황호균, 「開仙洞 石燈 銘文考」, 『불교문화연구』 7, 南道佛敎文化硏究會, 2000.

삼국·통일신라시기 광주 중심지 연구

최영주

Ⅰ. 머리말

광주는 무등산과 그 아래 시가지를 지나가는 광주천을 중심으로 발달해 왔다.[1] 일반적으로 광주는 통일신라시대에 무진주武珍州가 설치되면서 역사에 등장한 것으로 이해하고 있다. 하지만 『삼국사기』 기사에 의하면 동성왕 20년(498)에 무진주가 이미 기록되어 있다.[2] 이 기록에서 보이는 무진주는 아마도 편자가 삼국시대 광주 지명이 마땅치 않아 통일신라

---

* 이 글은 「삼국·통일신라시기 광주 중심지 연구」(『歷史學硏究』 83, 2021년 8월)를 수정·보완한 것이다.

1) 광주는 동쪽에 무등산, 서쪽과 중앙부는 분지 상으로 낮은 구릉과 충적지가 펼쳐져 있다. 주요 하천은 영산강의 본류를 형성하는 극락강·황룡강, 시내를 남동-북서방향으로 흐르는 광주천이 있으며 하천 주변으로 평야가 발달하였다.

2) 『삼국사기』 26 백제본기 4 동성왕 20년 8월 '탐라에서 공부(貢賦)를 바치지 않으므로 왕이 친정하여 무진주에 이르렀다. 탐라가 이를 듣고 사신을 보내어 죄를 청하므로 그만두었다.'

시대 지명을 소급 적용한 것으로 이해된다.[3] 이 기록의 내용은 당시 전남지역의 고대 상황을 보여주는 매우 중요한 자료로 인정받고 있다. 그런데 『삼국사기』에 보이는 무진주는 당시 중심지로 보이는데 현재 광주의 어느 곳에 해당하는지 의문이다.

통일신라시대 무진주는 『삼국유사』 기이편 차득·안길의 설화를 통해 문무왕 11년(671) 이전에 설치된 것으로 이해된다.[4] 당시 안길로 대표되는 광주의 토착세력은 차득으로 대표되는 신라 중앙세력과 결탁하여 통일신라시대에 지역의 중심지를 기존의 중심지인 나주에서 광주로 가져온다는 내용이다. 그렇다면 안길로 대표되는 광주의 토착세력은 백제 사비기에 어디를 중심으로 세거하였는지가 궁금하다.

현재 무진주 치소가 있었던 곳은, 광주천을 따라 장방형으로 길게 형성된 곳으로 현재 금남로 일대에 해당한다. 무진주가 설치되는 문무왕 11년에 현재 금남로 일대가 바로 개발되어 방리의 모습을 갖추게 되는지 의문이 든다. 만약 당시 초기 무진주의 관청시설이 현 금남로 일대에 설치되지 않았다면, 아마도 안길로 대표되는 광주 토착세력의 중심 세거지에 있었을 가능성이 높은데, 그곳은 어디로 비정되는지 또한 의문이다. 결국 통일신라시기 무진주는 언제부터 개발되고 어떻게

---

3) 무진주 관련 지명 연구는 다음의 논문을 참고하길 바란다. 변동명, 「三國·統一新羅時期의 無等山과 光州」, 『호남학』 69, 2021, 16-24쪽.

4) 변동명, 「武珍州의 성립과 車得·安吉 설화」, 『역사학연구』 48, 2012, 39-59쪽.

진행되는지에 대한 많은 의문을 남기고 있다.

광주는 기록상 삼국시대부터 등장하고, 그 실체는 통일신라시대 무진주로 확연해지면서, 고려와 조선시대를 거쳐 현재까지 그 명맥을 유지하고 있다. 하지만 고대 시기 광주의 실체는 앞에서 지적한 것처럼 명확하지 않다. 따라서 이 글을 통해 광주의 삼국시대 중심지와 통일신라시대 무진주의 개발 시기 및 양상을 고고학적 자료를 중심으로 살펴보고자 한다. 먼저 광주의 삼국시대 중심지는 발굴된 유적을 중심으로 분포양상과 특징을 통해서 백제 병합 이전의 중심지와 병합 이후의 중심지에 대해서 검토하고자 한다. 다음으로 통일신라시대 무진주가 언제부터 개발되고 어떻게 진행되는지에 대해서는, 경주 도심을 개발하는 과정과 사벌주에 해당하는 상주 복룡동유적의 발굴 성과를 통하여 개발 시기와 양상을 유추해보고자 한다. 본 글을 통해서 고대 광주의 모습을 조금이나마 복원하고, 그 실체에 다가서고자 한다.

Ⅱ. 초기철기시대~통일신라시대 유적 검토

1. 유적 현황

광주시 유적 가운데 초기철기시대~통일신라시대에 해당하는 유적은 현재 64개소 정도이다. 유적의 밀집도로 보면 영산강과 풍영정천을 중심으로 한 일대와 황룡강과 평동천을 중심으로 한 일대로 나누어진다. 광주 도심인 광주천일대는 유적의 밀도가 약하게 나타난다(그림 1; 표 1).

1) 초기철기시대~원삼국시대

이 시기 유적은 영산강과 풍영정천 일대의 신창동·연제동 외촌·용두동·산월동·장자·운남동·오선동유적 등이 확인되며, 황룡강과 평동천 일대의 월전동 하선·관동·금곡·평동·복룡동유적 등이 확인된다. 이외에도 광주천 일대의 동림동·치평동·쌍촌동유적 등에서도 확인된다.

이 가운데 신창동유적은 우리나라를 대표하는 농경복합유적으로, 주거지·저습지·환호·무덤·농경지 등에서 각종 토기류와 목기류 등이 출토되었고, 삼국 이후에도 생활 터전으로 활용되었다. 연제동 외촌유적의 토광묘에서 석검과 복룡동유적의 토광묘에서 화천 등이 확인되며, 나머지 유적에서는 점토대토기와 경질무문토기 등이 확인되었다.

해당 유적의 입지는 하천의 배후습지에서 농경을 기반으로 하는 마을이 있었고, 그 중심지는 신창동유적과 그 주변지역에 해당된 것으로 보이며, 영산강을 통한 외부와의 교류도 신창동과 복룡동유적을 통해서 확인이 가능하다.

2) 삼국시대

이 시기 유적은 영산강과 풍영정천 일대의 연제동 외촌·용두동·산월동·신완·운남동·오선동·하남동·산정동·산정동 지실·점등유적, 월계동·쌍암동고분 등이 확인되며, 황룡강과 평동천 일대의 선암동·월전동·도산동·기곡·금곡·용곡·용강·평동·하산동·연산동·연산동 산정유적, 명화동고분 등이 확인된다. 이외에도 광주천 일대에 동림동·쌍촌동·용산동·일곡동·용봉동·풍암동·만호유적, 운림동과 각화동고분군 등에서도 확인되며, 황룡강 평림천 일대에 삼거동·세동·덕림동 갱이들유적과 지석강 대촌천 일대에 원산리·행암동·덕남동 덕남·향등·양과동 행림유적 등이 확인된다.

풍영정천 일대에 주거지가 밀집 분포한다. 10개 유적에서 주거지는 1,200기가 확인되는데 하남동과 산정동 일대에 집중되어 있다. 주변으로는 제형분 단계의 분구묘와 고총고분 단계의 원형분이 산재되어 있다. 특히 하남동유적에서는 취락을 감싸는 구가 있으며, 그 안에 분주토기가 일정한 간격으로 놓여져 있어 의례적인 공간으로 사용된 것으로 이해된다(그림 3). 또한 하남동과 산정동, 오선동유적에서는 지면식의 방형 건물지[5]가 확인되었다. 오선동유적에서는 단야 공방지 4기가 확인되어 철제 농공구류 등을 제작했던 것으로 보인다. 이외에도 지상건물지, 수혈, 구상유구, 토기가마 등이 확인되어 당대 주요 세거지에 해당된다. 점등유적에서는 석곽묘가 확인되며, 대

5) 방형건물지는 유적 내에서 특수한 기능을 가진 것으로 5세기 중엽~6세기 중엽경으로 편년된다. 이것은 백제 대벽건물의 영향을 받아 토착화된 '마한식 건물'로 추정된다.

가야계 광구장경호·유개장경호, 하남동유적에서는 스에키계 토기 등이 다수 확인되기도 하였다.

영산강 일대에는 월계동 장고분과 쌍암동고분에서 왜계 고분이 확인된다. 월계동 장고분은 영산강식 석실(큐슈계 석실)로, 1호분에는 상자식석관(뚜껑 없음)과 목관이 사용되고 있다. 주구에서는 원통형 하니와계 분주토기가 다량으로 확인되며, 장승형과 개형의 분주목기, 삼족기·고배 등의 토기류 등이 확인된다. 쌍암동고분에서는 찰갑편, 발형기대 등이 확인된다.

광주천 일대의 동림동유적은 하안대지에 위치하며 주거지, 수혈, 지상건물지, 우물 등이 확인된다. 광주천 일대에서 주거지의 밀집이 높은 유적에 해당한다. 유적에서는 소가야계와 아라가야계 자료와 함께 스에키(계) 토기 등이 확인되며 모방토기가 많다. 각화동고분은 영산강식 석실로 큐슈계 석실의 영향이 크다.

황룡강과 평동천 일대에서 주거지가 밀집 분포하고 있다. 12개 유적에서 1,000기가 확인되는데 선암동과 연산동유적에 집중되어 있으며, 평동유적은 제형분 단계의 분구묘가 집중되어 있다. 선암동과 연산동유적은 생활공간과 분묘공간이 분리되어 있다. 선암동유적에서는 옥 거푸집이 다수 확인되어 옥의 재처리 생산이 이루어진 것으로 이해된다. 평동유적에서는 대규모 분묘군 중에 제형의 형태를 가진 분구묘 일부는 5세기 후엽까지 지속적으로 수평확장을 하면서 사용된 것으로 보인다.

이상으로 살펴본 유적은 취락유적을 중심으로 주거지·수혈·구상유구, 토기가마·단야로·공방지 등이 확인되며, 그 주변에서 제형분과 고총고분 단계의 고분이 확인된다. 유적은 대체로 3세기 중엽에서 6세기 전엽에 해당된다. 이 시기에 주거지는 2,500기, 고분은 250기 정도가 확인된[6] 영산강과 풍영정천, 황룡강과 평동천 일대 지역은 일정한 세력을 가지면서 성장한 소국으로 비정해 볼만하다.

6세기 중엽 이후의 자료는 일부 유적에서만 확인된다. 용두동유적은 백제 사비기 석실이 11기 정도로 확인된다. 석실의 잔존상태는 좋지 않아 명확한 구조를 파악하기는 힘들다. 횡혈식 구조가 일부 확인되며, 나머지는 횡구식 구조를 보인다. 석실에서는 사비기 개배·고배·대호, 이식 등이 확인된다.

운림동고분군에서 9기 정도의 고분이 확인되며 현재 삼국시대 자료로 보고되어있으나, 통일신라시대로 보는 의견도 있다. 1호분·2호분 석실의 구조적 특징(우편도·조임식천장·벽석 구축방식 등)으로 보면 6세기 중엽 이후에 보이는 복합형[7]으로도 볼 수 있어 고분의 연대를 다각적으로 검토할 필요가 있다.

6) 이 시기에 주거지와 고분의 수는 훨씬 더 많았을 것으로 추정된다. 그 이유는 주요 유적 인근의 과거 산업단지가 조성될 때 발굴조사가 진행되지 않은 경우가 많았기 때문이다.

7) 최영주, 『마한의 성장과 대외관계 - 영산강유역을 중심으로-』, 학연문화사, 2020, 95-98쪽.

광주 누문동유적의 건물지에서 통일신라시대 유물과 함께 사비기 단경호·삼족기·개배·보주형꼭지·대옹편 등이 확인되어 광주천 일대가 백제 사비기 이후부터 주요한 생활 터전이었음을 알려주고 있다. 이외에도 기곡유적의 삼국시대의 구에서도 사비기의 개배 등이 혼재되어 확인되기도 하였다.

3) 통일신라시대

이 시기 유적은 영산강 일대의 신창동·용두동·산월동 뚝뫼유적, 풍영정천 일대에 하남동·오선동유적, 평동천 일대의 연산동 산정유적 C구역·평동유적, 광주천 일대에 동림동·누문동·금남로유적·광주읍성·무진고성, 지석강 일대에 덕남동 덕남유적·노대동 신기유적 등에서 확인된다.

용두동과 산월동 뚝뫼유적에서는 석곽묘가 확인되며, 신창동유적에서는 인화문토기와 경작지 등 생활했던 흔적이 확인된다. 하남동유적에서는 토광묘에서 벼루 등이 확인된다.

연산동 산정유적 C구역에서는 건물지 2기가 중첩되어 확인되며 연화문 수막새, 선문 수키와·암키와 등이 수습되었고, 인근의 우물지 1기에서도 연화문 수막새 등이 확인되며, 주변에서는 수레바퀴자국이 확인되어 도로유구가 있었던 것으로 보인다(그림 2). 건물지는 적심시설과 적심을 감싸고 있는 구시설이 확인된다. 평면상태와 구 내부의 퇴적양상을 통해 1호 건물지 → 2호 건물지 순으로 축조되었다. 구는 1·2호 건물지의 구릉 상부에 위치하며 건물지를 감싸고 있고, 내부 출토유물로 보아 배수를 위한 건물 부속 시설로 보인다. 규모는 남-북 길이 2,810㎝, 동-서 너비 819㎝, 깊이 28~43㎝이다. 1호 건물지는 정면(남-북) 5칸, 측면(동-서) 1칸의 건물로 추정된다. 구릉의 말단부에 우물이 확인되는데 건물지와 비슷한 연화문 수막새와 집선문 수키와가 출토되었다. 인근의 3-4구역 6호 수혈에서 구연부에 파상문이 있는 대호가 확인되며, 수레바퀴 자국은 현재 확인되는 길이는 37m이고, 자국간 거리는 1.5m 정도이다.

광주천 일대 읍성내 유적, 누문동과 금남로유적은 통일신라 시기 무진주 치소가 있었던 곳으로 추정된다. 광주 읍성 1구역에서 담장시설 2기가 확인된다. 1호 담장은 11.2m, 폭 0.7m 정도이며, '官'명 기와와 연화문 수막새가 출토되었다. 2호 담장은 읍성과 직교하여 배치되며 읍성 하부에 자리한다. 담장은 동-서 방향으로 약 16m 정도이고 어골문 암기와편이 확인되었다. 3구역에서 담장시설 2기, 다수의 적심시설이 확인되었다. 2호 담장은 일부 적심시설을 감싸고 돌아간다. 담장은 남-북 방향으로 지나간다. 1호 담장은 11.3m, 폭 0.8m 정도이며, 2호 담장은 15.5m, 폭 0.9~1.0m 정도이다. 출토유물은 격자문 평기와, 연화문 수막새, 당초문 암막새 등이 확인되었다. 적심시설은 24기 정도가 확인되었는데, 적심시설은 잔존상태가 좋지 않고 불규칙적으로 배치되어 있어 그 구조와 규모를 추정하기 어렵다. 출토유물은 격자문과 어골문 평기와편, 청자편 등이 확인되었다. 5구역에서 주거지, 수혈 등이 확인되었다.

주거지는 2기가 확인되는데 일부만 남아 있다. 1호 주거지는 방형으로 북서쪽 소토부에 자리한다. 소토부 양쪽에 부뚜막 관련 시설이 확인된다. 바닥에서는 줄무늬 발형토기·점열문 병편, 종선문 수키와 등이 확인되었다(그림 5).[8)]

누문동유적에서는 건물지 2기에서 당초문 암막새·평기와·연판문 전돌·벼루 등은 당대 시기의 것으로 보이며, 단경호·삼족기·개배·보주형꼭지, 대옹편 등은 백제 사비기에 해당한 것으로 보인다. 이외에 수습된 것으로는 인화문토기·벼루·고배 등이 확인되며, 사비기와 통일신라시대 자료가 혼재된 양상을 보인다. 금남로유적은 도시철도공사 과정에서 우물지와 석축기단이 확인되었다. 유물은 통일신라~조선시대의 기와편과 토기편, 자기류 등이 확인되었다. 우물이 통일신라 당대에 사용되었다고 단정하기는 어렵지만, 무진주와 관련된 생활 흔적으로서 의미가 있다.

무진고성은 북·서·남쪽 성벽은 산의 7부 능선을 따라 축조되었고, 동쪽으로는 계곡을 낀 포곡식 산성으로 부정형의 평면 형태를 보이며, 남부 약 1㎞, 동서 약 0.5㎞, 전체길이 약 3.5㎞ 규모이다. 성에서는 건물터와 문지가 네방향에서 확인된다. 성은 크게 2시기로 구분되는데 초축 시에 성벽이 자연암반층부터 쌓았고 장방형으로 치석된 성돌로 바른층쌓기를 하였으며

---

8) 주거지의 방사성탄소연대는 A.D. 900년, 고고지자기 연대는 A.D. 1075±60년으로 보고되어 절대연대 값과 출토유물의 편년이 대체로 일치한다(전남문화재연구원, 『광주 읍성 Ⅱ』, 2008, 146쪽).

수구의 형태도 정연한 반면에 수축 시에는 암반 위 퇴적층부터 성벽을 쌓았고 가공하지 않은 돌로 허튼층쌓기를 하였으며 수구는 정연하지 않은 형태를 보인다. 또한 여기서 출토된 유물(瑞鳥文 수막새, 병·완 등)을 보아도 8세기 말~9세기 초에 초축을 하였고, 9세기 말경 수축된 것으로 보인다.[9)]

덕남동 덕남유적에서는 2기의 건물지와 구상유구가 확인된다. 건물지는 훼손이 심하여 구조와 형태를 정확히 알기는 어렵지만, 1호 건물지는 적심과 기단석, 2호 건물지는 적심과 배수로가 확인되며 바닥에 할석을 전면에 깔았다. 1호 건물지에서도 연산동 산정유적과 같은 연화문 수막새가 확인되며, 대호·주름무늬병 등도 확인된다. 이외에도 인근의 노대동 신기유적에서 건물지 1기가 확인되는데 잔존상태는 좋지 않아 구조를 파악하기 힘들다. 건물지에서는 주름무늬병·편병·대호, 수지문 평기와 등이 확인된다. 이 일대가 통일신라시기에 생활 터전이 마련된 모습을 볼 수 있다(그림 2).

이외에도 동림동유적과 평동유적, 연산동 산정유적 C구역, 오선동유적에서는 수레바퀴자국이 확인되어 하안대지나 구릉지대의 도로를 이용한 마차 또는 우차를 이용한 운송수단이 발달한 양상을 알 수 있고, 주변의 당대의 건물지와 관련된 것으로 보인다.

9) 전남대학교박물관, 「V. 종합적 고찰」, 『무진고성 II』, 1990, 154-161쪽.

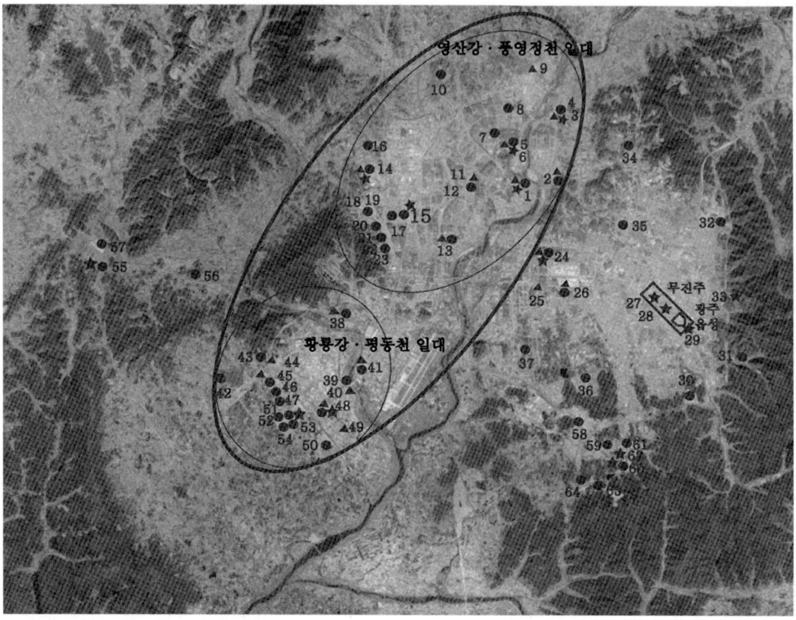

그림 1. 광주지역 유적분포도(▲ 초기철기~원삼국, ● 삼국, ★ 통일신라)

1.광주 신창동유적, 2.연제동 외촌유적(광주 이하생략), 3.용두동유적, 4.용두동 거상유적, 5.산월동 뚝뫼유적, 6.산월동 포산유적, 7.월계동 장고분, 8.쌍암동고분, 9.오룡동유적, 10.비아유적, 11.장자유적, 12.신완유적, 13.운남동유적, 14.오선동유적, **15.하남동유적**, 16.하남3지구 유적, 17.흑석'다'유적, 18.산정동유적, 19.산정유적 C, 20.산정동 지실유적 I, 21.산정동 지실유적 II, 22.점등유적, 23.가야유적, 24.동림동유적, 25.치평동유적, 26.쌍촌동유적, 27.누문동유적, 28.금남로일대 우물지, 29.광주읍성, 30.용산동유적, 31.운림동고분군, 32.각화동고분군, 33.무진고성, 34.일곡동유적, 35.용봉동유적, 36.풍암동유적, 37.만호유적, 38.선암동유적, 39.월전동유적, 40.월전동 하선유적, 41.도산동유적, 42.명화동고분, 43.기곡유적, 44.관동유적, 45.금곡유적, 46.용곡유적, 47.용강유적, 48.평동유적, 49.복룡동유적, 50.하산동유적, 51.연산동 산정유적 1구역, 52.연산동 산정유적 2구역, 53.연산동 산정유적 3구역, 54.연산동 산정유적 4구역, 55.삼거동유적, 56.세동유적, 57.덕림동 갱이들유적, 58.원산리유적, 59.행암동유적, 60.덕남동 덕남유적, 61.노대동 구암유적, 62.노대동 신기유적, 63.향등유적, 64.양과동 행림유적

표 1. 광주지역 고고유적 현황

<table>
<tr><th>연번</th><th>유적명</th><th>유적 특징</th><th>본류</th><th>지류</th><th>시대</th><th>참고문헌</th></tr>
<tr><td rowspan="3">1</td><td rowspan="3">광주 신창동 유적</td><td>옹관 53기, 토기요지, 구상유구, 주거지, 저습지, 환호, 분묘 등.
평저장경호·청동제 검파두식·편평합인석부·유경식석촉·철편, 최대의 농경복합유적</td><td rowspan="10">영산강</td><td rowspan="10"></td><td>초기철기 ~ 원삼국</td><td rowspan="3">김원용, 『신창리 옹관묘지』, 서울대학교 고고인류학총간 1, 1964.
국립광주박물관, 『신창동 유적』, 1993.
국립광주박물관, 『광주 신창동 저습지 유적 Ⅰ·Ⅱ·Ⅲ·Ⅳ·Ⅴ』, 1997·2001·2002·2003.
국립광주박물관, 『광주 신창동 묘제 유적』, 2004.
국립광주박물관, 『광주 신창동유적 일대 보고서』, 2007·2011·2012·2014·2015.
한국문화재보호재단, 『광주 신창동유적 일대 보고서』, 2012·2015·2016·2017.
대한문화재연구원, 『광주 신창동유적 Ⅰ·Ⅱ·Ⅲ』, 2016·2018.</td></tr>
<tr><td>주거지 10기
아궁이틀</td><td>삼국</td></tr>
<tr><td>인화문토기
경작지(나말여초)</td><td>통일신라</td></tr>
<tr><td rowspan="2">2</td><td rowspan="2">광주 연제동 외촌유적</td><td>주구묘, 석검</td><td>초기철기</td><td rowspan="2">호남문화재연구원, 『광주 외촌유적』, 2005.</td></tr>
<tr><td>주거지 9기, 수혈 4기, 토광묘 1기, 구상유구 2기, 지상건물지 1기, 우물 4기</td><td>삼국</td></tr>
<tr><td rowspan="4">3</td><td rowspan="4">광주 용두동 유적</td><td>수혈 1기, 점토대토기</td><td>원삼국</td><td rowspan="4">전남대학교박물관, 『광주 용두동유적』, 2010.</td></tr>
<tr><td>주거지 8기, 수혈 1기, 토기가마 2기, 분구묘 30기</td><td rowspan="2">삼국</td></tr>
<tr><td>사비기 석실 11기: 23·24·30·34·36·41·42·47·49·52·54호</td></tr>
<tr><td>석실분 4기: 6·22·29·39호</td><td>통일신라</td></tr>
<tr><td>4</td><td>광주 용두동 거상유적</td><td>분구묘 2기</td><td>삼국</td><td>호남문화재연구원 『광주 용두동 거상유적』, 2017.</td></tr>
</table>

연번	유적명	유적 특징	본류	지류	시대	참고문헌
5	광주 산월동 뚝뫼유적	원형점토대토기, 두형토기			초기 철기	조선대학교박물관,『광주 산월·뚝뫼·포산 유적』, 1995.
		석곽묘 1기			통일 신라	
6	광주 산월동 포산유적	토광묘 1기, 유공광구호			삼국	조선대학교박물관,『광주 산월·뚝뫼·포산유적』, 1995.
7	광주 월계동 장고분	석실, 분주토기·분주목기·직구단경호·광구장경호·발형기대·고배·개배·삼족기·자라병·유공광구소호, 구슬, 관고리·관못(은)			삼국	전남대학교박물관,『광주 월계동 장고분·쌍암동고분』, 1994. 전남대학교박물관,『광주 월계동 장고분』, 2003.
8	광주 쌍암동 고분	석실, 기대·원저광구호·유공광구호·고배·개배·동경			삼국	임영진·조진선,『광주 월계동 장고분·쌍암동 고분』, 전남대학교박물관, 1994.
9	광주 오룡동 유적	주거지 24기, 구상유구 3기			원삼국	목포대학교박물관,『광주 오룡동유적』, 1995.
10	광주 비아유적	주거지 4기, 토기가마 4기 - 호형토기·완·아궁이틀·회청색 경질토기	영산강	풍영정천	삼국	호남문화재연구원,『광주 비아유적』, 2007.
11	광주 장자유적	옹관묘 3기, 삼각형점토대토기			원삼국	호남문화재연구원,「광주 장자유적」,『광주 성덕유적』, 2008.
12	광주 신완유적	주거지 7기, 수혈 21기, 구상유구 3기			삼국	호남문화재연구원,「광주 신완유적」,『광주 성덕유적』, 2008.
13	광주 운남동 유적	옹관묘 4기, 삼각형점토대토기			원삼국	국립광주박물관,『광주 운남동 유적』, 1996.
		원형고분의 주구, 고배·호·기대			삼국	전남대학교박물관,『광주 운남동유적』, 2002.
14	광주 오선동 유적	주거지 372기, 방형건물지 6기, 지상건물지 88기, 수혈 9기, 구상유구 6기, 우물, 단야공방지 4기, 제형분 4기, 방형분 6기			원삼국 ~ 삼국	대한문화재연구원,『광주 오선동유적 -상·하-』, 2018.
		수레바퀴자국: 도로유구			통일 신라	

연번	유적명	유적 특징	본류	지류	시대	참고문헌
15	광주 하남동 유적	주거지 346기, 지상건물지 29기, 수혈 20기, 제형분 14기, 옹관묘 5기, 토광묘 5기 구 61기-개배·고배·분주토기			삼국	호남문화재연구원, 『광주 하남동유적 Ⅰ·Ⅱ·Ⅲ』, 2008.
		토광묘 1기, 벼루			통일신라	
16	광주 하남3지구 유적	주거지 199기, 고분 4기			삼국	한강문화재연구원, 『광주 하남3지구 유적』, 2017.
17	광주 흑석'다' 유적	주거지 4기			삼국	영해문화유산연구원, 『광주 흑석 '다', 흑석 '나', 하남동유적』, 2017.
18	광주 산정동 유적	주거지 65기, 아궁이틀 지상건물지 35기, 방형 건물지 25기, 수혈 25기, 구 50기, 토기가마 3기, 고분 3기-개배·유공광구소호			삼국	호남문화재연구원, 『광주 산정동유적』, 2008.
19	광주 산정유적 C	주거지 36기, 수혈, 구상유구			삼국	호남문화재연구원, 「광주 산정유적C」, 『광주 산정·기룡유적』, 2009.
20	광주 산정동 지실유적 Ⅰ	주거지 4기			삼국	호남문화재연구원, 『광주 산정동 지실유적Ⅰ』, 2012.
21	광주 산정동 지실유적 Ⅱ	주거지 95기, 지상건물지 8기, 분구묘 3기, 구 17기			삼국	호남문화재연구원, 『광주 산정동 지실유적Ⅱ』, 2013.
22	광주 점등유적	석곽묘 1기-단경호·광구장경호·유개장경호·병형토기·양이부호·옥·철겸·철부			삼국	호남문화재연구원, 『광주 가야·점등유적』, 2014.
23	광주 가야유적	주거지 3기			삼국	호남문화재연구원, 『광주 가야·점등유적』, 2014.

연번	유적명	유적 특징	본류	지류	시대	참고문헌
24	광주 동림동 유적	주거지, 경질무문토기	영산강	광주천	원삼국	호남문화재연구원,『광주 동림동유적 Ⅰ·Ⅱ·Ⅲ·Ⅳ』, 2007.
		주거지 98기, 수혈 114기, 지상건물지 65기, 토광, 우물			삼국	
		수레바퀴자국(폭 120~140㎝)→도로유구			통일신라	
25	광주 치평동 유적	구상유구 2기			원삼국	조선대학교박물관,『광주 치평동유적』, 1997.
26	광주 쌍촌동 유적	분구묘 2기, 토광묘 1기, 주거지 79기			원삼국~삼국	전남대학교박물관,『광주 쌍촌동주거지』, 1999.
27	광주 누문동 유적	건물지: 당초문 암막새, 평기와, 연판문 전돌, 벼루, 단경호, 삼족기, 개배, 보주형꼭지, 대옹편 등. 수습: 인화문토기, 벼루, 고배 등			통일신라	임영진·황호균·서현주,「광주 누문동 통일신라 건물지 수습조사보고」,『호남고고학보』2, 1995.
28	광주 금남로 일대 우물지	우물 6기, 석축기단 2기 기와, 토기편			통일신라	전남대학교박물관,「광주 도시철도 T·K-1 공구 우물지」,『나주 청동유적』, 2002.
29	광주 읍성	1구역: 담장 2기, 1호: '官'명 기와, 연화문 수막새, 2호: 어골문 암기와편 3구역: 담장 2기, 적심시설 담장: 격자문 평기와, 연화문 수막새, 당초문 암막새 적심시설: 격자문·어골문 평기와편, 청자편 등 5구역: 주거지 2기, 수혈 주거지: 줄무늬 발형토기·종선문 수키와·점열문 병편 등			통일신라	전남문화재연구원,『광주 읍성 Ⅰ·Ⅱ』, 2008.
30	광주 용산동 유적	주거지 40기, 구, 수혈			삼국	호남문화재연구원,『광주 용산동유적』, 2015.

연번	유적명	유적 특징	본류	지류	시대	참고문헌
31	광주 운림동 고분군	고분 9기(현실 2기, 석축 6기, 봉분 1기) 1호분-토기편, 관정			삼국	광주직할시, 『무등산-문화유적조사』, 1988. 동신대학교문화박물관, 「광주 운림동 석실분 주변 발굴조사 약보고서」, 2008.
32	광주 각화동 고분군	석실 2기, 개, 철촉	영산강	광주천 주변	삼국	광주직할시, 『무등산-문화유적조사』, 1988. 호남문화재연구원, 『광주 각화동 2호분』, 2011.
33	광주 무진고성	성벽, 건물터, 성문터 8세기 말 이전에 축조, 9세기 말경 수축			통일신라	전남대학교박물관, 『무진고성 Ⅰ』, 1989; 전남대학교박물관, 『무진고성 Ⅱ』, 1990.
34	광주 일곡동 유적	주거지 4기	영산강	용봉천	삼국	목포대학교박물관, 『광주 일곡동유적』, 1996.
35	광주 용봉동 유적	주거지 2기, 구상유구 2기			삼국	광주시립민속박물관, 『광주 용봉동유적』, 1998.
36	광주 풍암동 유적	주거지 2기	영산강	서창천	삼국	전남대학교박물관, 『광주 풍암동·금호동유적』, 1999.
37	광주 만호유적	주거지 7기, 지상건물지 2기, 구 4기			삼국	호남문화재연구원, 『광주 만호유적』, 2009.
38	광주 선암동 유적	주거지 312기, 원형분 18기, 지상건물지 12기, 구 27기, 말목열 3군, 수혈 24기			원삼국 ~ 삼국	호남문화재연구원, 『광주 선암동유적 Ⅰ·Ⅱ·Ⅲ』, 2012.
39	광주 월전동 유적	수혈 2기, 지상건물지 7기, 방형 이형유구 1기, 구상유구	황룡강		삼국	전남대학교박물관, 『광주 월전동유적』, 1996.
40	광주 월전동 하선유적	수혈 26기, 구상유구 2기, 토광묘 1기			초기철기	동북아지석묘연구소, 『광주 월전동 하선·복용동·하산동유적』, 2018.
41	광주 도산동 유적	주거지 64기, 수혈 10기, 구 7기, 경작유구			원삼국 ~ 삼국	대한문화재연구원, 『광주 도산동유적』, 2019.

연번	유적명	유적 특징	본류	지류	시대	참고문헌
42	광주 명화동 고분	석실, 이식, 분주토기·개·개배·경질토기편·기대편, 마구류·무기류·철촉			삼국	국립광주박물관,『광주 명화동고분』, 1996. 국립광주박물관,『광주 명화동고분』, 2012.
43	광주 기곡유적	구, 수혈, 회청색경질의 고배·직구소호·유공광구소호편			삼국	호남문화재연구원,「광주 기곡유적」,『광주 기곡·관동유적』, 2008.
44	광주 관동유적	토광묘, 원형점토대토기			초기 철기	호남문화재연구원,「광주 관동유적」,『광주 기곡·관동유적』, 2008.
45	광주 금곡유적	옹관묘 3기			원삼국	호남문화재연구원,『광주 용강·용곡·금곡유적』, 2009.
		A-방형·제형 고분 2, 토광묘 2기 B-고분 3기, 주거지 4기			삼국	
46	광주 용곡유적	A-주거지 16기, 수혈 2기 B-고분 6기, 토광묘 4기			삼국	호남문화재연구원,『광주 용강·용곡·금곡유적』, 2009.
47	광주 용강유적	원형고분 4기, 주거지 5기	황룡강	평동천	삼국	호남문화재연구원,『광주 용강·용곡·금곡유적』, 2009.
48	광주 평동유적	수혈 700기, 경질무문토기, 점토대토기			원삼국	호남문화재연구원,『광주 평동유적 Ⅰ』, 2012.
		분구묘 85기, 주구 18기, 토광묘·옹관묘 10기, 주거지 34기, 수혈 20기, 구 300기, 목조우물 1기			삼국	
		수레바퀴자국(폭 160~220㎝)			통일 신라	
49	광주 복룡동 유적	토광묘 3기, 1호 토광묘-옥·단경호·옹형토기·화천 49점			원삼국	동북아지석묘연구소,『광주 월전동 하선·복용동·하산동유적』, 2018.
50	광주 하산동 유적	주거지 3기			삼국	동북아지석묘연구소,『광주 월전동 하선·복용동·하산동유적』, 2018.
51	광주 연산동 산정유적 1구역	주거지 245기, 주구부건물지 7기, 지상건물지 32기, 고분 12기, 가마 2기, 구상유구 62기, 소성유구 4기, 수혈 31기			삼국	영해문화유산연구원,『광주 연산동 산정유적』, 2020.

<table>
<tr><th>연번</th><th>유적명</th><th>유적 특징</th><th>본류</th><th>지류</th><th>시대</th><th>참고문헌</th></tr>
<tr><td rowspan="2">52</td><td rowspan="2">광주 연산동 산정유적 2구역</td><td>금곡 4·5지점, 산정 1·2지점-주거지 237기, 수혈, 토기가마, 단야공방
금곡 6·7지점, 산정 1·2지점-제형분 34기, 원분 4기</td><td rowspan="10">황룡강</td><td rowspan="10">평림천</td><td>삼국</td><td rowspan="2">대한문화재연구원,『광주 연산동유적 Ⅰ·Ⅱ』, 2020.</td></tr>
<tr><td>수레바퀴자국; 도로 유구</td><td>통일신라</td></tr>
<tr><td rowspan="2">53</td><td rowspan="2">광주 연산동 산정유적 3구역</td><td>주거지 58기, 분구묘 7기, 토기가마 6기, 수혈유구 2기, 구상유구</td><td>삼국</td><td rowspan="2">전남문화재연구원,『광주 연산동 산정유적 3구역』, 2020.</td></tr>
<tr><td>건물지 2기-연화문 수막새·선문 수키와, 선문 암키와 등
우물지 1기-연화문 수막새 등
수레바퀴자국(폭 150㎝)</td><td>통일신라</td></tr>
<tr><td rowspan="2">54</td><td rowspan="2">광주 연산동 산정유적 4구역</td><td>주거지 1기, 토광묘 1기</td><td>원삼국</td><td rowspan="2">동북아지석묘연구소,『광주 연산동 산정유적』, 2020.</td></tr>
<tr><td>주거지 31기, 지상건물지 16기, 수혈 12기, 구상유구 32기, 가마 1기, 분구묘 19기, 주구 2기, 옹관묘 5기, 토광묘 6기</td><td>삼국</td></tr>
<tr><td rowspan="2">55</td><td rowspan="2">광주 삼거동 유적</td><td>주거지 1기, 고상건물지, 수혈, 주혈,</td><td>삼국</td><td rowspan="2">경남문화재연구원,『광주 삼거동유적』, 2018.</td></tr>
<tr><td>수레바퀴자국(폭 120㎝)</td><td>통일신라</td></tr>
<tr><td>56</td><td>광주 세동유적</td><td>주거지 10기</td><td>삼국</td><td>전남문화재연구원,『광주 세동유적』, 2006.</td></tr>
<tr><td>57</td><td>광주 덕림동 갱이들 유적</td><td>주거지 2기</td><td>삼국</td><td>호남문화재연구원,『광주 덕림동 수성지석묘군·수성유적·복만유적·갱이들유적』, 2018.</td></tr>
<tr><td>58</td><td>광주 원산리 유적</td><td>석곽묘</td><td>지석강</td><td>대촌천</td><td>삼국</td><td>전남대학교박물관,『광주 송암동 주거지·충효동지석묘』, 1979.</td></tr>
</table>

연번	유적명	유적 특징	본류	지류	시대	참고문헌
59	광주 행암동 유적	토기가마 22기, 호형토기·개배·고배·완·기대·파수부발·소호·유공광구소호·장경호·삼족기			삼국	전남문화재연구원,『광주 행암동 토기가마』, 2011.
60	광주 덕남동 덕남유적	주거지 1기	지석강	수촌천	삼국	전남문화재연구원,『광주 덕남동 덕남유적』, 2010.
		건물지 2기: 연화문 수막새, 대호·주름무늬병, 구상유구			통일신라	
61	광주 노대동 구암유적	수혈			삼국	전남문화재연구원,『광주 노대동 구암유적』, 2010.
62	광주 노대동 신기유적	건물지 1기: 주름무늬병, 편병, 수지문 평기와			통일신라	전남문화재연구원,『광주 노대동 신기유적 Ⅱ』, 2010.
63	광주 향등유적	주거지 30기			삼국	호남문화재연구원,『광주 향등유적』, 2004.
64	광주 양과동 행림유적	즙석분, 도로, 저수장			삼국	대한문화재연구원,『광주 양과동 행림유적Ⅰ·Ⅱ』, 2013.

2. 분포의미

앞 장에서 살펴본 자료들을 중심으로 시기별 유적의 분포의미에 대해서 살펴보고자 한다. **초기철기시대~원삼국시대**의 유적은 하천의 배후지와 구릉지에서 확인된다. 신창동유적은 농경 중심의 복합생활유적으로, 하천의 배후지에 자리하면서 도작농경, 토기가마, 옹관묘 등이 확인되며, 원삼국시대까지 지속적으로 사용된 대표적인 당대인의 세거지에 해당한다. 인근의 연제동 외촌·산월동 뚝뫼에서는 구릉상에 위치한 토광묘에서 원형점토대토기와 석검 등이 확인되기도 하였다. 황룡강

평동천일대의 월전동 하선유적에서는 수혈과 구상유구에서 점토대토기와 어망추 등이 다량으로 확인되어 황룡강을 생활무대로 한 흔적이 확인되었고, 구릉상의 관동유적에서는 토광묘에서 원형점토대토기 등이 확인된다.

원삼국시대 유적은 신창동·동림동·도산동·평동·복룡동유적을 제외한 유적은 구릉상에 입지한다. 하천의 배후지는 신창동유적에서 집중되어 확인되며, 나머지 유적에서는 소수의 주거지와 수혈 등에서 경질무문토기가 확인되는 정도이다. 이 시대 유적은 대체로 구릉지대에 분포하고 있으며, 어느 정도의 마을을 형성하였던 것으로 보인다. 대표적인 유적은 오룡동·쌍촌동유적을 들 수 있다. 복룡동유적의 토광묘에서는 화천과 함께 삼각형점토대토기 등이 확인되어 1세기 중엽경으로 편년된다.

이상 유적의 분포로 보아 초기철기시대 주요 세거지는 하천변의 배후지에 농경을 바탕으로 생활하였고 그 밀도는 높지 않은 편이다. 무덤은 구릉상에 위치하는 경향이 높다. 원삼국시대에는 초기철기시대보다 구릉상에 입지하는 경향이 많아지면서 밀도도 높아진 것으로 보이며, 이후 삼국시대 주요 세거지로 이어지는 양상을 보인다. 일부에서는 영산강을 이용하여 다른 정치체와의 교류가 확인되기도 한다.

삼국시대의 유적은 원삼국시대보다 급격히 증가한다. 하천의 배후지보다는 구릉의 사면을 이용하면서 대규모 취락지 형태로 확인된다. 유적은 현 광주 중심지인 광주천보다는 외곽인 영산강과 풍영정천 일대, 황룡강과 평동천 일대를 중심으로 분포한다. 유적의 입지는 하천 배후지를 이용하여 삶의 공간으로 활용하기보다는 강에 인접하면서 범람의 피해를 받지 않는 곳에 사람들이 대규모로 세거한 것으로 보인다. 이것은 하천의 배후지를 개발할 수 있는 토목기술과 역량이 부족하여 배후지를 개발하기가 어려웠던 것으로 이해되며, 이는 경주의 습지 개발 양상을 통해 보더라도 하천의 배후지에 대한 개발과 정착은 통일신라시대부터라고 생각된다.[10)]

대규모 취락유적에서는 백제, 가야, 왜 등 다른 정치체와의 교류·교섭 관계를 보여주는 유구와 유물 등이 확인된다. 동림동과 산정동, 하남동유적에서는 왜와 관련된 스에키계 토기 등이 확인되며, 동림동유적에서는 소가야계 토기가 집중되는 점을 들어 소가야인과 왜인들이 함께 거주했으며, 교역에 종사[11)]했을 것으로 추정된다. 장수동 점등유적에서는 백제계 횡구식석실에 백제계 병·직구소호, 대가야계 대부장경호·장경호·양이부호·광구장경호 등이 확인된다. 이 유적은 백제계 횡

---

10) 통일신라시대 광주천 주변으로 중심지가 이동하는 것은 습지 개발과 관련된 토목 기술과 국가적 역량이 발휘되면서 가능해졌을 것으로 판단된다. 한편으로는 통일신라시기에 들어서면서 나주에서 광주로 지역의 중심 치소가 이동하는 정치적인 상황도 연관되었을 것으로 생각된다. 참고로 삼국시대에 국가 주도로 대규모의 수리시설이 축조되는데 대부분 산곡형 제언에 해당하며, 벽골제처럼 저지대를 개발하기 위한 것도 일부 확인된다. 통일신라시대에는 하천 범람을 막는 제방을 쌓아 습지 개발이 본격적으로 이루어졌다(성정용, 「3장 수리와 관개」, 『한국 전통시대의 토목문명』, 들녘, 2019, 237-322쪽). 따라서 광주천 일대도 통일신라시대에 본격적인 개발이 이루어진 것으로 보인다.

11) 하승철, 「전남 서남해지역과 가야지역의 교류양상」, 『전남 서남해지역의 해상교류와 고대문화』, 혜안, 2014, 272·273·287·288쪽.

구식석실에 대가야계와 백제계 토기가 혼재되어 확인되는데 당시 영산강유역 상류의 정치적인 상황을 대변해 준다.[12] 이외에도 선암동유적에서는 옥 거푸집이 다수 확인되어 옥의 재처리를 통한 생산이 이루어진 것으로 보인다. 이 가운데 월계동 장고분은 왜식의 분형에 왜계 매장시설인 석실이 확인되며, 주구에서는 분주물(토기·목기) 등이 확인되어 왜계고분 문화의 영향이 다수 확인된다. 이상으로 살펴본 삼국시대 유적은 자료는 대체로 3세기 중엽부터 6세기 전엽까지로 편년된다.

이상의 유적에서 확인된 주거지는 2,500기, 고분은 250기 정도로, 일정한 세력을 가지면서 성장한 소국으로 비정해 볼 만하다. 마한 소국의 인구수는 약 5천~1만여 명으로 추정되는데, 지금까지 확인된 유구 수량으로 단순 계산해도 조건에 충분히 충족된다.『삼국지』 위지 동이전 한조에 의하면, 마한 소국 중 광주와 관련하여 구사오단국臼斯烏旦國[13]이 거론된다. 지금까지 확인된 유적으로 보면, 영산강과 풍영정천 일대와 황룡강과 평동천 일대를 하나의 소국으로 충분히 인정할 수 있을 것으로 추정한다.

6세기 중엽 이후의 자료는 현재 용두동·누문동유적, 운림동

12) 최영주, 앞의 책, 2020, 269쪽.

13) 구사오단국은 장성군 진원면 일대와 김제군 금구 일대로 추정되었는데 대부분 언어학적인 추리에 의한 지명으로 추정하였다. 한편 지석묘 밀집 분포권을 마한 소국 비정지에 대입시켜 위치를 추정하기도 하였다. 하지만 지석묘와 마한과의 직접적인 상관관계를 단정하기 어렵다. 오히려 본 글에서 언급하는 초기철기시대부터 삼국시대까지의 유적을 중심으로 마한 소국의 위치를 추정하는 것이 더 합리적이라 판단된다.

고분군에서 확인된다. 용두동유적에서는 사비기 석실이 다수 확인되지만, 잔존상태가 좋지 않아 정확한 구조를 파악하기 어렵다. 파악 가능한 구조와 출토유물로 보면 사비기 석실은 11기 정도로 확인된다. 횡혈식 구조가 일부 확인되며 나머지는 횡구식 구조를 보이는데 장성 학성리고분군과 함평 석계고분군에서 확인된 퇴화된 사비기 석실과 유사한 구조를 보인다. 유적은 영산강을 조망하는 구릉지대에 자리하면서 담양과 장성으로 가는 길목으로 교통의 요충지에 해당된다. 유적은 원삼국시대 이래로 통일신라시대까지 누세대에 걸쳐 이용된 주요한 세거지로 추정된다.

광주 누문동유적의 건물지에서 통일신라시대와 사비기 토기가 함께 확인되어 건물지가 사비기 당대의 건물로 단정하기는 어렵지만, 광주천 일대가 백제 사비기 이후부터 주요한 생활 터전이었음을 알려주고 있다.

이외에 운림동고분군은 산사면에 군집으로 조성된 것으로 사비기 이후에 보이는 석실 구조와 입지가 유사하다. 고분군 주변의 구릉지대에 고분과 관련된 집단의 세거지가 있었을 것으로 추정된다.

이상으로 백제 사비기 자료는 일부 유적에서만 확인되고 있지만, 이 지역이 백제에게 병합된 이후에도 주요한 세거지로서 사용된 것으로 보인다. 용두동과 운림동처럼 구릉지대에 위치하는 것도 있지만, 누문동유적처럼 광주천 주변에서도 사람들이 생활하고 있었음을 추측할 수 있다.

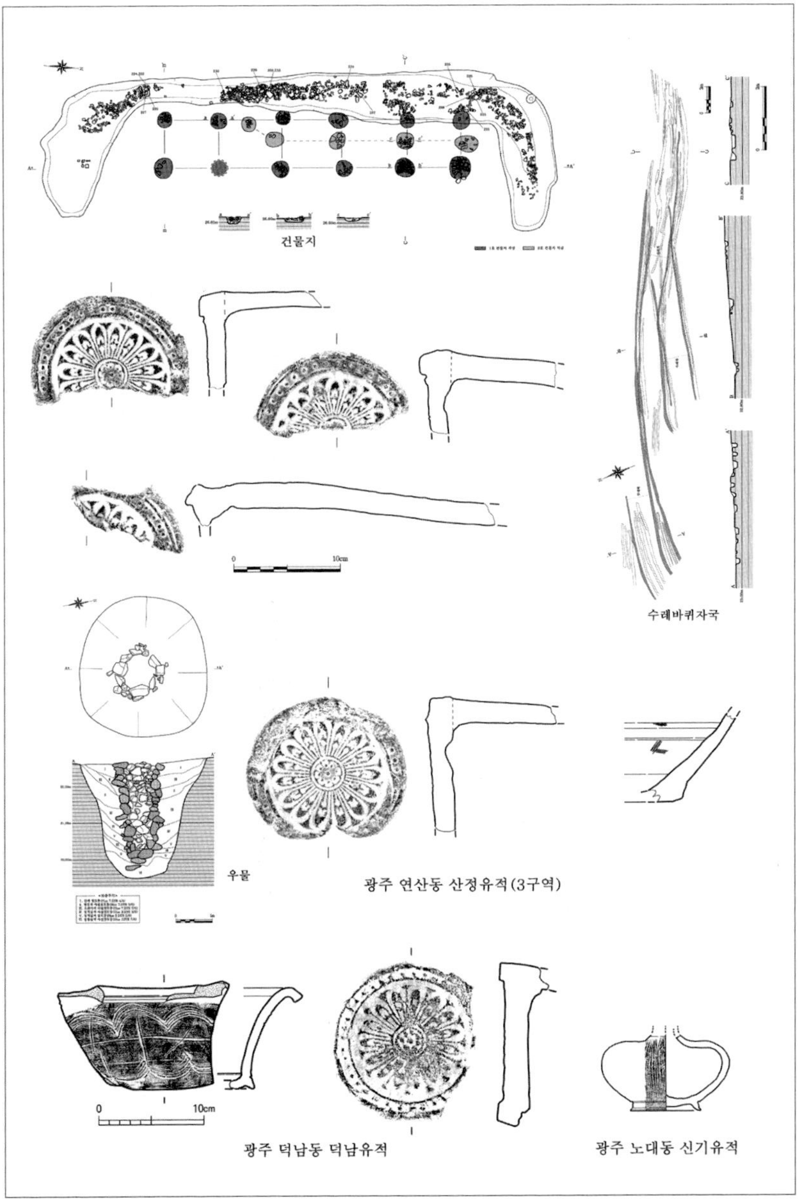

그림 2. 광주지역 통일신라시기의 유구와 유물

통일신라시대 유적은 광주천 일대의 유적을 제외하고는 대부분 구릉 사면에 입지한다. 구릉 사면에 입지하는 연산동 산정유적 C구역과 덕남동 덕남유적에서는 건물지가 확인되며, 연화문 수막새, 평기와 등이 확인된다. 특히 산정유적에서는 유물과 수레바퀴자국이 확인되어 당대의 주요한 교통의 요충지로서 사용되었을 것으로 추정되며, 주변의 생활유적 등을 통해서도 당대의 주요 세거지로 보인다(그림 2). 이외에도 동림동유적과 평동유적, 오선동유적에서는 수레바퀴자국이 확인되는데, 주요한 당대의 건물지 주변에서 이러한 흔적이 주로 확인된다.

당대의 무진주 치소가 있었던 곳으로 추정된 곳은 광주천 주변의 금남로 일대로 광주 읍성, 누문동유적을 들 수 있다. 광주 읍성내 유적에서는 읍성 하부에서 담장시설과 건물지 초석, 주거지가 확인되었다. 담장시설과 건물지 초석은 읍성 성벽 해자 외곽에서 확인된 것으로 통일신라시대 당대의 관청시설로 추정된다. 성벽 안쪽으로도 담장시설이 확인된다. 이를 통해 현 아시아문화전당의 동남쪽에 해당한 읍성 성벽의 안팎으로 무진주의 치소 건물이 있었던 것으로 추정된다(그림 5).

현 분수대의 오른쪽(5구역)에서는 주거지와 수혈이 확인되는데 통일신라시대 말기의 유물이 확인되며 절대연대값도 비슷한 연대를 보여주고 있어, 무진주 내 일반인의 거주공간이 확인되었다는 점에서 의미가 크다. 읍성에서 남서쪽으로 1.5㎞ 정도 떨어진 누문동유적의 건물지에서 당대의 유물 중 벼루가 확인된 점으로 보아 관청과 관련된 것으로 추정되며, 관청시설에서 멀리 떨어진 외곽까지 방리의 모습이 정연하게 갖추어져 있었다는 것을 유추해 볼 수 있다.

무진주 배후의 산성으로는 무진고성을 들 수 있다. 성은 성벽 축조 방법과 출토유물을 통해 8세기 말~9세기 초에 처음 축조가 되었고, 9세기 말경 다시 수축된 것으로 보인다. 이를 통해 광주천 일대의 읍성 내 유적과 누문동유적 등 무진주 관련 시설의 축조 시기와 도심 개발 시기에 대해서 유추해보면, 늦어도 무진주는 8세기 후엽 이전에는 개발이 완료된 것으로 이해된다.

Ⅲ. 삼국 및 통일신라시기 광주 중심지

1. 삼국시기 중심지와 경관

삼국시대 유적은 대체로 3세기 중엽부터 6세기 전엽으로 백제에게 병합되기 이전의 마한 시기에 해당된다. 취락의 구조와 규모로 보아 광주와 관련된 마한 소국 중 구사오단국으로 비정된다. 유적은 풍영정천 일대의 오선동·하남동·산정동유적을 중심으로 한 권역과 황룡강과 평동천 일대의 선암동·평동·연산동유적을 중심으로 한 권역으로 나누어진다.

풍영정천 일대는 어등산과 황룡강의 동쪽편 낮은 구릉의 능선부와 사면에 해당되는데 유적은 일정한 간격을 두고서 조성되었다. 이 일대에서는 주거지가 1,100기, 지상건물지 160기,

고분 35기, 수혈, 구상유구, 우물, 토기가마, 단야공방 등이 확인된다. 유적은 인근의 풍영정천과 황룡강의 배후지를 이용한 농경을 기반으로 형성된 취락으로 보인다. 그 가운데 하남동유적에서는 구에서 제의 행위의 흔적이 확인되며, 오선동유적에서는 제철 관련 단야공방지와 산정동유적에서는 토기 가마가 확인된다. 따라서 하남동유적을 중심으로 대규모 취락지가 형성되었고, 북쪽의 오선동유적은 철 제품을 전담하여 생산하였으며, 남쪽의 산정동유적은 토기를 전담하여 생산하였는데 모두 농경을 기반으로 하였다.

평동천 일대는 복룡산에서 남쪽으로 흐르는 구릉과 동쪽 사면에 해당한다. 이 일대에서는 주거지가 1,000기, 지상건물지 70기, 고분 180기, 수혈, 구상유구, 우물, 토기가마, 단야공방 등이 확인된다. 유적은 인근의 평동천과 황룡강의 배후지를 이용한 농경을 기반으로 형성된 취락으로 보인다. 그 가운데 선암동유적에서는 다양한 옥 관련 거푸집[14]이 출토되어 옥 제작 공방시설이 있었고, 평동유적은 대규모의 고분, 연산동유적에서는 대규모의 주거지, 지상건물지, 토기가마와 단야공방지가 확인된다. 이 일대는 연산동유적을 중심으로 대규모 취락지가 형성되었고, 농경을 기반으로 토기와 철 제품을 전담하여 생산하는 수공업의 성격을 보인다. 동쪽으로는 평동유적처럼 분묘공간을 따로 대규모로 조성하였고, 북쪽에는 농경

14) 선암동유적에서는 곡옥 1점, 관옥 1점, 환옥 4점 등의 거푸집과 송풍관, 슬래그 등이 출토되어 옥 전문의 수공업 제작 집단이 확인되었다(호남문화재연구원, 『광주 선암동유적 Ⅰ』, 2012, 101-104쪽).

을 기반으로 하면서 옥을 전문으로 생산한 선암동유적도 확인된다.

두 권역에 대한 유적의 성격은 기본적으로 농경을 기반으로 토기와 제철, 옥 등을 생산하는 수공업적인 성격도 가지는 것으로 이해된다. 그 가운데 하남동유적에서는 생활공간과 분묘공간이 분리되어 있으며, 생활공간에는 구릉 정상부를 감싸는 다수의 구에서 분주토기와 함께 대호·발형기대·광구장경호·개배·고배·유공광구소호 등이 훼기된 상태로 확인되었다(그림 3). 구는 구릉 정상부에 있는 주거지[15]가 폐기된 이후에 5세기대에 들어서면서 구릉 정상부를 감싸는 다수의 구가 만들어진 것으로 보인다. 구에서 출토된 유물과 출토상황을 통해 유적은 5세기대에 들어서면서 의례적인 성격이 강해지는 것으로 보인다.

이렇듯 핵심 유적에서 5세기대에 들어서면서 마을이 대규모로 커지는데, 하남동유적처럼 의례적인 성격을 나타내는 곳은 확인되지 않는다. 따라서 하남동유적이 마한 소국 중 하나인 구사오단국의 중심지로서 역할을 담당했을 것으로 보인다. 덧붙여 백제 동성왕의 무진주 친정 기록에서의 무진주는 구사오단국의 중심지인 하남동유적 일대로 추정된다.

15) 구릉 정상부의 주거지에서는 이중구연토기·뚜껑·발형토기·장란형토기 등을 통해 3세기 중엽~4세기 후엽으로 편년된다.

그림 3. 광주 하남동유적과 구 출토유물

당시 취락의 경관은 선암동유적을 통해 살펴보고자 한다(그림 4). 선암동유적은 어등산 남쪽 사면 말단부로 영산강의 본류인 영산강과 황룡강이 합류하는 지점에서 북서쪽으로 약 1km 떨어진 지점에 해당한다. 유적은 북에서 남으로 흐르는 황룡강이 범람하여 형성된 충적대지에 해당한다. 유적은 황룡강의 범람으로 형성된 구하도를 중심으로 윗마을은 어등산의 사면퇴적에 해당되는 지점에 조성되었고, 아랫마을은 하안충적지의 자연제방에 형성되었다. 유구가 확인된 지점은 미고지상으로 주변에 비해 약간 높은 지대이다. 삼국시대 마을이 형성된 시점에서는 구하도에 의해 분리되고 중앙은 서에서 동으로 얕은 물이 흐르는 경관이었다.

윗마을의 집은 동쪽과 중앙부분에 밀집 분포하며, 구는 마을 전체의 배수와 관련된 시설물로 보인다. 1호 구는 윗마을 전체를 서→동 방향으로 가로지르면서 굴착되었으며, 마을 동쪽의 1-2호 구는 분묘공간과 거주공간을 분리하였다. 지상건물지는 구와 동일한 방향으로 군을 이루고 있다. 고분은 원형으로 주구만 확인되었다. 구에서 확인된 말목열은 어등산 사면에서 유입되는 물을 윗마을로 끌어들이거나 배제하기 위한 시설로 판단된다.[16)]

아랫마을은 구하도의 건너편인 하안충적지에 자리하며, 주거지와 고분이 확인되었다. 집은 아랫마을 전체에 분포하고

16) 윗마을에서는 주거지 221기, 구 17기, 지상건물지 12기, 수혈 19기, 고분 10기, 말목열 2군이 확인되었다(호남문화재연구원, 앞의 보고서, 2012).

있으며, 79호 집자리에서는 조리용 토기와 함께 부뚜막 내부에서 유리옥(관옥·곡옥·환옥) 거푸집, 유리슬래그 등이 확인되어 유리 제작과 관련된 수공업적 성격의 집단으로 추정된다. 고분은 주거지가 폐기된 이후에 자연제방을 따라 축조되었다.

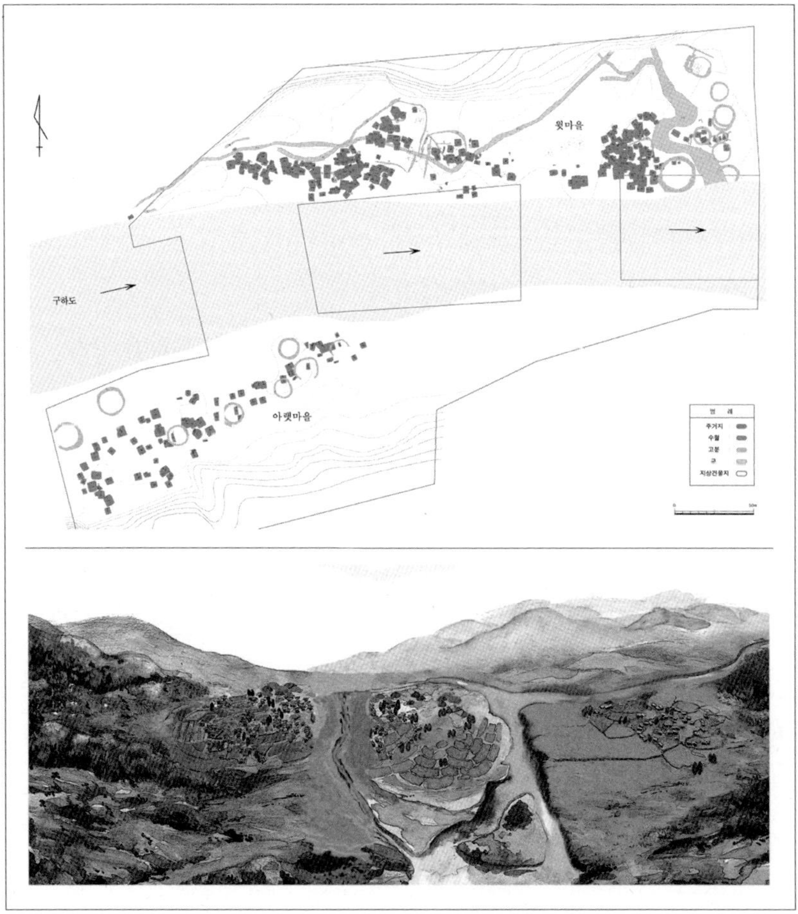

그림 4. 광주 선암동유적의 경관(보고서 표지 참조)

전반적으로 유적은 유구가 입지한 지점을 제외한 주변이 하도나 저지대 습지의 경관을 하고 있었다. 마을이 조성될 당시 윗마을은 마을 전체의 배수를 위한 구를 굴착한 다음 집을 지었던 것으로 파악된다. 이후 지표 수위의 변화나 유로의 변화가 이루어지면서 구가 매립되거나 고분의 축조를 위해 구를 넓게 재굴착한 것으로 보인다. 이상과 같이 광주 선암동유적은 황룡강변의 충적지에 입지하면서 농경을 기반으로 옥을 전문으로 생산한 삼국시대의 복합유적에 해당한다.[17)]

따라서 영산강과 황룡강 일대의 충적지와 구릉에 입지한 유적들은 대부분 선암동 마을처럼 하천에 인접하면서 물을 최대한으로 이용하여 농경을 기반으로 생활을 영위했으며, 일부에서는 토기나 제철, 옥 등을 자체적으로 생산하는 수공업적인 성격을 지닌 복합유적에 해당한다.

광주지역이 백제에게 병합된 이후인 사비기 유적은 거의 전무한 상태인데, 현재 용두동·누문동유적, 운림동고분군 등에서 확인된다. 용두동유적은 영산강을 조망하는 구릉지대에 입지하는데 기존의 삼국시대 유적에 이어서 사비기 석실이 확인된다. 이곳은 광주에서 영산강변을 따라 담양과 장성지역으로 가는 길목으로 교통의 요충지였기 때문에 원삼국시대부터 통일신라시대까지 누세대에 걸친 주요한 세거지였다. 누문동유적의 건물지는 통일신라시대의 것으로 이해되지만, 사비기 토기 자료를 통해 광주천 일대가 사비기 이후부터 사람들이 거주

17) 호남문화재연구원, 앞의 보고서, 2012.

했던 공간으로 활용되기 시작했다는 점에 의미를 두고자 한다.

이와 관련하여 유념해 볼 자료가 각화동고분군과 운림동고분군이다. 그중 각화동 2호분은 석실의 구조와 출토유물로 보아 6세기 전·중엽으로, 왜계 석실과 백제계 석실이 융합된 복합형에 해당한다. 더불어 운림동고분군의 석실 구조가 전남지역에 6세기 중엽 이후에 등장하는 백제계 석실과 매우 유사하다. 따라서 각화동과 운림동고분군이 6세기 중엽경으로 보면, 사비기 광주지역 중심의 세거지에 대해서 어느 정도 추측할 수 있다.

광주천 일대의 거주공간은 사비기에 명확하게 확인되지 않고, 용두동유적처럼 기존 삼국시대 세거지를 이용하여 사용된 것으로 보아, 사비기에는 아직 광주천 일대의 배후지를 이용하지 않은 것으로 보인다. 한편 각화동과 운림동고분군의 입지는 무등산의 서쪽 산사면의 하단부에 해당하기 때문에, 고분 관련 집단의 세거지는 산사면 아래의 구릉지대에 있었을 것으로 추정된다. 따라서 『삼국유사』에 언급된 차득·안길의 설화에서 안길로 대표되는 광주지역 세력의 세거지는 무진주의 중심지에서 가까운 동쪽의 구릉지대인 조선대학교 정문 주변지역에 해당되지 않을까 조심스럽게 추정해 본다(그림 6).

2. 통일신라시기 무진주 개발 양상

무진주는 현재 금남로일대로 광주천을 따라 길게 형성된 것으로 보고 있다. 1917년 지적원도에도 이 지역을 중심으로 도심이 형성되어 있는 것을 알 수 있다. 본 장에서는 기왕의 무진주 관련 연구성과를 기본으로 지적원도에서 확인된 방리의 흔적과 발굴조사 자료를 중심으로 무진주의 범위와 방리의 규모, 개발 시기와 과정에 대해서 살펴보고자 한다.

무진주는 신문왕 6년(686년)에 설치된 것으로 『삼국사기』에 기록되어 있지만, 그 이전에 문무왕 18년(678)에 아찬 천훈天訓이 무진주 도독으로 파견된 것으로 이해된다. 하지만 이 기록보다 앞서는 『삼국유사』 기이편의 차득·안길의 설화를 통해 문무왕 11년(671)에 이미 무진주가 설치[18]되었을 것으로 보인다. 무진주는 통일신라시기 중심 치소로서 사용되다가 고려시대에 들어가면서 그 중심 치소가 나주로 옮겨가면서 쇠락의 길을 걷게 된다.

현재 무진주와 관련된 기록과 발굴자료가 거의 전무하다.[19] 그 가운데 무진도독성에 대한 언급은 『삼국사기』에는 전해지지 않다가 조선시대 『세종실록지리지(세종 14년, 1432)』에 처음으로 등장한다.[20] 이후 『신증동국여지승람(중종 26년, 1530)』, 『여지도서(영조 41년, 1765)』, 『동국문헌비고(영조 46년, 1770)』, 『광주목지(정조 말년, 1798-1800)』, 『대동지지(김정호, 1866년)』 등에 기록되어 있다. 하지만 그 내용은 광주읍성으로부터의

18) 변동명, 앞의 논문, 2012, 39-59쪽.

19) 경덕왕 16년(757)에 무주로 개명되는 기록과 무등산 관련 산신제 기록, 견훤의 무진주 습격 등의 기사를 통해 무진주 관련 소략한 내용이 전하지만 관청의 위치나 방의 형태와 운영 등의 내용은 전하지 않는다.

20) 『삼국사기』에는 무진주의 설치와 도독을 파견한다는 내용만 있고, 도독성에 대한 언급은 없다. 오히려 조선시대 초기에 처음으로 등장한 것으로 보이는데, 이를 통해 방리를 먼저 설치한 후 후대에 성을 축조한 것으로 보인다.

방향과 거리, 규모 등에 대한 간단한 것만 언급되어 그 실상을 파악하기는 어렵다.

『신증동국여지승람』에 무진도독성이 읍성에서 북쪽으로 5리에 위치한 것[在縣北五里]으로 기록되어 있다. 이 기록은 통일신라의 무진도독성이 폐허가 된 뒤 수백년이 지난 시점에 해당한다. 무진도독성은 토축으로 훼손이 심하여 그 규모와 형태가 완전하지 않아 후대의 기록에서 위치나 규모에 대한 착오가 발생한 것으로 보인다. 일부에서는 무진고성을 무진도독성으로 보는 견해가 있으나 실제 발굴조사를 통해 무진고성이 무진도독성의 배후산성임이 밝혀졌다.[21]

그렇다면 자연스럽게 무진도독성은 무진주의 방리와 관청을 감싸는 나성의 형태로 존재[22]했을 것으로 이해된다. 기왕의 연구성과를 보면, 임영진은 무진도독성이 토축이라는 특성상 훼손이 심하여 정확한 규모를 파악하기 힘들어서 조선시대의 기록에 오류가 생긴 것으로 이해하고, 문헌기록상에 보이는 도독성 관련 수치와 당대의 척에 대해서 정치한 논증을 통해 무진도독성을 6,771m로 산출하였다.[23]

---

21) 무진고성의 초축 연대는 8세기 말경으로, 통일신라 중기에 무진도독성의 배후산성으로 축조되어 사용되다가 통일신라 말기에 대대적인 수축이 이루어졌으며 고려 후기에 다시 사용된 것으로 보인다(전남대학교박물관, 앞의 보고서, 1990, 154-161쪽).

22) 임영진, 「통일신라 무진도독성의 위치와 규모」, 『지방사와 지방문화』, 11권 2호, 2008, 252·253쪽.

23) 문헌기록을 중심으로 정치한 분석을 통해 무진도독성이 『신증동국여지승람』에서 34,448척로 기록되어 있지만, 광주읍성 8,253척의 2.634배에 해당하는 21,738척 내외로 보아야 하고, 당대 1척을 31.15㎝로 본다면, 광주읍성은 2,570m 정도이고, 무진도독성은 6,771m 정도로 산출된다(임영진,

도도로키는 1917년 지적원도를 통해서 방의 흔적을 확인하였다. 그는 1방의 크기는 대략 160m 정도로 추정하고 성 내의 도로나 수로, 논밭과 주거 구획이 방형의 형태를 취하는 것으로 보고 있다. 성 밖의 방리제 흔적은 명확하지는 않지만, 일부에서 수로 선형이 직각을 이루며 꺾이는 현상은 방리제 흔적으로 이해하기도 한다. 또한 『신증동국여지승람』 등의 문헌에서 도독성에 대한 위치 비정 관련 기록은 동계천을 따라 형성된 둑방 길이 무진도독성의 동북쪽에 해당하기에 읍성 관아에서 봤을 때 북쪽으로 5리(2㎞) 정도로 이해했을 수가 있다고 보았다.[24] 실제 동계천을 따라 나 있는 둑방 길의 옆 수로는 후대에 경양방죽에 물을 대는 수로로 이용되기도 한 것으로 보아,[25] 그 형태와 규모가 잘 남아 있어 후대의 사람들은 이것을 통해 무진도독성을 인식했었을 것으로 추정된다.

한편 무진주 나성(도독성) 내에 2차례의 발굴조사를 통해 무진주의 건물지(관청시설)와 집자리, 후대의 광주읍성의 흔적 등을 확인할 수 있다. 현재 아시아문화전당의 위치에 해당하는데, 발굴 당시 3구역에서는 광주 읍성의 성벽과 해자,[26] 읍성벽 아래에서 담장시설과 건물지 초석이 확인되었다. 이곳에서는 연화문 수막새, 당초문 암막새, 편병 등이 확인되어 통일

앞의 논문, 2008, 257-259쪽).

24) 도도로키 히로시, 「지적원도를 활용한 신라 무진주(무주) 경관 복원」, 『한국고지도연구』, 12권 1호, 2020, 11·17-21쪽.

25) 변동명, 「광주 경양방죽의 수축과 운영」, 『경양방죽 그리고 태봉산』, 전남대학교출판문화원, 2020, 45·46쪽.

26) 광주 읍성의 남쪽 성벽과 해자는 1917년 지적원도에서도 확인이 가능하다(그림 6).

신라와 관련된 것으로 보인다.[27] 또한 5구역의 주거지에서는 통일신라시기 토기와 기와가 확인되고 있으며, 절대연대측정값도 비슷하게 나와 통일신라시기 말기에 해당한다(그림 5).

따라서 현 아시아문화전당의 읍성 하부에서 보이는 통일신라시기 건물지와 주거지를 통해서 이 일대가 통일신라시대에 무진주 관청시설이 있었던 것으로 추정된다. 또한 다른 9주 5소경에 해당한 명주나 중원경에서도 관청시설이 위치는 변하지 않는다는 연구 결과[28]를 참고하더라도 이 일대가 무진주 관청시설이 있었던 이래로 광주 읍성, 전남도청에 이르기까지 지속적이며 불변적으로 사용된 것으로 보인다. 이외에도 광주제일고등학교부지 내 누문동유적은 관청시설에서 북쪽으로 멀리 떨어진 외곽의 방에 해당되는데, 이 건물지를 통해 당시 외곽까지 방리제의 모습이 정연하게 갖추어진 것으로 보인다.

이러한 연구성과를 바탕으로 1917년 지적원도를 다시 분석하여 보면, 무진주의 범위는 나성을 기준으로 동쪽은 동계천, 서쪽은 광주천으로 구분되며, 남쪽은 학동, 북쪽은 누문동의 경계로 설정된다(그림 6). 무진주의 1방은 155m～160m 정도로 보이며, 장축(남북)은 지형에 따라 13방～14방이 있었고, 약 2,400m 정도이다. 단축(동서)은 지형에 따라 4방～5방으로, 약 700m～1,000m 정도이다. 무진주 나성은 장방형의 형태로 전체 약 6,500m 정도로 추정된다.

---

27) 발굴조사 담당자는 통일신라시기와 관련된 건물 시설은 토층 상으로 광주 읍성의 하부에서 확인된 것이 분명하다고 진언하였다.

28) 도도로키 히로시, 앞의 논문, 2020, 12·15쪽.

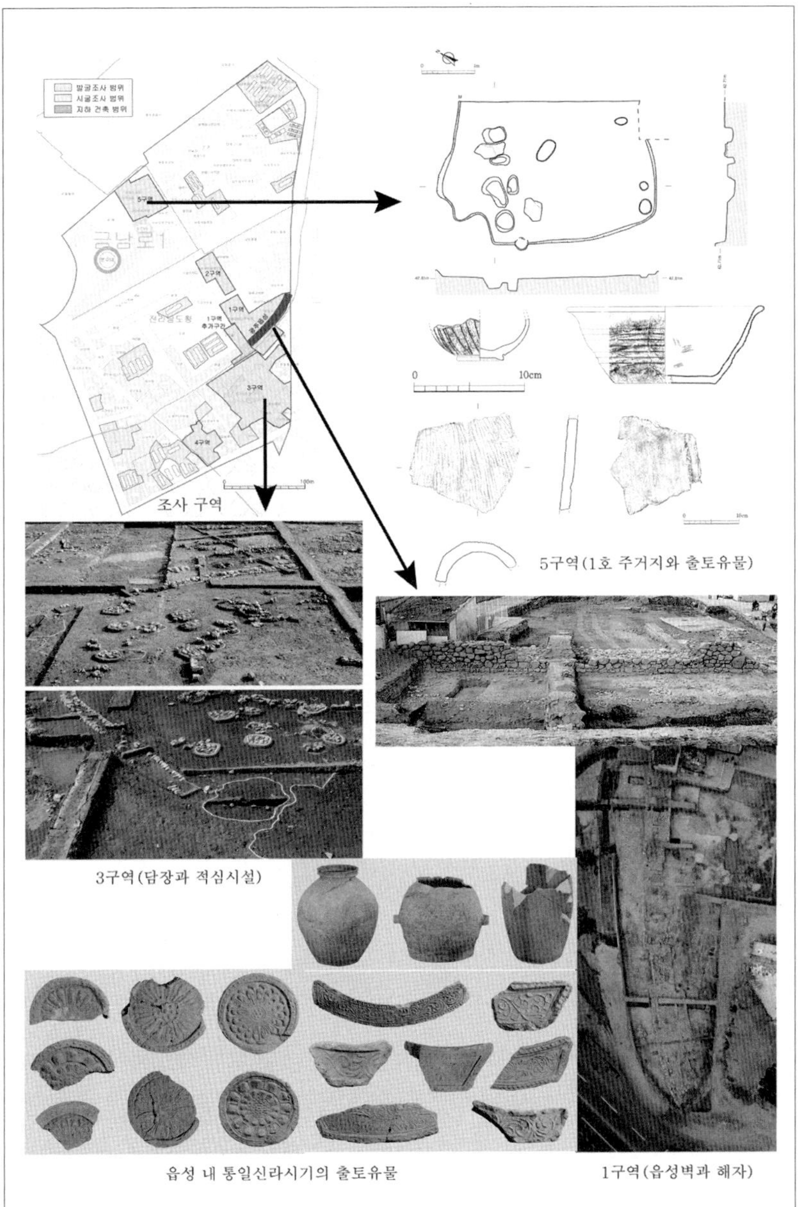

그림 5. 광주 읍성과 통일신라시기의 유구와 유물

한편 도도로키도 언급한 것처럼[29] 나성의 남벽과 읍성 사이의 방리의 일부는 기존 방리와 달리 방향을 달리하고 있다. 이에 더해 동계천을 만나기 시작하는 동쪽 성벽부분에서 읍성 내부에 이르는 부분도 지형 조건에 의해 방리 방향과 규모가 다르게 설정된 것으로 보인다(그림 6).

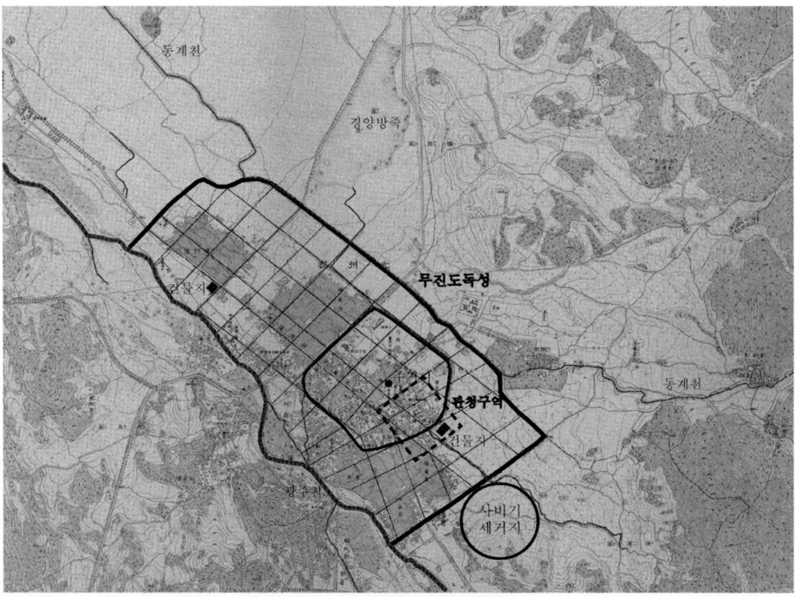

그림 6. 무진주 방리안(1917년 지적원도 1/20,000)

1917년 지적원도를 보면, 충장로와 금남로 사이에 1방 크기의 절반인 80m의 폭의 공간이 확인된다(그림 6). 이 부분은 방의 절반 크기로 주작대로 보는 견해도 있다.[30] 이 부분을 주작

29) 도도로키 히로시, 앞의 논문, 2020, 21쪽.

30) 남원경에서도 1방의 크기가 160m이면서 나성 중앙에 남북으로 폭 80m

대로로 보고 백제 사비기와의 관련성을 언급하는 것은 현재의 발굴 성과를 통해서는 어렵다고 생각된다. 하지만 이 부분의 흔적은 남북의 장축방향에서 방리와 함께 정연하게 확인되고 있어 통일신라시대에 무진주의 방리를 만들면서 함께 조성한 것으로 이해하는 것이 더 합리적이라 생각된다.[31]

마지막으로는 무진주의 개발 시기와 과정에 대해서 경주 도심의 개발과정과 사벌주인 상주의 복룡동유적을 통해서 유추해보고자 한다.

경주는 남천과 북천, 서천이 감싸고 지나는 분지에 해당하며, 주변으로는 산이 에워싸고 있다. 특히 『삼국사기』 기록에 의하면, 삼국~통일신라시기에 북천이 장마 기간과 여름철 집중 호우에 의한 잦은 범람에 따라 경주 곳곳에 습지(분황사·황룡사·안압지 부근)가 형성되어 5세기까지는 토지로 사용하기에는 열악하였고,[32] 제한된 범위에서만 사람의 거주가 가능하였다.[33] 따라서 북천 범람을 막기 위해 제방을 축조하고 치수를 위한 인공 숲을 조성하면서 북천 유로가 안정화된 이후부터

정도의 공간은 주작대로로 파악하고 있다(도도로키 히로시, 앞의 논문, 2020, 18·19쪽).

31) 9주 5소경에 해당하는 상주, 전주, 남원 등에서도 남북의 중심 대로가 확인되고 있는데 모두 통일신라시기에 조성된 것으로 이해된다(황보은숙, 「신라의 왕경과 지방도시」, 『신라고고학개론 상』, 진인진, 2014, 84-91쪽).

32) 곽종철 외 5, 「신라의 토목」, 『신라고고학개론 상』, 진인진, 2014, 364쪽.

33) 『삼국사기』에서 북천의 홍수 범람 기사는 역설적으로 분지에 사람들이 살았기 때문에 기록된 것으로 이해하고 있으며, 이외에도 미추이사금 원년(262년) 금성 서문 민가 300채 화재 기사와 9건의 전염병 기사 등으로 경주 분지에서 통일신라 이전에 어느 정도 사람들이 살았던 것으로 추정된다.

경주 분지를 본격적으로 개발하기 시작한 것으로 이해된다.

지금까지 경주 도심의 발굴 성과를 통해서 보면, 경주 분지는 4단계에 걸쳐 개발이 이루어진 것으로 보인다. 1단계는 6세기 중엽경으로, 분황사·황룡사 일대로 좁은 지역에 한정하여 개발이 이루어진다. 2단계는 7세기 전반~후반으로, 대규모의 토목공사가 동궁(안압지)을 포함한 월성에서 동북쪽의 넓은 지역에서 진행된다. 현재 구황동·보문동·배반동 일대로 귀족들이 주로 세거했다. 이때까지 1방의 크기는 도로 포함하여 약 163.3m(460척) 정도였다. 3단계는 7세기 말~8세기 전반으로, 월성에서 서북쪽지역으로 북천과 서천이 만나는 일대로, 통일 이후 도성에 인구가 급증하기 시작하면서 개발하였다. 현재 서부동·성건동·동부동·황남동·사정동 일대로 중하급의 관료나 백성들이 세거했으며 수공업 관련 시설이 확인된다. 이때 1방의 크기는 도로 포함하여 약 156.2m(440척) 정도였다. 4단계는 8세기 후반에 동천동일대, 9세기 전반에 황성동·용강동 일대로 북천 건너편에 해당된다. 통일 이후 안정기에 접어들면서 급격한 인구 증가와 유입에 의한 개발이 진행되는데, 신흥 관료나 백성들이 세거했으며 수공업 관련 시설이 확인된다. 이때의 방은 장방형으로, 지형에 따른 변형이 이루어지며, 1방의 크기는 도로 포함하여 동서 160m(450척)×남북 124.2m(350척) 정도였다.[34)]

34) 홍보식, 「신라 도성의 건설과 구조」, 『삼국시대 고고학개론 1 -도성과 토목편-』, 진인진, 2014, 161-183쪽.

통일신라시기 사벌주의 치소였던 상주에서는 1방이 155m~160m 정도인 정방형의 구획이 동서 1,560m, 남북 1,440m 내에 72~90개의 방이 있었던 것으로 추정된다.[35] 이러한 방리의 흔적은 복룡동유적의 발굴을 통해 실제로 확인되었다. 복룡동유적은 당시 도심에서 동쪽에 치우쳐 확인되었다. 유적에서는 다수의 수혈주거지, 우물, 수공업 관련시설 등과 함께 방을 감싸는 도로유구, 배수구 등이 확인되어 당대의 사람들이 살았던 흔적이 명확하게 확인되었다.[36] 복룡동유적은 유구가 세 시기로 구분되어 나타나는데 7세기 중·후엽, 7세기 후엽~8세기 초, 8세기 초·중엽으로 편년된다. 이를 통해 사벌주는 7세기 후엽경에 본격적으로 개발되기 시작하다가 8세기 중엽에 완료된 것으로 보인다. 『삼국사기』에는 신문왕 7년(687)에 복치復置된 것으로 기록되어 있는데 아마도 이 시기에 사벌주가 본격적으로 방리의 형태를 취하면서 개발이 시작된 것으로 보인다.

이상으로 경주 도심과 사벌주(상주)의 개발 시기 및 과정을 발굴 성과를 통해 간단히 검토하였다. 경주 도심은 통일 이후 경주 분지 습지의 토목공사를 진행하면서 7세기 후엽부터 개발되기 시작하고, 북천의 이남지역에 대한 개발이 완료되는 8세기 전반까지 지속적인 개발이 이루어진 것으로 보인다. 사벌주는 사료의 기록이 일치하는 것처럼 7세기 후엽부터 개발

35) 황보은숙, 앞의 논문, 2014, 89쪽.

36) 영남문화재연구원, 『상주 복룡동 10-4번지유적 I』·『상주 복룡동 230-3번지유적 I』, 2009.

되어 8세기 중엽경에 완료된 것으로 보인다.

이상의 연구성과와 발굴자료, 지적원도를 통해서 종합적으로 무진주의 개발 시기와 과정에 대해서 살펴보고자 한다. 먼저 무진주와 같이 비슷한 시기에 복치된 사벌주가 7세기 후엽부터 본격적으로 개발되기 시작하여 8세기 중엽경에 완료되는 양상과 경주 분지에서 북천 이남지역의 개발이 8세기 전반에 완료되는 시점을 통해서 보면, 무진주는 사벌주처럼 늦어도 7세기 후엽~8세기 초에 정비되기 시작한 것으로 보인다. 그렇다면 무진주 개발이 완료되는 시점은 배후산성인 무진고성의 초축 연대를 통해 유추해 볼 수 있다. 무진고성은 초축 연대가 8세기 말~9세기 초로 편년됨으로, 무진주는 무진고성이 축조되기 이전인 늦어도 8세기 후엽에 완료된 것으로 이해된다.

따라서 무진주는 7세기 후엽~8세기 초에 개발이 시작되어 8세기 후엽경에 완료된 것으로 보인다. 이후 통일신라 말기까지 지속적으로 사용되다가 고려시대에 나주로 치소가 옮겨지면서 쇠락의 길을 걷다가 고려말 조선초에 읍성 범위로 축소되어 현재에 이른 것으로 보인다.

Ⅳ. 맺음말

이상으로 광주지역의 삼국시기 중심지와 통일신라시기 무진주의 개발 시기와 양상을 고고학적 자료를 중심으로 살펴보았다.

삼국시대 유적은 대체로 3세기 중엽부터 6세기 전엽으로, 백제에게 병합되기 이전의 마한 시기에 해당된다. 취락의 구조와 규모로 보아 마한 소국 중 구사오단국으로 비정된다. 유적은 풍영정천 일대의 오선동·하남동·산정동유적을 중심으로 한 권역과 황룡강과 평동천 일대의 선암동·평동·연산동유적을 중심으로 한 권역으로 나누어진다. 두 권역의 유적은 하천의 충적지와 구릉에 입지하여 선암동유적처럼 기본적으로 농경을 기반으로 생활을 영위했으며 토기와 제철, 옥 등을 생산하는 수공업적 성격을 지닌 복합유적에 해당된다. 그 가운데 하남동유적에서는 생활공간과 분묘공간이 분리되어 있고, 생활공간에는 구릉 정상부를 감싸는 다수의 구에서 분주토기와 함께 대호·발형기대·광구장경호·개배·고배·유공광구소호 등이 훼기된 상태로 확인되었다. 유적은 5세기대에 들어서면서 의례적인 성격이 강해지는 것으로 보인다. 이러한 양상으로 보아 하남동유적이 마한 소국 중 하나인 구사오단국의 중심지로서, 백제 동성왕의 무진주 관련 기록에서 친정의 대상지이었을 것으로 추정된다.

백제에게 병합된 이후 광주천 일대의 거주공간은 사비기에 명확하게 확인되지 않고, 용두동유적처럼 기존 삼국시기 세거지를 그대로 이용하여 사용한 것으로 보아 사비기에는 아직 광주천 일대의 배후지를 이용하지 않은 것으로 보인다. 한편 각화동과 운림동고분군의 입지는 무등산 서쪽 산사면의 하단부에 해당하기 때문에, 고분 관련 집단의 세거지는 산사면 아래의 구릉지대에 있었을 것으로 추정된다. 따라서 『삼국유사』

에 언급된 차득·안길의 설화에서 안길로 대표되는 광주지역 토착 세력의 세거지는 무진주의 중심지에서 가까운 동쪽의 구릉지대인 조선대학교 정문 주변지역에 해당되지 않을까 추정해 본다.

무진주는 현재 금남로 일대로 광주천을 따라 길게 형성되었다. 1917년 지적원도에도 그 형태를 가늠할 수 있다. 조선시대 기록의 무진도독성은 무진주의 방리와 관청을 감싸는 나성의 형태로 보인다. 최근 2차례의 발굴조사를 통해 무진주의 건물지(관청시설)와 집자리, 후대 광주읍성의 흔적 등이 확인되어 이 일대가 통일신라시기 무진주 관청시설이 있었던 것으로 추정된다. 무진주의 범위는 나성을 기준으로 동쪽과 서쪽은 동계천과 광주천으로 구분되며, 남쪽은 학동, 북쪽은 누문동의 경계로 설정되며, 광주천을 따라 길게 형성된 장방형의 형태이다. 1방은 155m~160m 정도로 보이며, 장축(남북)은 13방~14방으로 약 2,400m 정도이고, 단축(동서)은 4방~5방으로 약 700m~1,000m 정도로, 전체 규모는 약 6,500m 정도로 추정된다.

무진주와 비슷한 시기에 복치된 사벌주가 7세기 후엽부터 본격적으로 개발되기 시작하여 8세기 중엽경에 완료되는 양상과 경주 분지에서 북천 이남지역의 개발이 8세기 전반에 완료되는 점을 보면, 무진주는 늦어도 7세기 후엽~8세기 초에 정비되기 시작한 것으로 보인다. 개발이 완료되는 시기는 배후산성인 무진고성이 축조되기 이전인 늦어도 8세기 후엽으로 보인다. 따라서 무진주는 7세기 후엽~8세기 초에 개발이 시작되어 8세기 후엽경에 완료된 것으로 추정된다. 이후 통일신라 말기까지 지속적으로 사용되다가 고려시대에 나주로 치소가 옮겨지면서 쇠락의 길을 걷다가 고려말 조선초에 읍성 범위로 축소되어 현재에 이른 것으로 보인다.

이상의 연구는 빈약한 자료를 바탕으로 진행되다보니 추론을 거듭한 부분이 많다. 하지만 백제 병합 이전과 이후에 대한 광주지역 중심지의 연구와 통일신라시기 무진주 치소의 규모, 개발 시기와 양상에 대해서 언급한 것에 의의를 두고자 한다. 앞으로는 광주 도심지 재개발과정에서 노출되는 유구들에 대한 최소한의 조사가 필요하며, 이를 통해 고대 광주의 모습을 복원하여 교육과 관광자원으로 활용해야 할 것이다.

참고문헌

〈문헌〉

『삼국지』, 『삼국사기』, 『삼국유사』, 『세종실록지리지』, 『신증동국여지승람』, 『여지도서』, 『동국문헌비고』, 『광주목지』, 『대동지지』.

〈논문〉

곽종철 외 5, 「신라의 토목」, 『신라고고학개론 상』, 진인진, 2014, 328-419쪽.

도도로키 히로시, 「지적원도를 활용한 신라 무진주(무주) 경관 복원」, 『한국고지도연구』, 12권 1호, 2020, 5-24쪽.

변동명, 「武珍州의 성립과 車得·安吉 설화」, 『역사학연구』 48, 2012, 37-71쪽.

변동명, 「광주 경양방죽의 수축과 운영」, 『경양방죽 그리고 태봉산』, 전남대학교출판문화원, 2020, 15-61쪽.

변동명, 「三國·統一新羅時期의 無等山과 光州」, 『호남학』 69, 2021, 1-78쪽.

성정용, 「3장 수리와 관개」, 『한국 전통시대의 토목문명』, 들녘, 2019, 237-322쪽.

임영진, 「통일신라 무진도독성의 위치와 규모」, 『지방사와 지방문화』, 11권 2호, 2008, 243-266쪽.

최영주, 『마한의 성장과 대외관계 -영산강유역을 중심으로-』, 학연문화사, 2020.

하승철, 「전남 서남해지역과 가야지역의 교류양상」, 『전남 서남해지역의 해상교류와 고대문화』, 혜안, 2014, 249-290쪽.

홍보식, 「신라 도성의 건설과 구조」, 『삼국시대 고고학개론1 -도성과 토목편-』, 진인진, 2014, 154-199쪽.
황보은숙,「신라의 왕경과 지방도시」,『신라고고학개론 상』, 진인진, 2014, 58-115쪽.

〈보고서〉

전남대학교박물관,『무진고성Ⅱ』, 1990.
전남문화재연구원,『광주 읍성Ⅱ』, 2008.
영남문화재연구원,『상주 복룡동 10-4번지유적Ⅰ』, 2009.
영남문화재연구원,『상주 복룡동 230-3번지유적Ⅰ』, 2009.
호남문화재연구원,『광주 선암동유적Ⅰ』, 2012.
표 1. 광주지역 고고유적의 참고문헌 참조.

高麗의 無等山處士 殷元忠

변동명

Ⅰ. 머리말

은원충殷元忠은 이제까지 제대로 주목받은 적이 없는 인물이다. 지방에서 처사處士로[1] 살았으며, 중앙에 나아가 출사한 다음에도 미관말직에 재임했을 뿐 뚜렷한 행적을 남기지 못하였다. 자연히 그의 생애를 전하는 기록도 극히 영세하며, 그의 가문이나 세계世系 역시 알려진 바가 없다. 생애가 불분명한 만큼 그에게 관심을 기울인 연구자를 찾기 힘든 것은 당연해 보인다. 다만 이자현李資玄이나 이중약李仲若 내지 그들의 활약을 보여주는 고려중기의 불교나 도교를 다루면서, 그와 연관

* 이 글은 「11세기말 12세기초 殷元忠의 활동과 사상 경향」(『역사학연구』 51, 2013년)을 수정·보완한 것이다.

1) 여기에서 殷元忠을 지칭한 용어인 處士의 당시 의미는 뒤에 다시 거론할 예정이다. 다만 辭典에 풀이되기로는, 處士란 벼슬길에 나서지 아니한 선비(諸橋轍次, 『大漢和辭典』 9, 1060쪽) 곧 隱逸의 삶을 선택한 草野의 讀書人 내지 學人을 가리킨다.

되는 부분에 한해 잠시 언급되곤 하는 게 은원충에 관한 전부였다.[2)]

하지만 그처럼 거의 알려지지 않은 인물이라고 하여, 은원충의 존재가 반드시 무시되어도 좋은 지는 의문이다. 생존하던 당시 은원충은 벌써 상당한 명성을 지닌 인물이었던 듯 여겨진다. 지방에 거주하던 그를 국왕이 조서를 내려 개경으로 불러 올렸음이 사서에 기록되어 전하는 데서 짐작할 수가 있는 일이다.[3)] 중앙이 아닌 지방에서 은일의 삶을 누리는 일개 처사에 지나지 않던 그가 국왕의 부름을 받았고, 더욱이 그것이 사서에 수록될 만큼 중요하게 다뤄졌다는 사실만으로도, 그를 낮춰 평가할 수는 없어 보인다.

나아가 은원충과 교유했던 인물의 면면에서도 그것을 확인할 수가 있다. 가령 고려중기에 선종禪宗이 부흥하고 거사불교居士佛教가 유행하는 데 깊숙이 개입된 것으로 알려진 청평거사清平居士 이자현이라든지,[4)] 혹은 송宋의 교단도교教團道教를 고

---

2) 崔柄憲,「高麗中期 李資玄의 禪과 居士佛教의 性格」,『金哲埈博士華甲紀念史學論叢』, 1983, 949쪽. 金澈雄,「高麗中期 道教의 盛行과 그 性格」,『史學志』 28, 1995, 126쪽. 金秉仁,「高麗 睿宗代 道教 振興의 배경과 추진세력」,『全南史學』 20, 2003, 3·17-18쪽. 김철웅,「고려중기 李仲若의 생애와 도교사상」,『韓國人物史研究』 14, 2010, 193-194, 197-200쪽.

3)『高麗史』 12 肅宗 8년 10월 庚午

4) 徐景洙,「高麗의 居士佛教」,『崇山朴吉眞博士華甲紀念 韓國佛教思想史』, 1975. 許興植,「高麗中期 禪宗의 復興과 看話禪의 展開」,『奎章閣』 6, 1982;「禪宗의 復興과 看話禪의 展開」,『高麗佛教史研究』, 一潮閣, 1986. 崔柄憲, 앞의 논문, 1983. 金相永,「高麗 睿宗代 禪宗의 復興과 佛教界의 變化」,『清溪史學』 5, 1988. 金相永,「高麗 中期의 禪僧 慧照國師와 修禪社」,『佛教와 歷史』(李箕永博士 古稀紀念論叢, 1991). 鄭修芽,「慧照國師 曇眞과 '淨因髓'」,『李基白先生古稀紀念 韓國史學論叢』(上) 1994.

려로 받아들이는 데 앞장선 것으로 이름이 있는 이중약과 같은 인물이 그들이었다.[5] 은원충과의 인연이 결코 얕지 않았던 저들은,[6] 하나같이 고려중기 사상계에 새로운 기풍이 일도록 고취한 것으로 이름난 인물들이었다. 은원충도 또한 그와 무관하지만은 않았을 것임을 미루어 헤아릴 수가 있으려니와, 그러한 사실에서 그의 비중을 확인하며 더욱이 그를 검토해 마땅한 까닭을 찾는 게 그다지 큰 잘못은 아닐 듯싶다. 비록 그 행적이 도드라져 보이지는 않지만, 은원충은 관심을 베풀기에 부족함이 없는 인물이었다고 하여 지나치지 않을 듯 여겨진다.

이 글에서는, 은원충의 활동과 사상 경향을 알아보기 위한 첫 단계로 먼저 처사 시절의 그를 검토하겠다. 당시의 행적을

---

5) 車柱環, 「高麗의 道敎思想」, 『韓國道敎思想硏究』, 서울대출판부, 1978; 1983 재판. 梁銀容, 「高麗道敎の福源宮について」, 『學術論文集』 11, 朝鮮奬學會, 1981. 梁銀容, 「福源宮 建立의 歷史的 意義」, 『道敎와 韓國文化』, 亞細亞文化社, 1988. 李鍾殷·梁銀容·金洛必, 「高麗中期 道敎의 綜合的 硏究」, 『道敎思想의 韓國的 展開』, 亞細亞文化社, 1989. 金澈雄, 앞의 논문, 1995. 金秉仁, 앞의 논문, 2003. 蔡雄錫, 「고려 예종대 道家思想·道敎 흥기의 정치적 성격」, 『韓國史硏究』 142, 2008. 김철웅, 앞의 논문, 2010.

6) ① … 仲若 先生名也 子眞 先生字也 … 常宅心事外 脫落羈束 棄家歸隱于伽倻山 自號靑霞子 先生父某 以存家祀爲念 恐不可奪其志 知處士殷元忠與禪師翼宗解秘術 遂貽書以誠告之 二人者謀曰 江南諸山 其形勢若奔螭伏虎 控扶蘇而朝大內者 莫奇於道康郡之月生山 居此者當旬月被徵矣 遂斬茅築室於其上 乃邀致之曰 此山有道氣 必異人然後應之 君可以爲修眞之所乎 先生未知其計 欣然從之 旣至 以所居爲逸齋 … (『西河集』 5 逸齋記)
② 眞樂公資玄 起自相門 雖寓跡簪組 常有紫霞逸想 少遊金閨 從術士殷元忠密訪溪山勝地可以卜隱 殷公云 楊子江上有靑山一曲 眞避世之境 聞之常掛於心 年二十七 仕至大樂署令 忽致叩盆之患 拂衣長往入淸平山 葺文殊院以居之 … (『破閑集』 中 眞樂公資玄)

좇아 조명하는 것과 함께 그가 처사로 불리게 된 연유를 헤아림으로써, 은원충을 이해하는 발판으로 삼으려 한다. 다음으로, 중앙으로 진출한 이후의 은원충을 살피겠다. 그가 국왕의 부름을 받기에 이른 경위를 추적하며, 더불어 중앙에서의 활동을 찬찬히 되짚어 그 정치적 함의를 음미하려 한다. 마지막으로, 은원충의 행적에서 드러나는 사상적 경향을 더듬어보겠다. 은원충의 사상 경향을 따지며, 더욱이 그것이 의미하는 바를 고려중기 사상계의 동향과 연계시켜 가늠해보고자 한다.

이 글을 통해 11세기말에서 12세기초의 시기에 활동한 무등산처사 은원충의 삶을 다시 생각하는 기회가 마련되었으면 한다. 그리하여 당시 고려사회에서 새로운 사상적 풍조가 고개를 들기에 이른 의미를 되새기며, 나아가 그와 같은 신선한 기풍의 진작에 지방지식인이라 일러 무방할 초야의 학인이 나름대로 기여하였음을 이해함으로써, 고려중기의 지방사회가 성장해가는 한 단면이나마 드러낼 수 있기를 바라는 마음이다.

Ⅱ. 無等山處士 殷元忠

은원충이 사서史書에 처음 그 모습을 드러낸 것은 숙종 8년(1103)의 일이었다. 다음의 기록이 그것이다.

> 조서詔書로 무등산처사無等山處士인 은원충殷元忠을 불러들였다.[7]

---

7) 詔徵無等山處士殷元忠 (『高麗史』 12 肅宗 8년 10월 庚午)

몇 자 되지 않는 짧은 문장이지만, 논의를 풀어가는 실마리로서는 부족함이 없다. 이에 따르면, 은원충은 12세기 초반을 전후한 즈음 무등산 일원을 근거로 활동하는 지방지식인이었던 듯 보인다. 그가 현재의 전라도 무등산 일원에 무언가 연고를 지녔을 것임을 추정케 한다. 아울러 은원충이 지방의 처사로서 중앙에까지 그 이름이 알려진 인물이었을 것임도 넉넉히 짐작할 수가 있다. 국왕의 부름을 끌어낼 만큼 남다른 평판을 받을 만한 흥미로운 존재였음이 분명하다.

그렇다면 무등산처사 시절의 은원충이 어떤 행적을 보였기에 중앙의 관심을 불러일으켰던 것일까. 우선 은원충이 무등산 일원을 넘어 다른 지역에서까지 나름의 명성을 지닌 인물이었음을 검토하는 데서 논의를 시작하겠다. 다음의 자료에 나오는 이중약의 경우를 살피도록 하자.

> … 선생의 이름은 (이)중약(李)仲若이며 자字는 자진子眞이다 … 선생의 가계家系는 계림鷄林의 종실宗室에서 나왔는데, 선생에 이르도록 무릇 7대代가 문장가文章家였다. 선생의 돌아가신 어머니 이씨李氏가 일찍이 꿈에 황관黃冠을 보고서 마침내 잉태하였다. 그리하여 선생은 어려서부터 도교道敎 서적 읽기를 즐기고 마음으로 도교의 가르침을 따랐으니, 곧 유교儒敎나 도교道敎의 업業을 벌써 전생에 익힘이 있어 그러는 듯하였다. 항상 마음을 사물의 밖에 두고 얽매임에서 벗어나려 하다가, 집을 버리고 가야산伽倻山으로 들어가 숨어 살면서 스스로 청하자靑霞子라 칭하였다. 선생의 아버지는 모某인데, 집안의 제사 이을 것을 염려하면서 그 뜻을 빼앗지 못할까 걱정하였다.

처사處士 은원충殷元忠과 선사禪師 익종翼宗이 비술秘術에 밝음을 알고서, 드디어 서신을 보내어 사실대로 고하였다. 두 사람이 꾀를 써서 말하기를, "강남江南의 여러 산은, 그 형세가 치달리는 교룡蛟龍이나 (도약하고자) 웅크린 범과 같은데, 부소산扶蘇山을 당겨다가 대궐에 조회하는 모양인 것으로 도강군道康郡의 월생산月生山보다 기이한 곳은 없다. 여기에 거주하는 사람은 마땅히 열흘이나 한 달쯤에 조정의 부름을 받을 것이다" 라고 하였다. 드디어 띠풀을 베어내고 그 위에 집을 지어서는 뒤이어 선생을 맞아들여 이르기를, "이 산에 도道의 기운이 있는데 반드시 이인異人이어야만 그에 응하리니, 그대라야 가히 진리를 닦는 장소로 삼을 만하리다" 라고 하였다. 선생은 그 속셈을 알아차리지 못한 채 기쁜 마음으로 그 말에 따랐다. 이미 이르러서는 거처하는 곳을 일재逸齋라 하였다 …[8]

일재逸齋가 중건된 뒤, 그 내력을 찬술하도록 부탁을 받은 임춘林椿이 이중약李仲若의 생애를 더듬으면서 정리한 글의 일부이다.[9] 이에 의하면, 이중약의 부친은 처사인 은원충에게 편

8) … 仲若 先生名也 子眞 先生字也 … 先生系出鷄林宗室 至先生凡七代爲文章家 而先妣李氏 嘗夢黃冠而遂有娠 故先生幼而嗜讀道藏 服事眞風 則於儒玄之業 蓋有宿習而然者 常宅心事外 脫落覊束 棄家歸隱于伽倻山 自號靑霞子 先生父某 以存家祀爲念 恐不可奪其志 知處士殷元忠與禪師翼宗解秘術 遂貽書以誠告之 二人者謀曰 江南諸山 其形勢若奔螭伏虎 控扶蘇而朝大內者 莫奇於道康郡之月生山 居此者當旬月被徵矣 遂斬茅築室於其上 乃邀致之曰 此山有道氣 必異人然後應之 君可以爲修眞之所乎 先生未知其計 欣然從之 旣至 以所居爲逸齋 …(『西河集』 5 逸齋記)

9) 李仲若의 子인 李允修가 錦城 즉 羅州의 지방관으로 부임하여 逸齋를 중창한 다음 林椿에게 부탁하여 그간의 경위를 적은 글인데, 대략 明宗 5년(1175) 무렵에 찬술되었을 것으로 추정들을 한다(김철웅, 앞의 논문, 2010, 196쪽).

지를 보내어 세속의 삶을 거부하는 아들 이중약의 장래를 두고 논의를 청했던 것으로 보인다. 그러자 은원충 등은 이중약의 출사出仕에 도움이 될 만한 터전으로서 도강道康의 월생산月生山 곧 현 영암靈巖·강진康津의 경계에 자리한 월출산月出山을 지목하였다고 한다. 그리하여 그곳에 처소를 마련한 다음 이중약에게 수행도량으로 이용할 것을 권유하였다는 것이다. 위 글의 제목에 나오는 일재逸齋가 곧 그곳이었다.

은원충이 이중약의 부친과 서신을 주고받는 사이였음을 전한다. 그런데 궁금한 것은, 위의 일이 언제 그리고 또 저들이 어느 지역에서 활동할 적에 일어났던가 라고 하는 점이다. 위의 자료에는 이중약의 부친이 어디에서 은원충에게 문제의 서신을 보냈는지 나타나지 않는다. 다만 그의 관직명이 기록되지 않은 것으로 미루어 당시 그는 관직에 나아가지 않았던 듯 보인다.[10] 또한 그 부인이 이씨李氏인데, 당시 지방에 거주하는 미출사자未出仕者의 관행에 비추어 그 부夫와 동일한 본관인 경주이씨慶州李氏일 가능성이 높아 보인다. 그리고 그와 같은 사실들에 비추어, 이중약의 부친은 아마도 본관인 경상도의 경주 일원 내지 그와 멀지 않은 가야산 인근에서 거주하였던 게 아닌가 여겨진다.

한편 은원충의 경우, 위의 기록에 '처사'라 표기된 사실로 미루어 대체로 그가 무등산처사였던 시기, 다시 말해 그가 무

---

10) 李仲若이 현달한 가문 출신이 아니었다는 견해가 참고 된다(김철웅, 앞의 논문, 2010, 191쪽).

등산 일원에 거점을 둔 채 활동하던 시기에 이중약의 부친에게서 문제의 서신을 받았던 듯싶다. 그가 이중약의 수행 공간을 물색하면서 '강남江南', 아마도 오늘의 전라도로 여겨지는 지역의 산수형세山水形勢를 거론하였으며, 그리하여 맞춤한 지리적 공간으로서 월출산을 지목하였다든지, 또는 은원충과 함께 거명된 선승禪僧 익종翼宗이 당시 화순和順의 쌍봉사雙峯寺에서 활동하였던 것으로 여겨지는[11] 등에서도 그러한 추정이 가능하다. 은원충이 무등산을 중심으로 활동하였기에 전라도의 산수형세를 논하고 더욱이 인근의 월출산을 선택하였을 터이며, 더불어 가까이 자리하는 쌍봉사의 선승 익종과도 교분을 나누었을 것으로 짐작된다는 점에서 그러하다.

이중약의 부친과 은원충이 각각 경상도 경주 인근 및 전라도 무등산 일원에서 활동할 적에 문제의 서신이 보내졌을 것임을 살폈다. 그러니까 은원충이 개경으로 올라가는 숙종 8년 이전의 언제인가, 이중약의 부친이 무등산처사 은원충에게 아들의 장래 문제를 상의하였던 셈이다. 그 전부터 벌써 두 사람 사이에 교분이 행해졌을 가능성이 제기되거니와,[12] 그와 함께 지방의 일개 처사이던 은원충이 그처럼 떨어진 타 지역에까지 제법 이름이 알려진 인물이었으며, 더욱이 나름의 영향력도 지녔을 것임을 일러주는 대목이다.

나아가 은원충은 지방을 벗어나 중앙에까지도 제법 그 이름

11) 변동명, 「신라말·고려시기의 和順 雙峯寺」, 『歷史學硏究』 37, 2009, 13쪽. 김철웅, 앞의 논문, 2010, 198쪽.

12) 김철웅, 앞의 논문, 2010, 199쪽.

이 알려진 인물이었다. 이자현李資玄에 관한 다음의 기록에서 그것을 알 수가 있다.

> 진락공眞樂公 (이)자현(李)資玄은 재상의 가문에 태어나, 자취는 비록 벼슬자리에 두었지만 항상 신선처럼 은일隱逸하는 삶을 마음에 품었다. 젊어 금규金閨에서 노닐 적에, 술사術士인 은원충殷元忠을 좇아 시냇물 흐르는 산골짝의 뛰어난 장소로서 숨어 살 만한 곳을 가만히 물색하였다. 은공殷公이 이르기를, "양자강의 상류에 청산靑山 한 굽이가 있는데 참으로 세상을 피해 머물 만한 곳이다" 라고 하니, 이 말을 듣고서 늘 마음에 간직하였다. 나이 27세 되던 때 벼슬이 대악서령大樂署令에 이르렀거늘, 문득 부인이 사망하는 환난을 맞이하자 옷을 떨치고 멀리 떠나서 청평산淸平山에 들어가 문수원文殊院을 수리하고 거주하였다 …13)

이자현이 은일의 장소로서 강원도 춘천의 청평산 문수원을 선택한 배경에 은원충이 자리함을 전한다. 사실 청평산 문수원은 은원충이 지목하기 이전에 이미 이자현과 연고가 깊은 곳이었다. 이자현의 부父인 이의李顗가 청평산 백암선원白巖禪院의 옛터에다 보현원普賢院을 세웠는데, 이자현이 그것을 다시 중건하고는 문수원으로 개명하였던 것이다.14) 이자현에게 청

13) 眞樂公資玄 起自相門 雖寓跡簪組 常有紫霞逸想 少遊金閨 從術士殷元忠 密訪溪山勝地可以卜隱 殷公云 楊子江上 有靑山一曲 眞避世之境 聞之 常掛於心 年二十七 仕至大樂署令 忽致叩盆之患 拂衣長往入淸平山 葺文殊院以居之 … (『破閑集』 中 眞樂公資玄)

14) 『東文選』 64 「淸平山文殊院記」(金富轍)

평산의 존재를 알려준 게 은원충이 맨 처음은 아니었으며, 나아가 이자현이 그곳으로 찾아든 게 은원충의 추천에 의해서만은 아니었다는 뜻이다. 기왕에 연고가 깊었던 곳인데, 은원충이 은일하기에 적절한 장소로 추천한 것이 배경이 되어 이자현이 청평산 문수원을 중수하고 숨어들었다는 의미일 터이다. 아니면 이자현이 선대 이래로 연고가 깊었던 그곳으로 숨어들 생각을 피력하자, 은원충이 은일하기에 좋은 지리적 공간이라며 공감한 것이었는지도 모르겠다. 어찌 되었든, 이자현으로 하여금 속세를 떠나 은일할 마음을 불러일으키면서 청평산 문수원을 그 장소로 선택하도록 이끌었던 요인 중의 하나가 은원충이었다는 사실에는 변함이 있을 수가 없다.

이자현이 문수원에서 은일의 삶을 시작한 것은 그가 27세 되던 해로서 선종 6년(1089)의 일이었다고 한다.[15] 은원충이 이자현에게 청평산 일원을 은일의 장소로 추천한 게 그 이전이었다는 뜻으로서, 늦어도 그 즈음이면 은원충의 이름이 중앙에까지 제법 알려졌을 것임을 예감케 한다. 당대 최고의 명문이라 할 인주이씨 출신의 이자현에게 나름의 존숭을 받을 만큼, 은원충이 개경의 일부에서나마 그 이름이 통하는 인물이었을 것임을 짐작할 수가 있다.

위의 일이 있던 시기에 은원충이 왕경인王京人이었는지 아니면 지방인이었는지는 불명이다. 이중약 내지 그 부父와의 경우, 무등산처사 시절의 일이었음이 거의 틀림없어 보인다. 그

15) 崔柄憲, 앞의 논문, 1983, 945쪽.

렇지만 이자현과의 일이 있던 시기에는, 그가 개경에 근거를 두고 활동하였는지 아니면 무등산처사로서 전라도에 근거해 활동하였는지 잘 알 수가 없다. 다만 선종 6년(1089)으로서 아직 국왕의 부름을 받기(숙종 8, 1103) 이전이었던 것만큼은 분명하다. 이자현과 오가던 시절의 은원충이 관직에 나아가지 않은 야인野人이었으리라는 의미이다. 아마도 무등산처사로서, 이중약의 부친과 교유하던 시기와 별반 다를 바 없는 처지였다고 하여 지나치지 않을 듯싶다.

은원충이 국왕의 부름을 받기 이전에 벌써 중앙과 지방에서 제법 이름을 떨친 인물이었을 것임을 살피었다. 숙종이 그를 개경으로 불러올린 데에는 그만한 까닭이 없지 않았던 셈이다. 그런데 『고려사』에서는 그러한 은원충을 가리켜 무등산처사無等山處士라 칭하였다.[16] 사전적으로 풀이하자면, 대체로 무등산에 은거하는 초야草野의 학인學人 내지 독서인讀書人, 요즘의 언어로 이르자면 무등산에 거처하는 지방지식인이라는 정도의 의미일 터이다.

그런데 당시의 처사라는 칭호에는 그에 더하여 보다 구체적인 의미가 포함되었던 듯 여겨져 눈길을 끈다. 곽여郭輿가 '동산처사東山處士'를 칭했다는 『고려사』의 기록이 그것이다.[17] 곽여는 위의 이자현과 과거科擧 동년우同年友로서 남다른 친분을 맺었던 것으로 이름이 있다.[18] 곽여 역시 이자현의 경우와 매

16) 위의 註 7)과 같음.

17) … 旣而 固求退居 賜城東若頭山一峯 構室以居 號東山處士 名其堂曰虛靜齋曰養志 親書額賜之 … (『高麗史』 97 郭尙傳 附 郭輿傳)

한가지로 은원충과 동일한 시기를 살아간 인물이었다. 말하자면 동일한 시기의 인물인 은원충과 곽여가, 동일한 사서인『고려사』에, 동일하게 처사라 기록되어 전하는 셈이다. 곽여의 경우에 비추어 은원충이 처사라 불린 의미를 미루어 헤아리는 게 무리한 일이 아님을 이해할 수가 있다.

곽여는 예종睿宗과 도가적道家的인 교분을 나눴던 것으로 유명하다.[19] 예종이 그를 데려다 궁중의 순복전純福殿에 거처하게 하면서 선생이라 부르며 극진히 존숭하였는데, '오건학창烏巾鶴氅'으로 늘 예종과 담소하고 창화하던 곽여를 가리켜 당시 사람들이 '금문우객金門羽客'이라 칭했다고 한다. 곽여의 도사적道士的 풍모를 짐작할 수가 있거니와, 그처럼 도가적 생활을 지향하던 그를 예종이 매우 우대하고 떠받들었음을 전하는 사례는 그밖에도 여럿이다. 고려중엽의 도교사에서 곽여는 결코 빼놓을 수 없는 인물이라고 하여 지나치지 않다.[20]

그런데 그처럼 도가적인 인물을『고려사』에서는 처사라 칭하였다. 동일한 사서에서 매한가지로 처사라 불렸던 은원충도 역시 그와 유사한 성향의 인물이었을 것임을 능히 헤아릴 수가 있다. 은원충의 성향이 도가 지향적이었을 것임은 이중약의 경우를 통해서도 짐작이 가능하다. 앞서도 언급하였듯이 이중약은 일찍이 도가적 삶을 추구하였으며, 나아가 송宋의 교

18)『破閑集』中 眞樂公資玄. 崔柄憲,「高麗中期 李資玄의 禪과 居士佛敎의 性格」, 949-950쪽

19)『高麗史』97 郭尙傳 附 郭輿傳

20) 위의 註 5)에 제시한 논문을 참조하라.

단도교敎團道敎를 고려로 전파시키는 데 앞장섰던 것으로 이름이 있는 인물이다. 한데 그러한 이중약이 은원충과 자못 밀접한 관계였다고 한다. 처사 은원충이 또한 이중약과 유사하게 도가적인 삶을 지향하였을 것임을 미루어 헤아릴 수가 있다.[21)]

더불어 고려중엽에는 저들처럼 관직을 멀리하며 은일을 추구하는 사람을 아울러서 흔히들 처사라 칭했던 듯하다. 당시 세간의 사정을 전하는 자료에,

> … 대강大康 9년 계해癸亥(1083)의 과거급제자 중에는 높은 관직에 오른 이가 없으며, 이자현李資玄과 곽여郭輿가 모두 관직을 버리고 처사處士가 되었으므로 당시에 부르기를 처사방處士牓이라 하였다 …[22)]

라 기록된 데에서 확인할 수가 있는 일이다. 반드시 도가적 성향이 아니더라도, 환로宦路를 멀리하며 은일의 삶을 지향하는 이를 통틀어 처사라 칭하였음을 보여준다.

무등산처사 은원충에게 도가적이면서 더불어 은일의 삶을 지향하는 측면이 있었으며, 그것이 이자현이나 이중약과 같은 동시대의 인물들과 연계된 가운데 추구되었을 것임을 검토하였다. 나아가 은원충은 풍수지리風水地理와도 깊이 연관된 인물

---

21) 金澈雄, 앞의 논문, 1995, 104쪽.

22) … 大康九年癸亥 同牓無達官 李資玄·郭輿 皆棄官爲處士 時號處士牓 (補閑集 上, 崔文憲公典試)

이었다. 앞서 살피었던 바, 이중약으로 하여금 반드시 출사하도록 만들 장소를 골라 거주시키고자 전라도의 지리적 형세를 살핀 끝에 월출산을 지목하였다는 데서, 벌써 그러한 기미가 엿보인다. 또한 은일하기에 알맞은 장소를 물색하던 이자현에게, 중국의 지형에 비유해 넌지시 춘천의 청평산을 일러주었다는 것도 그러하기는 매일반이다. 『고려사』에 따르면, 은원충은 예종대에 도선道詵의 설을 근거로 삼아 남경南京 천도를 건의하였다고 한다.[23] 또한 예종의 명을 받아 동계東界의 산천山川을 순시하는 일행 중에서 그의 이름이 찾아지기도 한다.[24] 당시 은원충이 풍수지리에 밝은 인물로 인식되었음을 이해할 수가 있다. 아울러 이중약의 부父가 그를 비술秘術에 밝은 처사로 판단하였다느니 또는 이자현이 술사術士인 은원충을 좇았다느니 하는 등의 앞서 제시한 자료에서도, 그가 비술 아마도 지리도참地理圖讖에 밝은, 그리하여 술법을 농하는 인물 곧 술사인 풍수지리 전문가로 이름있는 인물이었음이 드러난다 할 것이다.

한편 은원충은 불교와도 무관한 사이가 아니었다. 이미 언급하였듯이, 그는 쌍봉사의 선승 익종과 협의하여 이중약의 거처를 마련하였다. 또한 그와 교유한 청평거사 이자현은, 고려중기에 선종이 부흥하고 거사불교가 유행하는 데 깊숙이 개

23) 金謂磾 肅宗元年 爲衛尉丞同正 新羅末 有僧道詵 入唐 學一行地理之法而還 作秘記以傳 謂磾學其術 上書請遷都南京日 … 於是 日者文象 從而和之 睿宗時 殷元中亦以道詵說 上書言之 (『高麗史』 122 列傳 35 方技 金謂磾傳)

24) 遣內侍祗候智祿延·注簿同正殷元忠·司天少監許蓋卿·崔資顥等 巡視東界山川 (『高麗史』 12 睿宗 즉위년 11월 壬戌)

입되었던 것으로 유명한 인물이다. 주로 선종계열에 한정되기는 하지만, 은원충이 불교계와도 상당한 교분을 맺은 가운데 활동하였을 것임을 짐작할 수가 있다.[25)]

무등산처사 은원충은 도가와 풍수지리 그리고 불교 등과 두루 연결된 삶을 누린 인물이었다. 다만 유교와의 연관성을 보여주는 자료는 찾기가 쉽지를 않다. 관련 자료가 나타나지 않는 것은, 그가 실제로 유교적인 소양을 갖추었느냐의 여부와는 무관하게, 유교적인 가르침이나 실천에 그다지 관심을 보이지 않았던 그의 태도에서 기인하는 바가 컸을 법하다. 초야에 묻힌 삶을 선택한 처사處士였기에, 정치이념인 유교와는 거리를 두었을 성싶기도 하다. 당시의 정규적인 교육기관에서 그가 젊은 시절 한때나마 유교를 익혔을 가능성이 없지는 않다. 설령 그러했더라도 은원충은 아마 중도에 그와 멀어진 채 은일의 길을 걸었던 듯 여겨진다. 후일 숙종의 부름을 받은 다음 중앙에서 활동한 것과는 모순되는 듯 보이지만, 그의 본래

25) 殷元忠이 李資玄으로 하여금 淸平山 文殊院을 은거의 장소로 선택하도록 권유한 것은 사실이지만, 후일 이자현이 불교에 탐닉하면서는 양자의 관계가 소원해졌으리라는 견해가 있다. 術士인 은원충이 당시 귀족사회의 불교적인 지식인들 사이에서 폭넓은 공감을 얻지 못하였으리라고도 한다(崔柄憲, 앞의 논문, 1983, 949쪽). 은원충이 술사이기 때문에 불교와는 거리가 있었으리라는 전제 위에서의 논의로 판단된다. 그렇지만 은원충과 禪僧 翼宗 내지 뒤에서 언급할 廣智大禪師 之印이나 慧照國師 曇眞과의 관계라든지, 또는 그들과의 연결고리이기도 한 雙峯寺와 은원충의 중첩된 관계 등에 비추어볼 때, 은원충을 불교와 거리가 있거나 혹은 무관한 인물로 이해하는 것은 아무래도 지나쳐 보인다. 그보다는 은원충이 불교와도 상당한 연고를 지닌 가운데 활동하였다는 게 도리어 사실에 가깝지 않을까 여겨진다.

지향은 그러하였음 직하다. 말하자면 고려중엽에 유교와 거리를 두었으며 도가나 풍수지리라든지 불교 등과 연결된 가운데 은일의 삶을 선택함으로써, 무등산에 묻힌 초야의 학인으로서 지방과 중앙에 이름을 알린 이가 곧 무등산처사 은원충이었다고 하여 지나치지 않은 셈이다.

국왕의 부름을 받기 이전, 무등산에서 은일을 즐기며 나름의 명성을 쌓아가던 처사 은원충이 본디 비유교적非儒教的인 삶을 지향한 인물이었을 것임을 검토하였다. 이제 그가 중앙에 나아가기에 이른 경위와 더불어 이후의 활동을 더듬을 차례인데, 그에 관해서는 자리를 바꾸어 논의하겠다.

Ⅲ. 殷元忠의 중앙 진출과 활동

무등산처사 은원충이 중앙에 나아간 것은 숙종의 부름을 받아서였다. 그를 쓰임새 있는 인물로 판단해서였을 터이다. 그렇다면 무등산에서 은일의 삶을 누리는 일개 처사에 지나지 않던 그를, 국왕은 어떤 경로로 인지하고 또 발탁하게 되었을까. 누군가의 소개라든지 추천이 개재되었을 법하거니와, 그리된 경위가 궁금하다.

은원충은 그 본관本貫이나 세계世系가 불명이다. 자연히 그를 추천할 만한 중앙과의 무슨 연고도 전혀 알려진 바가 없다. 근대의 족보에는 은원충이 행주은씨幸州殷氏의 8세 혹은 9세로 나타난다.[26] 그렇지만 곧이곧대로 신용하기에는 어려움이 있으며, 그의 본관이 과연 행주였는지도 확인할 수가 없다. 조선 전기의 지리지에는 경기도 행주와 함께 전라도 고부古阜와 옥구沃溝 등의 토성土姓으로 은씨殷氏가 나타나는데,[27] 은원충의 본관이 그 중의 어디에 해당하는지도 알 수가 없기는 매한가지이다.

그러므로 현재 알려진 자료에 의거하는 한, 은원충의 가계家系라든지 혹은 그와 중앙과의 관계라든지 등은 파악할 길이 없다고밖에 달리 이를 말이 없다. 단지 그가 무등산과 무슨 연고를 지닌 인물이라는 정도의 추정만이 가능할 따름이다. 『고려사』에서 그를 무등산처사라 표기한 게 그 근거이다. 전혀 무관하여 아무런 연고가 없는 지역에 거처하면서 은일을 즐겼으리라고는 상상하기가 어렵기 때문이다. 따라서 만일 은원충의 본관이 경기도 행주라면, 근기지역 출신으로서 중앙과도 무관치 않은 가운데 생장하던 중 언젠가 전라도 무등산으로 옮겨갔을 가능성을 생각할 수가 있다. 반면에 그를 고부나 옥구와 같은 전라도 출신으로 가정한다면, 지방에서 생장하여 은일의 삶을 즐기던 중 어떤 일을 계기로 중앙과의 연결고리가 만들어졌을 가능성을 떠올려 볼 직하다. 그리하여 무등산처사로서

---

26) 宋允湜·朴海徹, 『靑邱氏譜』 20, 陟瞻臺(慶南 密陽), 1916; 影印 『靑邱氏譜』 6, 民昌文化社, 1966, 491쪽. 幸州殷氏 大宗會의 홈페이지 게시, 幸州殷氏 大同譜 世系圖.

27) · 『世宗實錄』 148 地理志 京畿道 高陽縣 幸州 土姓, 같은 책 151 全羅道 古阜郡 土姓, 같은 책 沃溝郡 土姓 夾註
· 『新增東國輿地勝覽』 11 高陽郡 姓氏 幸州, 같은 책 33 古阜郡 姓氏 本郡 雨日部曲, 같은 책 34 沃溝縣 姓氏 本縣

숙종의 부름을 받기에 이른 건 아니었을까 여겨지는 것이다.[28]

고려 중기에 은씨殷氏 출신의 인물들 몇몇이 중앙에서 활동했던 것으로 기록에 나타난다. 은정殷鼎이나[29] 은순신殷純臣과[30] 같은 인물들이 그러하다. 저들과 은원충과의 관계는 불명이며, 후대의 족보 외에는 세계상世系上의 연결을 파악할 수 있는 자료도 찾아지질 않는다.[31] 그렇지만 은원충이 저들 중의 누군가를 통해 중앙과 연결되었을 가능성마저 무시할 수는 없을 듯싶으며, 그것이 곧 그를 국왕의 부름으로 이끈 배경이었을 수도 있다고 생각한다.

---

28) 다만 둘 중의 어느 편을 취하건, 은원충이 중앙이 아닌 지방에 은거한 學人으로서 발탁되었다는 사실에는 변함이 있을 수가 없다. 『고려사』에서 숙종의 부름을 받은 은원충을 가리켜 굳이 무등산처사라 지목해 기록한 데에는 그러한 의미가 담겼을 듯 여겨진다. 무등산처사 은원충에게는 왕경인이라기보다는 지방지식인이라는 호칭이 훨씬 더 어울려 보인다. 무등산 일원에서 은일의 삶을 즐기던 중 숙종의 부름을 받아 왕경에 나아간 지방지식인 내지 지방 출신의 독서인이라는 게, 당시 은원충의 처지를 비교적 정확히 집어낸 표현이 아닌가 헤아려진다.

29) 李丙燾, 「高麗中期의 儒學」, 『韓國儒學史』, 亞細亞文化社, 1987, 66쪽.

30) 殷純臣은 고려중기에 '刱立國學後學官謝上表'를 찬술한 것으로 나오는 인물이다(『東文選』 36 刱立國學後學官謝上表). 그의 생몰 연도는 불명인데, 그가 찬한 위의 표문에 "國家之興二百歲 賢聖之作十四君"이라는 구절이 나타나는 걸로 미루어, 14대인 獻宗대(1094~1095)를 전후한 무렵에 활동하였던 것으로 보인다. 혹은 당시 肅宗이 獻宗의 존재를 부정하며 그의 王代數를 인정하지 않은 채 14대로 자처하였다는 연구에 따르면(南仁國, 「새로운 政治勢力의 登場과 新統治秩序의 確立」, 『고려중기 정치세력 연구』, 新書苑, 1999, 71쪽), 은순신의 위 표문은 肅宗代(1095~1105)에 찬술된 것일 수도 있겠다. 그것은 어찌 되었든, 은순신의 활동 시기가 11세기말-12세기초로서 대체로 은원충의 행적이 나타나는 시기와 겹친다는 점에서 자못 흥미를 끈다.

31) 가령 殷鼎의 경우 근대의 족보 자료에는 殷元忠의 父로 나타난다(위의 註 26).

아울러 그러한 가능성에 더하여 한층 눈길을 끄는 게, 예종睿宗의 후궁으로 나오는 은씨殷氏의 존재이다. 다음의 자료를 살펴보자.

> … 스님의 이름은 지인之印이다 … 아버지는 성조聖祖인 예종睿宗이고 어머니 은씨殷氏는 후궁이었는데, 거란 건통乾統 임오년(숙종7)壬午年(肅宗7) 여름 6월 26일에 사가私家에서 탄생하였다 …[32)]

의종毅宗 12년(1158)에 작성된 광지대선사廣智大禪師 지인之印의 묘지명墓誌銘 중 일부이다. 예종의 아들인 승려 지인의 어머니가 은씨殷氏로 나온다. 지인이 태어난 해가 숙종 7년(1102)이므로, 당시는 예종이 즉위하기 이전이었다. 말하자면 태자 시절의 −숙종 5년 정월 태자 책봉− 예종이 은씨 여성을 후궁으로 두었다는 뜻이거니와, 『고려사』 후비전后妃傳의 예종 후비 중에서 은씨가 찾아지지 않는 사실로 미루어 그녀의 위상이 그리 도드라진 것은 아니었던 듯싶다. 그렇지만 또한 태자의 후궁으로서 왕실의 일원이었으며, 아마도 수도인 개경 내지 최소한 그 인근에 위치하였음 직한 그녀의 '사가私家'에서 지인을 출산하였다는 점 등을 떠올리면, 전혀 무의미한 존재로 도외시되지만은 않았을 법하기도 하다. 더불어 한층 눈길

32) … 師諱之印 … 考聖祖睿王 母殷氏 爲王之媵 以契丹乾統壬午夏六月二十六日誕於私第 … (『高麗墓誌銘集成』(제5판, 한림대학교 아시아문화연구소, 2006) (僧) 王之印 墓誌銘)

을 끄는 사실로서, 은씨가 지인을 출산한 이듬해인 숙종 8년에 은원충이 국왕의 부름을 받았다는 점도 그냥 지나치기가 어려워 보인다.

지인은 9세 되던 해에 예종의 명을 받아 혜조국사慧照國師 담진曇眞의 문하로 출가하였다.[33] 담진은 사굴산문闍崛山門 출신으로서 고려중기에 선종의 부흥을 이끌었던 주역으로 손꼽히는 선승이다.[34] 그런데 혜조국사의 그러한 활동 중에는 청평거사 이자현과의 교유도 포함되었던 것으로 전한다. 담진과의 교유 등을 통해 이자현이 고려중기 선종의 부흥에 기여했다 이르거니와, 이자현과 은원충의 교분으로 미루어 은원충과 담진 그리고 그 제자인 지인과의 사이도 무관하지만은 않았을 법하다. 이자현과 담진을 매개로 삼아 은씨의 아들인 지인과 은원충 사이의 연고를 상정하는 게 반드시 불가능해 보이지만은 않는다. 나아가 그러한 관계에 비추어, 비슷한 시기를 살았던 지인의 모 은씨와 은원충이 또한 비슷한 세대로서 상호 연결되었을 가능성도 무시할 수는 없어 보인다.

---

33) (之印) … 睿王鍾愛之 年九歲 命投慧炤國師 祝髮 學禪那法 … (『高麗墓誌銘集成』 (僧) 王之印 墓誌銘)

34) 이하 慧照(慧炤)國師 曇眞에 관한 언급은 다음의 연구를 참고하라.
許興植, 「高麗中期 禪宗의 復興과 看話禪의 展開」, 『奎章閣』 6, 1982; 「禪宗의 復興과 看話禪의 展開」, 『高麗佛敎史硏究』, 一潮閣, 1986. 崔柄憲, 「高麗中期 李資玄의 禪과 居士佛敎의 性格」, 『金哲埈博士華甲紀念史學論叢』, 1983. 金相永, 「高麗 睿宗代 禪宗의 復興과 佛敎界의 變化」, 『淸溪史學』 5, 1988. 金相永, 「高麗 中期의 禪僧 慧照國師와 修禪社」, 『佛敎와 歷史』(李箕永博士 古稀紀念論叢), 1991. 鄭修芽, 「高麗中期 改革政策과 그 思想的 背景」, 『水邨朴永錫敎授華甲紀念 韓國史學論叢』, 1992. 鄭修芽, 「慧照國師 曇眞과 '淨因髓'」, 『李基白先生古稀紀念 韓國史學論叢』(上), 1994.

담진曇眞과 지인之印은 고려중기에 화순和順 쌍봉사雙峯寺를 중창하거나[35] 혹은 그곳에서 전륜대장轉輪大藏을 행했던[36] 것으로 전한다.[37] 그런데 쌍봉사는 은원충과 교분을 나누던 익종의 수행 공간이기도 하였다. 담진과 익종의 활동시기가 비슷하며, 더욱이 쌍봉사라는 동일한 공간에 양인이 모두 행적을 남겼던 사실로 미루어, 둘 사이에 무언가 연결고리가 존재했음 직하다. 담진의 제자로서 마찬가지로 쌍봉사에 행적을 남긴 지인도 익종과 결코 무관한 사이이지만은 않았을 법하다. 나아가 쌍봉사 익종과 무등산처사 은원충의 교분에 비추어 익종과 연결되는 담진·지인이 은원충과도 연계된 사이였을 가능성이 있으며, 그와 같은 일련의 연계망이 결국에는 지인의 모 은씨와 은원충의 관계로 모아지는 것은 아닌가 헤아려진다. 앞서 지적했던 바 지인과 은원충 내지 지인의 모 은씨와 은원충 사이의 연결 가능성에 비추어, 그러한 추정이 반드시 터무니없지만은 않은 듯 여겨진다.

지인과 은원충 사이의 그처럼 얽힌 여러 관계가 단순히 우연의 결과일 수만은 없다고 믿는다. 지인의 모가 은씨라는 사실을 떠올릴 때 그러하다. 지인의 모로서 예종의 후궁이던 은씨와 은원충의 사이에 무언가 떼기 어려운 연고가 작용한다는

35) … 有寺曰雙峯 … 是寺也 刱於哲鑑師 再建於慧照國師 宋紹聖中(1094~1098)也 三建於本道觀察使金倣 皇明正統中(1436~1449)也 … (『增補校正朝鮮寺刹史料』 上(高麗書林, 1986) 雙峯寺刱建碑文)

36) (之印) … 餘經書圖畵 亦嘗以服玩 餘貲營轉輪大藏於雙峯智勒兩刹 其功德不可殫記 … (『高麗墓誌銘集成』 (僧) 王之印 墓誌銘)

37) 변동명, 앞의 논문, 2009, 14쪽.

느낌을 떨칠 수가 없다. 비록 나름의 명성을 지녔다고는 하지만 지방의 일개 처사에 지나지 않던 은원충이 국왕의 부름을 받기까지에는, 태자의 후궁 은씨를 매개로 한 왕실과의 그와 같은 연고가 작용하였을 가능성이 높다고 생각한다.

은원충이 태자 시절 예종의 후궁이던 은씨와의 연고를 배경으로 숙종에 의해 발탁되었을 가능성을 검토하였다. 아마도 후궁 은씨의 소개에 따라, 태자이던 예종이 숙종에게 은원충의 발탁을 건의하는 경로를 거쳤음 직하다. 요컨대 무등산처사 은원충이 국왕의 부름을 받아 개경으로 올라간 데에는, 당시 중앙에서 활동하던 몇몇 은씨들, 각별하게는 태자의 후궁이던 은씨와 같은 이의 존재가 주요한 배경이 되었을 것으로 추정해두고자 한다. 비유교적인 삶을 추구하며 은일을 선택하여 무등산에 묻혀 살던 은원충이 출사를 결정하였던 데에는, 그와 같은 혈연적인 연고가 작용한 게 아니었을까 헤아려진다.

국왕에게 불려 중앙으로 올라갔을 당시, 은원충이 어떤 직위에 나아가고 또 무슨 임무를 부여받았는지는 잘 알 수가 없다. 단지 개경으로 올라간 2년 뒤에 주부동정注簿同正으로서 동계東界에 파견된 사실만이 확인될 따름이다.[38] 한편 숙종 말년에 국왕의 질환을 치료할 의원으로서 이중약을 예종에게 추천한 이가 곧 은원충이었으리라는 의견이 제시되어 눈길을 끈다.[39] 상세한 논증을 바탕으로 한 견해가 아니어서 다소 주저

38) 遣內侍祗候智祿延·注簿同正殷元忠·司天少監許藎卿·崔資顥等 巡視東界山川(『高麗史』 12 睿宗 즉위년 11월 壬戌)

39) 김철웅, 앞의 논문, 2010, 194쪽.

되기는 하지만, 정황상 그러했을 가능성이 높아 보이기는 한다.

그런데 막상 이중약의 생애를 언급한 「일재기逸齋記」에서는, 당시 이중약을 천거한 게 은원충이 아니라 고을의 수령이었던 것으로 전한다. 앞서 이중약이 수령의 병을 치료해준 적이 있었는데, 그 의술을 높이 평가한 수령이 숙종의 질환을 치료하고자 나라에서 의원을 구할 적에 이중약을 추천하였다는 것이다.[40] 국왕의 질환이 깊어지면 나라에서 의술에 뛰어난 이를 널리 구하고, 수령이 그에 응해 합당한 이를 천거하는 것은 항용 있을 수 있는 일이다. 이중약을 천거한 이가 고을 수령이라는 임춘의 기록을 부정할 까닭이 없어 보이는 것이다. 다만 그럼에도 불구하고 당시의 상황이라든지 또는 「일재기」의 성격에 비추어, 이중약이 천거되고 그리하여 중앙에 그 이름이 알려지는 데에 은원충이 나름의 역할을 하였을 가능성은 상존하는 것으로 판단된다.

이중약이 중앙에 추천된 것은 숙종이 재위하던 마지막 해(1105)였다. 추천을 받은 이중약이 개경에 이르기 전에 국왕이 훙거했다는 기록으로 미루어 그러하다.[41] 은원충이 개경에 올라가고(1103) 2년쯤 지난 즈음이었다. 당시 은원충은 태자이던 예종의 측근에서 활동하였을 가능성이 높아 보인다. 태자

40) … 先生嘗以醫者可以惠衆 因究其術 妙如專家 活人多矣 時邑倅有嬰疾拘攣而不行者 先生往鍼之 應時而愈 倅後因肅廟不豫 旁求醫術之士 乃薦焉 上聞而悅之 召赴闕下 方上道而鼎湖龍駕已莫及矣 睿祖以在藩邸時 素聞其名 遂屬籍禁闈 將用祿秩以縻之 先生於是迹出心隱 徘徊宮掖間 非其好也 … (『西河集』 5 逸齋記)

41) 앞의 註 40)을 참조하라.

의 후궁이던 은씨와의 관계 등으로 미루어 그리 여겨진다. 자연히 태자 예종을 보좌하는 입장에서 국왕의 중환과 같은 왕실의 일에도 수수방관하지만은 않았을 법하다. 이미 이중약의 의술을 잘 파악하고 있었을 은원충이, 태자이던 예종에게 어환御患을 치유할 적임자로서 그를 추천했다고 하여 하등 이상한 일은 아니었을 듯싶다. 예종이 잠저에서 이미 이중약의 이름을 들었었다는 기록으로[42] 미루어 그러했을 가능성이 높은 것으로 판단된다. 앞서 제시한 자료에서, 은원충이 이중약의 출사를 뒷받침하고자 월출산에 거처를 마련했었다는 내용도 거듭 상기할 만하다. 이중약의 관직 진출에 남다른 관심을 기울였음이 분명해 보이는 은원충의 입장에서, 숙종의 중환을 계기로 삼아 의술에 밝은 그를 추천하는 데 앞장서는 것은 얼마든지 있었을 법한 일이다.

임춘林椿은 「일재기」에서 은원충을 '음양술수陰陽術數' 곧 풍수도참이나 내세우는 수준 낮은 무리라며 깎아내리는 데 열심이었던 듯 여겨진다. 아마 글을 부탁한 이윤수李允修, 곧 이중약 아들의 입장이 그러하였던 데에도 일부 기인하였을 것으로 짐작된다.[43] 그것은 어쨌든, 그와 같은 글의 성격에 비추어 은원충이 설령 이중약의 출사에 개입하였더라도, 「일재기」에 그것이 사실대로 기록되었을 가능성은 낮아 보인다. 은원충 등

42) 앞의 註 40).

43) 妙淸 일파가 陰陽秘術로 평가받던 風水地理를 앞세워 西京에서 반란을 일으켰다 실패한 얼마 뒤인 明宗 5년(1175) 무렵에 「逸齋記」가 찬술되었음을 상기할 일이다.

이 이중약을 월출산으로 불러들여 그의 출사를 도모했던 일을 가리켜, "저 은원충의 무리가 기이한 술법으로 이중약을 꾀었다는 것은 족히 믿을 만한 게 못 된다"라 평가하던, 임춘의 태도로 미루어 헤아릴 수가 있는 일이다.[44] 「일재기」에서 임춘이 이중약의 중앙 진출을 고을 수령의 천거에 따른 일이었던 것으로 굳이 강변한 까닭이, 그러한 데 있었으리라는 것은 이를 나위가 없다. 비록 「일재기」에 이중약의 천거가 고을 수령에 의한 것이었음이 명시되었다고 하더라도, 이중약의 관직 진출에서 은원충이 나름의 역할을 수행하였을 가능성이 없지는 않은 것으로 판단하는 근거이다.

한편 은원충은 고려중기에 남경南京으로 천도할 것을 주장했던 인물 가운데 하나로 손꼽힌다. 은원충이 도선道詵의 설을 내세우며 예종에게 남경으로의 천도를 건의했다는 기록이 그것이다.[45] 그렇지만 은원충의 그러한 행적을 뒷받침할 만한 자료는 달리 전하지 않는다. 예종대에 남경 천도가 주장되었다거나 혹은 추진되었다는 증거도 찾아볼 수가 없다. 다만 예종 3년을 필두로 4회에 달하는 국왕의 남경 행행을 알리는 기사가 전할 따름이다.[46] 추정컨대, 앞서 김위제金謂磾가 숙종肅宗

---

44) … 達人之一行一止 皆繫盛衰於時耳 安肯制乎陰陽術數之間哉 彼元忠輩 自以爲用奇術而得鉤之者 亦無足取信矣 …(『西河集』 5 逸齋記)

45) 金謂磾 肅宗元年 爲衛尉丞同正 新羅末 有僧道詵 入唐 學一行地理之法而還 作秘記以傳 謂磾學其術 上書請遷都南京曰 … 於是 日者文象 從而和之 睿宗時 殷元中亦以道詵說 上書言之 (『高麗史』 122 列傳 35 方技 金謂磾傳)

46) 『高麗史』 12 睿宗 3년 9월 甲戌, 같은 책 13 睿宗 5년 閏8월 癸卯, 같은 책 14 睿宗 12년 8월 戊午, 같은 책 15년 2월 丙申. 예종의 남경 행행은 李丙燾, 『高麗時代의 研究』, 亞細亞文化社, 1980, 189쪽을 참고하라.

에게 건의해 이루어졌던 남경 건설 및 경영의 뜻을 계승하는 데 은원충이 앞장섰다는 정도의 의미가 담긴 것으로 이해하여 무난할 듯싶다.[47] 당시 은원충이 풍수지리에 밝은 인물로 인정되었음을 반영한 기록임이 틀림없어 보이거니와, 그리하여 그와 같은 은원충의 활동이 예종의 잦은 남경 행행에 하나의 배경으로 작용한 것은 아니었을까 추정되기도 한다.

은원충이 고려중기의 남경 건설 및 경영과 연계된 가운데 활동을 펼쳤음을 살폈다. 김위제와 매한가지로 풍수지리를 이용하여 왕실의 위상을 높이는 데 기여할 목적에서였을 것임은 이를 나위가 없다. 나아가 은원충은 예종대의 대여진정책對女眞政策과도 무관하지 않았다. 다음의 자료를 살펴보자.

> 내시지후內侍祗候 지녹연智祿延과 주부동정注簿同正 은원충殷元忠 그리고 사천소감司天少監 허신경許藎卿과 최자호崔資顥 등을 보내어 동계東界의 산천山川을 순시巡視토록 하였다.[48]

---

47) 은원충이 김위제와 더불어 숙종대의 남경 건설에 간여하였거나, 혹은 예종대의 서경 건설에 개입되었을 가능성도 없지는 않다. 한편 고려중기의 남경 설치 및 그 의미에 관해서는 다음의 연구를 참고하라.
李丙燾, 앞의 책, 1980. 崔惠淑, 『高麗時代 南京 硏究』, 경인문화사, 2004. 김창현, 『고려의 남경, 한양』, 신서원, 2006. 閔丙河, 「高麗時代의 漢陽」, 『鄕土서울』 32, 1968. 朴漢卨, 「高麗時代의 서울地方」, 『서울六百年史』 1, 1977. 權純馨, 「高麗 中期 南京에 대한 一考察」, 『鄕土서울』 49, 1990. 羅恪淳, 「고려시대 남경의 도시시설」, 『成大史林』 12·13합, 1997. 金甲童, 「고려시대의 南京」, 『서울학연구』 18, 2002. 이익주, 「고려시대 남경 연구의 현황과 과제」, 『도시역사문화』 3, 2005. 박종기, 「고려중기 남경 건설의 배경과 경영」, 『鄕土서울』 68, 2006. 윤경진, 「고려 문종 21년 南京 설치에 대한 재검토」, 『한국문화』 49, 2010.

48) 遣內侍祗候智祿延·注簿同正殷元忠·司天少監許藎卿·崔資顥等 巡視東界山川

예종이 즉위하던 해(1105)의 동계산천東界山川 순시巡視에 은원충이 참여하였다고 한다. 같은 해 10월 숙종이 홍거하고 예종이 즉위한 바로 다음 달의 일이었다.

당시 고려 조정은 여진족의 동태에서 뭔가 심상찮은 분위기를 감지하였던 듯싶다. 은원충 등을 파견하기 직전 서북면병마사西北面兵馬使 겸지중군병마사兼知中軍兵馬事와 동북면병마사東北面兵馬使 겸지행영병마사兼知行營兵馬事를 임명한 데 이어,[49] 다음 달에 동계가발병마사東界加發兵馬使와 판관判官을 임명하고 또한 곧장 동계행영병마사東界行營兵馬使를 비롯하여 지병마사知兵馬使·병마부사兵馬副使·별감別監·판관判官 및 분도장군分道將軍과 병마녹사兵馬錄事·군후軍候 등을 임명하였던 데서 짐작되는 일이다. 아울러 그러는 과정에서 예종이 재추를 불러 모아 동계 변경의 일을 하문하기도 하였다.[50] 구체적인 내용은 기록되지 않아 잘 알 수가 없지만 매우 긴박한 상황이었던 것만은 틀림없어 보인다. 그랬다가 이듬해 정월에서 3월에 걸쳐 동북계의 여진들이 잇달아 내조來朝·납관納款함에 이르러 동계가발병마사 등을 소환함으로써 사태가 일단 진정 국면에 접어들었던

(『高麗史』 12 睿宗 즉위년 11월 壬戌)

49) 以王嘏爲西北面兵馬使兼知中軍兵馬事 吳延寵爲東北面兵馬使兼知行營兵馬事 (같은 책 丁巳)

50) · 以右散騎常侍柳子維爲東界加發兵馬使 內侍祗候崔弘正爲判官 (같은 책 12월 壬申)
· 召宰樞于乾明殿 問東界邊事 (같은 책 乙亥)
· 以吳延寵爲東界行營兵馬使 金奇鑑知兵馬使 任申幸爲兵馬副使 林彦爲別監 金晙爲判官 智祿延·金仁碩爲長州分道 郭景諶爲宣德分道 庾翼·拓俊京·俞瑩若爲兵馬錄事 崔資顥·朴成正爲軍候 (같은 책 己卯)

것으로 여겨진다.[51)]

따라서 그처럼 상황이 긴박했던 시기에 문제된 지역의 산천을 순시하는 일이라면, 그것 역시 국방과 밀접하게 관계된 사안이었음이 거의 틀림없어 보인다. 당시 은원충과 함께 산천 순시에 나섰던 지녹연智祿延과 최자호崔資顥가, 위의 잇따른 인사 조치에서 각각 분도장군과 군후로 임명되어 군사력 동원에 참여하였던 데서도 짐작할 수가 있는 일이다.[52)] 저들 두 사람의 경우에 비추어 은원충 역시 그와 비슷한 행적을 보였을 가능성이 높으며, 그런 만큼 예종대 초반의 대여진정책에서 은원충이 나름의 역할을 담당하였을 것임을 미루어 헤아린다고 하여 크게 잘못은 아닌 듯 여겨지는 것이다.

마지막으로, 은원충의 앞서와 같은 일련의 행적에 비추어 그가 예종대 초반의『해동비록海東秘錄』찬집에도 간여하였을 개연성이 없지 않아 보인다. 다음의 자료를 살펴보자.

> 유신儒臣인 김연金緣·최선崔璿·이재李載·이덕우李德羽·박승중朴昇中 등 10여 사람에게 명하여, 태사관太史官과 더불어 장녕전長寧殿에 모여 여러 풍수지리가風水地理家의 서적을 모아서 그 같고 다름을 교정하고 번잡해 어지러운 것을 깎아 하나의 책

---

51) · 東蕃公牙等十人來朝 王引見于宣政殿 賜酒食例物 初林幹之出師也 酋長延盖使之訓等逆擊之 我師敗績 至是 之訓遣公牙來朝 王欲於正殿 備禮待之 雜端崔緯等奏 自古虜人之來 未嘗於正殿引見 請依舊制 待於便殿 從之 (같은 책 睿宗 元年 正月 辛亥)
· 東北面兵馬使奏 東女眞之訓 … 願至子孫 恭勤朝貢 (같은 책 3월 丁酉)
· 以東蕃納款 召還東界加發兵馬使金德珍·副使任申幸 (같은 책 丁未)

52) 위의 註 50)을 참조하라.

을 만들게 하고는, 『해동비록海東秘錄』이라 이름하였다.[53]

예종의 명에 의해 『해동비록海東秘錄』이 편찬되었는데, 여러 계통으로 다양하게 전해오던 풍수지리 관련 서적들을 모아 정리하여 하나의 책으로 엮었다고 한다.[54] 아마도 고려왕실에 유리하도록 이론화한 풍수지리설을 정설로 내세우는 국정國定 풍수지리서風水地理書였을 터이려니와, 그리하여 왕실 내지는 국왕의 위엄을 신성불가침의 지위로 드높이려는 의도의 산물이었을 것임은 이를 나위가 없다.

그런데 위의 사료에는 은원충이 나타나지 않는다. 은원충이 『해동비록』의 편찬에 간여하였음을 보여주는 증거가 달리 전하는 것도 아니다. 다만 은원충이, 앞서 언급하였던 것처럼, 풍수지리에 밝은 인물로 널리 인정받았으며 더불어 예종과도 밀착된 관계였음에 비추어, 그러했을 가능성마저 부정하기는 어려울 듯 여겨지기도 한다. 예종의 깊은 관심 속에 추진되었을 『해동비록』 편찬사업의 성격으로 미루어, 은원충이 그와 무관하였을 법해 보이진 않는다. 사서에 거명될 만큼 편찬사업을 대표하는 고위관직자 중에 들지는 못했지만, 하위의 실무진 가운데 하나로서 은원충을 떠올리는 게 마냥 불가능하지만은 않을 듯 여겨진다.

---

53) 命儒臣金緣·崔璿·李載·李德羽·朴昇中等十餘人 與太史官 會長寧殿 集地理諸家書 校同異 刪其繁亂 編爲一書 名海東秘錄 (『高麗史節要』 7 睿宗 元年 3월)

54) 李丙燾, 앞의 책, 1980, 177쪽. 본문에 인용한 사료와 유사한 내용이 『高麗史』 12 睿宗 元年 3月 丁酉 및 같은 책 96 金仁存傳에도 전한다.

은원충이 중앙으로 진출하기에 이른 경위 및 그 후의 활동을 더듬었다. 그런데 위에서 살핀 은원충의 행적이 대체로 예종과 밀착된 가운데 왕권을 옹호하고 강화하는 방향으로 이어졌음이 눈에 띈다. 가령 은일하던 처사 은원충이 태자인 예종과 연결되어 중앙으로 진출하였다든지, 혹은 이후 그가 예종의 측근에서 이중약을 천거하고, 남경 경영과 대여진정책의 추진에 간여하며, 『해동비록』의 편찬에 참여한 일 등이 모두 그러하였다. 이중약 및 그와 연결되는 도교가 국왕의 권위를 높이는 데 기여하였으며,[55] 더불어 숙종·예종대의 남경 건설과 경영[56] 및 대여진정책 추진이[57] 왕권을 강화하려는 의도에서 추진되었음은 널리 인정되는 바이다. 『해동비록』의 편찬 역시 그와 매한가지 속셈에서였으리라는 것은 위에서 말한 대로이다. 중앙으로 진출한 은원충의 활동이, 국왕의 권위를 높이고 왕권을 강화하는 데 기여하는 방향으로 펼쳐졌으며, 그리하여 궁극적으로는 예종대의 이른바 정치개혁과도[58] 무관

55) 위의 註 5)의 연구를 참조하라.

56) 위의 註 47)의 연구를 참조하라.

57) 鄭修芽, 「尹瓘勢力의 形成」, 『震檀學報』 66, 1988. 金塘澤, 「高麗 肅宗·睿宗代의 女眞征伐」, 『全海宗博士八旬紀念論叢』, 2000; 「숙종·예종대의 여진정벌」, 『고려 양반국가의 성립과 전개』, 전남대학교출판부, 2010. 秋明燁, 「11世紀後半~12世紀初 女眞征伐 問題와 政局動向」, 『韓國史論』 45, 2001.

58) 예종대를 전후한 고려중기의 정치개혁을 다룬 글은 많지만, 여기에서는 다음의 연구를 주로 참고하였다.
盧明鎬, 「李資謙一派와 韓安仁一派의 族黨勢力」, 『韓國史論』 17, 서울대 국사학과, 1987. 鄭修芽, 「尹瓘勢力의 形成」. 鄭修芽, 「高麗中期 改革政策과 그 思想的 背景 -北宋 新法의 수용에 관한 一試論-」, 『水邨朴永錫教授華甲紀念 韓國史學論叢』, 1992. 서성호, 「숙종대 정국의 추이와 정치세력」,

하지 않았음을 미루어 헤아릴 수가 있는 것이다.

나름의 명성 속에서 은일의 삶을 즐기던 은원충이 예종과의 연고에 힘입어 중앙으로 진출하였으며, 이후 예종의 측근에서 정치개혁에 참여하면서 왕권을 옹호하는 활동을 펼쳤음을 검토하였다. 이제 은원충의 행적을 더듬는 가운데 드러난 그의 사상적 취향을 종합해 정리하면서 그 함의를 음미할 차례이거니와, 그에 관해서는 자리를 달리하여 살피도록 하겠다.

Ⅳ. 殷元忠의 사상 경향과 그 의미

은원충의 사상 경향 가운데 첫째로 주목되는 것이 도가적 취향이다. 처사의 용례로 미루어 무등산처사 은원충에게 도가적 삶을 지향하는 측면이 있었으며, 그것이 이자현이나[59] 이중약과 같은 동시대의 인물들과 교유하는 속에서 추구되었을

『역사와 현실』 9, 1993. 박종기, 「예종대 정치개혁과 정치세력의 변동」, 같은 책. 오영선, 「인종대 정치세력의 변동과 정책의 성격」, 같은 책. 鄭修芽, 「高麗中期 對宋外交의 재개와 그 의의 -北宋 改革政治의 受容을 중심으로-」, 『國史館論叢』 61, 1995. 金秉仁, 「高麗 睿宗代 韓安仁勢力의 性格」, 『全南史學』 11, 1997. 蔡雄錫, 「12세기초 고려의 개혁 추진과 정치적 갈등」, 『韓國史研究』 112, 2001. 김창현, 「고려중기 예종·인종의 통치와 관료집단의 성격」, 『韓國人物史研究』 8, 2007. 蔡雄錫, 「고려 예종대 道家思想·道教 흥기의 정치적 성격」, 『韓國史研究』 142, 2008. 김당택, 「문종-인종조 인주이씨의 정치적 역할」, 『고려 양반국가의 성립과 전개』, 전남대학교출판부, 2010.

59) 李資玄이 禪에 탐닉하면서도 道家思想을 바탕으로 은둔적인 태도를 취하였음에 관해서는, 崔柄憲, 앞의 논문, 1983, 954-957쪽을 참고하라.

것임은 이미 언급한 바와 같다. 그런데 은원충의 그러한 도가적 지향에 눈길이 가는 것은, 무엇보다 그것이 이중약과 연관된 가운데 좇아 구해졌다는 점에서이다. 이중약은 은원충의, "이 산에 도道의 기운이 있는데 반드시 이인異人이어야만 그에 응하리니, 그대라야 가히 진리를 닦는 장소로 삼을 만하다"라고 하는 제안을 받아들여,[60] 월출산으로 옮겨가 도가적 수양생활을 지속하였다고 한다. 은원충이 말하는 '도의 기운[道氣]'이라든지 '진리[眞]'의 의미를 충분히 수긍한 위에서, 이중약은 그것을 닦는 '이인'으로 자신을 지목하는 데 동의하였을 터이다. 이중약의 도가적 경향이 은원충의 그것과 상통하거나 그에 근접하는 것이었음을 감지할 수가 있다.

널리 알려진 바와 같이, 이중약은 송의 도교를 받아들여 고려중기 교단도교敎團道敎의 성립을 이끌었던 것으로 이름이 있다. 고려 도교에 새로운 기풍을 불어넣음으로써 한국노교사의 신국면을 개척하였다는 평가를 받는 인물이다.[61] 그런데 이중약의 그러한 도가사상에 근접하거나 혹은 그와 상통한 이가 은원충이었다. 이중약의 경우에 비추어, 은원충의 도가적 지향 역시 고려중기 도교의 새로운 전개와 무관하지 않았을 것임을 예상할 수가 있다.

이중약은 송에 들어가 도교를 익히고 돌아와 고려에 교단도교를 성립시켰다. 한데 은원충과 이중약의 교유는 그 전의 일

60) … 遂斬茅築室於其上 乃邀致之曰 此山有道氣 必異人然後應之 君可以爲修眞之所乎 先生未知其計 欣然從之 旣至 以所居爲逸齋 … (『西河集』 5 逸齋記)
61) 위의 註 5)의 논문을 참고하라.

이었다. 고려중기 교단도교의 성립과 은원충을 연결시키는 데 반대하는 의견이 나올 수도 있을 법한 대목이다. 그렇지만 이중약의 도가사상이 애초에 송의 도교와 거리가 멀었다면, 그가 입송유학하여 새로운 도교를 받아들이는 일에 나서거나 혹은 그리하도록 선발되었을 이유가 없어 보인다. 입송 이전의 이중약과 교유하던 은원충의 경우도 그와 달랐을 까닭이 없다. 입송 이전, 곧 은원충과 교유하던 시기 이중약의 도가사상이 송의 그것과 상통하였을 가능성이 높으며, 그런 만큼 은원충의 도가적 지향 역시 그와 거리가 멀지 않았던 것으로 이해함이 온당해 보인다. 그렇지 않다고 하더라도, 이중약과 은원충이 자못 밀착된 관계였음에 비추어, 무등산처사 은원충의 도가적 취향이 이중약의 교단도교와 최소한 무관하지만은 않았으리라는 추정은 가능할 것으로 판단된다. 은원충의 도가적 취향과 고려 교단도교의 성립을 전혀 무관한 일로 치부할 수만은 없어 보이며, 이중약의 경우에 비견될 정도는 아니라 하더라도, 은원충 역시 고려중기 도교의 새로운 기풍 진작에 나름의 기여를 하였던 것으로 이해함이 온당할 듯 여겨지는 것이다.

나아가 고려중기 도교에 나타나는 그와 같은 새로운 기풍이라든지 혹은 그것을 주도한 이중약 등이, 이미 밝혀진 바이지만, 예종대의 왕권강화정책 내지 정치개혁과 연관된 사실도 잊을 수가 없다.[62] 은원충의 경우 그 행적이 구체적으로 드러

62) 위의 註 5) 및 58)의 논문을 참고하라.

나지 않아 확언할 수는 없지만, 만약 생존해 중앙에서 활약 중이었다면 그 역시 그러한 정치적 형세의 전개와 무관하지는 않았을 것으로 이해하여 무방할 듯 여겨진다.[63)]

둘째, 은원충은 풍수지리사상에 조예가 깊은 인물이었다. 그가 도선道詵의 설을 앞세워 남경으로의 천도를 건의하였다는 기록이 그 현저한 증거이다.[64)] 따라서 은원충은 『해동비록海東秘錄』의 찬집에도 간여하였을 가능성이 없지 않았다. 여러 계통으로 다양하게 전해오던 풍수지리 관련 서적들을 모아 고려 왕실의 권위를 높이는 방향으로 그 내용을 정리하였을 것으로 여겨지는, 이를테면 일종의 국정國定 풍수지리서風水地理書가 곧 『해동비록』이었다. 그리고 그처럼 풍수지리 이론을 고려의 현실에 맞춰 정비하고 적용하려는 노력, 다시 말해 고려중기 들어 풍수지리사상에 새로운 바람을 불어넣으려는 그러한 국가적인 사업에 은원충이 참여하였을 가능성을 외면하기 어렵다. 고려 풍수지리사상의 새로운 전개에 은원충이 나름의 방식으로 이바지하였을 것임을 예감케 하는 대목이다. 아울러 풍수지리 전문가로서 은원충의 그와 같은 활동이 예종대의 국왕중심 정치개혁과도 연계된 가운데 이뤄졌으리라는 사실 역시 평가되어 마땅할 것이다.

마지막으로, 은원충은 불교와의 연고도 얕지 않은 인물이었다. 우선, 그와 교분을 나누던 이자현이 고려중기에 소위 거사

63) 은원충의 생몰연대가 불분명하여 예종초 이후로는 그의 생존 여부마저 알 수가 없는 실정이다.

64) 李丙燾, 앞의 책, 1980, 189쪽.

불교居士佛敎가 대두하고 선종禪宗이 부흥하는 데 깊숙이 간여하였음에 비추어, 은원충 역시 그와 무관하지만은 않았을 것임을 예상할 수가 있다. 나아가 사굴산문闍崛山門 소속의 지인之印이라든지 그 스승 담진曇眞과의 관계 등으로 미루어, 각별히는 사굴산문과의 연고 속에서 은원충이 선종의 부흥에 관여되었을 것임을 헤아려 봄직하다. 한편 무등산처사 은원충과 교유하던 쌍봉사의 선승 익종翼宗이 의천義天의 천태종天台宗 개창에 참여하였으리라는 지적에 따르면,[65] 은원충은 천태종의 성립에도 개입되었을 가능성이 없지 않다. 역시 은원충과의 교유가 점쳐지는 앞서의 담진이 선교융회적禪敎融會的이며[66] 또한 의천과 밀착된 선승이었다든지[67] 혹은 之印이 '겸해교관兼該敎觀'하였다던 기록[68] 등을 떠올리면, 은원충 역시 의천의 천태종과 어떤 식으로든 관련되었을 가능성이 높아 보인다.

주로 선종계열에 한정되기는 하지만 은원충이 불교계와도 상당한 교분을 맺은 가운데 활동하였음을 헤아릴 수가 있으며, 더욱이 거사불교의 대두라든지 혹은 선종 사굴산문의 부흥 및 천태종의 개창 등과 같은, 고려중기 불교계에서 거세게 일던

---

65) 李炳熙, 「雙峯寺의 연혁」, 『雙峯寺』, 木浦大博物館·和順郡, 1996, 15-16쪽. 변동명, 앞의 논문, 2009, 13-14쪽.

66) 金相永, 「高麗 睿宗代 禪宗의 復興과 佛敎界의 變化」, 『淸溪史學』 5, 1988, 71-74쪽. 金相永, 「高麗 中期의 禪僧 慧照國師와 修禪社」, 『李箕永博士古稀紀念論叢 佛敎와 歷史』, 1991, 375쪽.

67) 鄭修芽, 「慧照國師 曇眞과 '淨因髓'」, 『李基白先生古稀紀念 韓國史學論叢』 (上), 一潮閣, 1994, 630-635쪽.

68) … 師器識宏遠 禪學外 兼該敎觀 又善屬文 … (『高麗墓誌銘集成』 (제5판, 한림대 출판부, 2012), (僧) 王之印 墓誌銘, 169쪽)

신사조新思潮의 부각에도 은원충이 두루 연관되었음을 간취할 수가 있다. 더불어 은원충의 그와 같은 활동이, 의천의 경우에서 드러나듯이, 대체로 왕실을 옹호하고 국왕의 권위를 높이는 방향으로 이어졌으리라는 사실 역시 놓치지 말아야 할 부분이다.

은원충이 고려중기의 도교와 풍수지리 및 불교에서 새로운 기풍이 일도록 고취하는 일에 고루 연계되었음을 살폈다. 은원충이 활동하던 11세기말~12세기초는 사상적으로 특이한 면모를 보이던 시기였다.[69] 유교의 경우 사학이 번성하는 한편에서 관학을 진흥하려는 노력이 경주되었으며, 그러는 가운데 성리학적인 맹아가 싹틀 조짐을 보이기도 하였다. 불교에서는 화엄종과 법상종이 크게 융성하는 가운데 천태종이 성립하고 거사불교가 대두하였으며, 더불어 선종이 부활의 날갯짓을 시작하였다. 도교는 복원궁福源宮을 창건하는 등 체제를 정비하여 전통 도교를 벗어나 새로이 교단도교를 지향하였으며, 풍수지리설 또한 기왕의 다기한 견해를 모아 새롭게 정리함으로써 전환을 채비하였다. 어느 사상 혹은 종교를 막론하고 새로운 기풍이 거세게 일던 시기였거니와, 그러한 시기에 은원충은 유교를 제외한 여러 종교·사상에서의 신사조 대두와 두루 연관된 가운데 활동한 인물이었다.

한편 고려중기 사상계에 나타나는 그러한 움직임의 배경으로는, 흔히 정치적 주도권을 둘러싼 정치세력 사이의 갈등을

69) 金澈雄, 앞의 논문, 1995, 125쪽. 蔡雄錫, 앞의 논문, 2008, 136쪽 註 123).

상정하는 게 보통이다. 유교적 정치이념을 내세우며 정치를 이끌던 문신과, 그에 대항하여 불교나 풍수지리에 더욱 의지하며 국왕의 정치적 주도권 행사를 추구하던 국왕 및 그 측근세력이 곧 그것이었다. 그리고 그러한 둘 가운데 대체로 후자가 위에서와 같은 신사조의 등장과 연계되거나 혹은 그 후원자였던 것으로 이해들을 한다.[70] 은원충 역시 그와 같은 국왕 측근세력에 포함시켜 이해해 마땅한 인물이라는 의미이거니와, 고려중기 신사조의 등장에 은원충이 두루 연계된 사실이 지니는 정치적 의미를 그러한 데에서 찾아야 할 것임은 이를 나위가 없다.

은원충이 유교를 제외한 도교와 풍수지리 및 불교에서의 신사조 대두에 두루 개입되었으며, 그것이 고려중기 국왕 중심의 정치개혁과 연계된 가운데 이뤄졌을 것임을 검토하였다. 은원충은 고려왕조 하의 정규적인 교육에서 비교적 일찍이 멀어진 가운데 은일의 길을 걸은 인물이었다. 실제로 유교적인 소양을 갖추었느냐의 여부와는 무관하게, 그는 비유교적非儒教的인 삶을 추구하며 은일을 선택한 가운데 무등산에 묻힌 초야의 일개 학인에 지나지 않았다. 그러던 그가 이자현의 청평산 은일 및 이중약의 월출산 이거 수행과 출사 등에 영향을 미치는 가운데, 중앙에 진출해서는 궁극적으로 거사불교의 대두와 선

70) 김당택, 「국왕과 문신의 갈등」, 『우리 한국사』(개정판), 푸른역사, 2006, 131-134쪽. 한편 국왕 지지세력 내에서 다시 측근세력과 왕권의 안정을 지지하면서도 측근정치라든지 왕권의 전제화 가능성을 경계하는 부류의 차이를 부각시키는 등, 다양한 정치세력의 존재를 강조하는 견해에 관해서는, 蔡雄錫, 앞의 논문, 2001, 40-59쪽을 참고하라.

종의 부흥 및 교단도교의 성립과 풍수지리사상의 정비 등에 개입됨으로써, 고려중기 들어 신사조新思潮의 기풍이 경쟁적으로 고개를 들며 분출하도록 분위기를 형성하는 데 기여하였다. 지방지식인으로서 중앙 사상계의 변혁적인 전환의 움직임에 두루 간여한 보기 드문 사례라는 점에서, 은원충의 사상적 경향은 주목에 값하지 않을까 헤아려지는 것이다.[71)]

V. 맺음말

11세기말에서 12세기초를 살아간 초야草野의 한 학인學人을 검토하였다. 무등산無等山 일원에서 은일의 삶을 즐기다 국왕의 부름을 받아 중앙으로 올라가 활동한 처사處士 은원충殷元忠의 행적을 살피고, 더불어 그러는 가운데 드러난 그의 사상 경향과 그 의미를 더듬었다. 고찰한 결과를 요약하여 맺음말에 가름한다.

71) 은원충은 지방지식인으로서 중앙 사상계의 신기풍 진작에 기여하였다. 고려중엽 들어 지방의 문화적 역량이 중앙에 영향을 끼칠 만큼 성장하였음을 보여주는 하나의 증좌라 일러 지나치지 않아 보인다. 일반적으로 고려시기 지방의 문화적 역량이 비약적으로 성장하는 계기로서 흔히들 무신난과 그에 이은 중앙지식인의 낙향을 꼽곤 한다. 그렇지만 은원충의 사례에서 드러나듯이 무신난 한참 이전에 벌써 지방지식인의 성장은 괄목할 만하였으며, 그러한 바탕 위에서 무신난 이후 중앙지식인을 받아들여 그 역량을 한층 증대시켜갔고, 그리하여 무인정권시기에 지방세력이 활발하게 중앙으로 진출할 수 있는 발판을 다져갔다는 게 올바른 이해가 아닌가 여겨지는 것이다.

무등산처사 은원충은 국왕의 부름을 받기 전에 벌써 지방과 중앙에서 제법 이름을 떨친 인물이었다. 가야산에 들어가 수행 중이던 이중약李仲若으로 하여금 월출산으로 옮겨가 도가적道家的 수양을 지속하도록 그가 유도하였다든지, 혹은 관직생활을 하던 이자현李資玄이 마침내 청평산 문수원에서 은일의 삶을 누리기로 결정하는 데 그가 영향을 미쳤다는 기록 등이 그러한 증거였다. 또한 은원충은 도가道家와 풍수지리風水地理 그리고 불교佛敎 등과 두루 연결된 삶을 누린 인물이었다. 처사라 불리며 이자현이나 이중약과 연계를 맺었던 데서 그의 도가적 취향이 드러나는 것은 물론이고, 도선道詵의 설을 앞세워 예종에게 남경 천도를 권유하였다는 기록에서는 풍수지리 전문가로서의 그의 명성이, 그리고 선승 익종翼宗 및 이자현과의 교유에서는 그가 불교계와도 교분을 맺었던 사실 등이 각각 확인된다. 고려중기에 비유교적非儒教的인 삶을 지향하며 은일을 선택한 가운데 무등산에 묻힌 초야의 학인으로서, 지방과 중앙에 그 이름을 알린 이가 곧 무등산처사 은원충이었다.

무등산처사 은원충은 나름의 명성을 바탕으로 숙종肅宗의 부름을 받아 중앙으로 진출하였다. 고려중엽 중앙에서 활동하던 한두 은씨殷氏들, 각별히는 태자시절 예종睿宗의 후궁이던 은씨와의 연고가 주요한 배경이었다. 개경에 올라간 은원충은 예종과 밀착된 가운데, 이중약을 천거하여 그의 출사에 도움을 주며, 남경 건설과 경영 및 대여진정책에서 일정한 역할을 담당하고, 더불어 『해동비록』의 편찬에도 간여하였을 가능성이 있는 등, 왕권을 옹호하고 강화하는 방향에서 활동하였다.

예종과의 연고에 힘입어 중앙으로 진출하였으며, 이후 예종의 측근에서 정치개혁에 참여하여 왕실을 옹호하고 국왕의 정치적 주도권을 강화하는 데 기여하였다.

무등산처사 은원충은 도가적 삶을 지향하였다. 그리고 이중약과의 밀착된 관계에서 짐작할 수 있는 것처럼, 그것은 결과적으로 고려 교단도교教團道教의 성립을 예비하는 일이기도 하였다. 이중약의 경우와 같이 직접적이지는 않지만, 은원충은 고려중기 도교에서 새로운 바람이 이는 데 나름의 기여를 한 인물이었다. 더불어 풍수지리에 조예가 깊었던 그는, 고려 풍수지리사상의 새로운 전개에도 간여하였을 가능성이 높았다. 나아가 불교계와의 교분을 통해 거사불교가 대두하고 선종이 부흥하며 천태종이 개창하는 데 연계됨으로써, 은원충은 고려중기 불교계에서 신사조가 대두하는 것과 무관하지 않은 인물이기도 하였다. 은원충의 그러한 활동이 궁극적으로 국왕 중심의 정치개혁을 뒷받침하는 방향에서 진행된 사실도 또한 그냥 지나쳐서는 안 될 대목이었다.

은원충은 고려왕조 하의 정규적인 교육에서 일찍이 멀어진 채 은일의 삶을 선택한 인물이었다. 초야의 일개 학인으로서, 고려중기 들어 신사조의 기풍이 경쟁적으로 고개를 들고 분출하는 데 기여하였다. 비유교적非儒教的 성향의 지방지식인으로서, 중앙의 사상계에서 변혁적인 전환의 움직임이 일도록 고취하는 데 두루 간여한, 보기 드문 인물이 곧 은원충이었다.

참고문헌

〈문헌〉

『高麗史』, 『高麗史節要』, 『世宗實錄』, 『新增東國輿地勝覽』, 『東文選』, 『西河集』, 『破閑集』, 『補閑集』, 『靑邱氏譜』, 『朝鮮寺刹史料』, 『高麗墓誌銘集成』, 『大漢和辭典』.

〈논문〉

E. J. Shultz, 「韓安仁派의 登場과 그 役割」, 『歷史學報』 99·100, 1983.

權純馨, 「高麗 中期 南京에 대한 一考察」, 『鄕土서울』 49, 1990.

金甲童, 「고려시대의 南京」, 『서울학연구』 18, 2002.

金塘澤, 「高麗 肅宗·睿宗代의 女眞征伐」, 『全海宗博士八旬紀念論叢』, 2000; 「숙종·예종대의 여진정벌」, 『고려 양반국가의 성립과 전개』, 전남대학교출판부, 2010.

金塘澤, 「高麗 仁宗朝의 西京遷都·稱帝建元·金國征伐論과 金富軾의 《三國史記》 편찬」, 『歷史學報』 170, 2001; 같은 책.

김당택, 「국왕과 문신의 갈등」, 『우리 한국사』(개정판), 푸른역사, 2006.

김당택, 「문종-인종조 인주이씨의 정치적 역할」, 『고려 양반국가의 성립과 전개』, 전남대학교출판부, 2010.

金秉仁, 「高麗 睿宗代 道敎 振興의 배경과 추진세력」, 『全南史學』 20, 2003.

金秉仁, 「高麗 睿宗代 韓安仁勢力의 性格」, 『全南史學』 11, 1997.

金相永, 「高麗 睿宗代 禪宗의 復興과 佛敎界의 變化」, 『淸溪史學』 5, 1988.

金相永, 「高麗 中期의 禪僧 慧照國師와 修禪社」, 『佛敎와 歷史』(李

箕永博士 古稀紀念論叢), 1991.
김창현, 「고려중기 예종·인종의 통치와 관료집단의 성격」, 『韓國人物史研究』 8, 2007.
김창현, 『고려의 남경, 한양』, 신서원, 2006.
金澈雄, 「高麗中期 道教의 盛行과 그 性格」, 『史學志』 28, 1995.
김철웅, 「고려중기 李仲若의 생애와 도교사상」, 『韓國人物史研究』 14, 2010.
羅恪淳, 「고려시대 남경의 도시건설」, 『成大史林』 12·13합, 1997.
南仁國, 「새로운 政治勢力의 登場과 新統治秩序의 確立」, 『고려중기 정치세력 연구』, 新書苑, 1999.
盧明鎬, 「李資謙一派와 韓安仁一派의 族黨勢力」, 『韓國史論』 17, 1987.
閔丙河, 「高麗時代의 漢陽」, 『鄕土서울』 32, 1968.
박종기, 「고려중기 남경 건설의 배경과 경영」, 『鄕土서울』 68, 2006.
박종기, 「예종대 정치개혁과 정치세력의 변동」, 『역사와 현실』 9, 1993.
朴漢卨, 「高麗時代의 서울地方」, 『서울 六百年史』 1, 1977.
변동명, 「신라말·고려시기의 和順 雙峯寺」, 『歷史學研究』 37, 2009.
徐景洙, 「高麗의 居士佛教」, 『崇山朴吉眞博士華甲紀念 韓國佛教思想史』, 1975.
서성호, 「숙종대 정국의 추이와 정치세력」, 『역사와 현실』 9, 1993.
梁銀容, 「高麗道教の福源宮について」, 『學術論文集』 11, 朝鮮奬學會, 1981.
梁銀容, 「福源宮 建立의 歷史的 意義」, 『道教와 韓國文化』, 亞細亞文化社, 1988.
오영선, 「인종대 정치세력의 변동과 정책의 성격」, 『역사와 현실』

9, 1993.

윤경진, 「고려 문종 21년 南京 설치에 대한 재검토」, 『한국문화』 49, 2010.

李丙燾, 「高麗中期의 儒學」, 『韓國儒學史』, 亞細亞文化社, 1987.

李丙燾, 「肅宗과 南京 再建」, 『高麗時代의 硏究』, 亞細亞文化社, 1980.

李丙燾, 「睿宗朝의 地理秘錄의 編纂과 龍堰宮 創起 및 其他」, 『高麗時代의 硏究』, 亞細亞文化社, 1980.

李炳熙, 「雙峯寺의 연혁」, 『雙峯寺』, 木浦大博物館·和順郡, 1996.

이익주, 「고려시대 남경 연구의 현황과 과제」, 『도시역사문화』 3, 2005.

李鍾殷·梁銀容·金洛必, 「高麗中期 道敎의 綜合的 硏究」, 『道敎思想의 韓國的 展開』, 亞細亞文化社, 1989.

鄭修芽, 「高麗中期 改革政策과 그 思想的 背景 -北宋 新法의 수용에 관한 一試論-」, 『水邨朴永錫敎授華甲紀念 韓國史學論叢』, 1992.

鄭修芽, 「高麗中期 對宋外交의 재개와 그 의의 -北宋 改革政治의 受容을 중심으로-」, 『國史館論叢』 61, 1995.

鄭修芽, 「尹瓘勢力의 形成」, 『震檀學報』 66, 1988.

鄭修芽, 「慧照國師 曇眞과 '淨因髓'」, 『李基白先生古稀紀念 韓國史學論叢』(上), 1994.

車柱環, 「高麗의 道敎思想」, 『韓國道敎思想硏究』, 1978(1983재판), 서울大學校出版部.

蔡雄錫, 「12세기초 고려의 개혁 추진과 정치적 갈등」, 『韓國史硏究』 112, 2001.

蔡雄錫, 「고려 예종대 道家思想·道敎 흥기의 정치적 성격」, 『韓國史硏究』 142, 2008.

崔柄憲, 「高麗中期 李資玄의 禪과 居士佛敎의 性格」, 『金哲埈博士華甲紀念史學論叢』, 1983.

崔惠淑, 『高麗時代 南京 硏究』, 경인문화사, 2004.

秋明燁, 「11世紀後半～12世紀初 女眞征伐 問題와 政局動向」, 『韓國史論』 4, 2001.

許興植, 「高麗中期 禪宗의 復興과 看話禪의 展開」, 『奎章閣』 6, 1982; 「禪宗의 復興과 看話禪의 展開」, 『高麗佛敎史硏究』, 一潮閣, 1986.

무등산 일원의 전통적 수리체계(水利體系)

이옥희

Ⅰ. 머리말

무등산은 넉넉한 품만큼이나 크고 작은 계곡들을 품고 있다. 정상부의 계곡에는 물이 보이지 않지만 산 중턱부터는 지하로 스며든 물들이 솟아나면서 계곡이 풍성해진다.[1] 이 계곡들은 무등산의 산록이 품어온 물을 산 아래의 평야지대로 흘려보낸다. 무등산에서 발원한 물줄기는 증심계곡을 따라 광주 도심으로 흘러 광주천과 합류하거나, 무등산의 북쪽으로 광주와 담양의 사이를 흐르는 증암천으로 합류하기도 하고, 무등산의 남쪽 사면을 흐르는 물줄기는 장복천과 이서천을 지나 동복천이나 화순천으로 합류되어 흐르기도 한다.[2] 무등산을

* 이 글은 「물대기와 관련한 전통적 농업기술과 농경문화의 양상」(『무형유산』 4호, 국립무형유산원, 2018년)을 수정·보완한 것이다.

1) 박철웅, 「무등산의 자연과 지형」, 『이야기로 만나는 무등산국립공원 문화자원』, 국립공원공단 무등산국립공원사무소, 2020, 40쪽.

배경으로 살아가는 사람들은 이 물줄기를 끌어 봇도랑과 보를 만들어 논농사에 활용했다. 구체적인 예로 1910년대 자료인 「수리水利에 관한 구관舊慣」[3]에서 광주천 조탄보棗灘洑에 보계洑契가 꾸려져 운영되었음을 확인할 수 있다.[4]

이 글에서는 무등산 일원 마을인 화순군 이서면 영평리 영신마을과 인계리 용강마을, 야사리 야사마을을 대상으로 전통적인 수리체계水利體系의 양상을 살피고자 한다. 수리체계는 홍수와 가뭄으로 인한 피해를 막고 농작물을 안전하고 풍요롭게 수확하기 위한 관개灌漑, 배수排水, 치산치수治山治水 체계를 뜻한다. 수리체계는 수리에 관한 시설뿐만 아니라 이와 관련된 기술, 도구, 조직, 민속 등 오래도록 축적되어 온 전통지식을 포함한다.

우리나라의 농지환경은 지리적 또는 기상학적 조건으로 보아 자연적인 혜택을 받고 있기는 하나 벼농사 위주의 농경방식을 취하고 있으므로 영농기간 중의 수리 조건이 풍흉을 좌우하는 절대적인 요인이 되어왔다. 따라서 농업용수 개발은 우리나라 농업에서 가장 중요한 위치를 점하고 있다 하여도

2) 배재훈, 「무등산의 물」, 『12가지 테마로 보는 무등산 백과사전 무등산 생태박물관』, 광주광역시 광주정보문화산업진흥원, 2016, 82-85쪽.

3) 중추원조사자료, 「水利에 관한 舊慣」, 국사편찬위원회, 한국사데이터베이스.

4) "…굉탄보는 물을 가을, 겨울 두 두계절에 이미 서술한 광주군 서방면 경양제에 끌어다 모아 두었다가, 봄, 여름 두 계절에 해당 보 및 제 사이에 있는 수전에 몽리를 한다. 굉탄보의 수축은 가을에는 경양제 몽리자가 담당하고, 봄에는 해당 보의 몽리자가 맡았다. 보의 물은 봄과 가을에 따라 관리하는 사람이 달랐는데, 굉탄보 보계는 즉 봄에 제방 쌓기를 위해 생겨난 것이다.…"

과언이 아니다. 우리나라 농업용수 시설은 일반적으로 하천표류수를 이용하는 양수장과 보洑, 유출수를 저축하는 저수지貯水池, 복류수伏流水를 집수·양수하는 집수암거集水暗渠, 지하수를 이용하는 관정管井 등으로 구분되고 있다.[5] 이 중에서 가장 역사가 오래된 농업용수 시설은 하천표류수를 이용하는 '보'라고 할 수 있는데, 저지대 평야 지역을 흐르는 하천표류수 뿐 아니라 산골짜기 주변을 흐르는 계곡물도 이에 포함된다.

본고에서 연구대상으로 삼은 마을들은 무등산에 인접한 산간지역에 해당된다. 산간지역의 경우 대부분의 논들은 수리불안전답인 천수답天水畓 등으로 분류되는 경우가 많다. 이런 곳은 비록 저지대 평야지역만큼 대규모 수리시설들을 갖추고 있지는 못한다 하더라도 나름의 독특한 수리시설과 수리체계가 존재한다. 산간지역의 농지는 심각한 한발이나 홍수 등 기상이변에서는 오히려 저지대 평야지역 보다 상대적으로 더 안정적인 경우도 있을 수 있다. 이는 지리적으로 보아 지대가 높아 침수의 위험이 적고, 많은 수량은 아니지만 사철 흐르는 계곡의 개울물과 논 주변에서 솟는 물이 있어 심각한 한발을 면할 수 있다는 장점이 있기 때문이다. 계곡에서 흐르는 물을 막아 보를 만들고 거기서 봇도랑을 내어 논으로 물을 쉽게 이끌 수 있다. 바로 이러한 점들로 인해 저지대 평야지역보다는 산간계곡 지역이 훨씬 이른 시기부터 벼농사가 성한 곳이라는 주장이 제기되기도 한다.[6]

---

5) 한국농업기술사 편찬위원회, 『한국농업기술사』, 편찬위원회, 1983, 95쪽.

이 글에서는 무등산 일원에서 무위자연無爲自然의 상태에 있는 계곡물, 하천물을 농업용수로 활용하기 위해 무등산 인근의 마을 사람들이 일구어낸 인위농경人爲農耕의 양상을 농업기술적 측면, 사회문화적 측면으로 구분하여 살피고자 한다. 농업용수와 관개시스템에 관한 선행 연구가 많지만[7] 이글에서는 민속학적 시각으로 접근한 배영동과 김재호의 논의[8]에서 많은 시사점을 얻었음을 밝혀둔다.

'무등산 봇도랑과 다랑이논'은 2010년대에 들어서면서 전통적인 농경방식, 수리시스템의 측면에서 주목되었으며 화순군과 '영평마을 농업유산 봇도랑 보존회'의 노력에 힘입어 2013년 전라남도농업유산 5호로 지정된 바 있다. 2015년 11월 23일에는 KBS1에서 방영한 〈2015 특별기획 코리언 지오그래픽 2편 '돌과 물의 신전 무등산'〉에서 다루어진 바 있다. 이후 국가중요농업유산 지정을 위해 민관이 협력하였지만 연속성을

---

6) 김재호, 「산골농촌의 논물관리 어떤 점이 다를까」, 『실천민속학』 새책 2, 실천민속학회, 2000, 219쪽.

7) 이광린, 『이조수리사 연구』, 한국연구원, 1961; 최재석, 「수리집단」, 『한국농촌사회연구』, 일지사, 1981; 배병주, 「농촌수리관행에 관한 연구」, 『인류학연구』 제3집, 영남대문화인류학연구회, 1986; 이태진, 「16세기 삼방(보) 관개의 발달-사림노력 대두의 경제적 배경 일단」, 『한국사회사연구』, 지식산업사, 1986; 이남식, 「취락의 공간유산과 수리공동체의 기능」, 『안동문화』 제10집, 안동대 안동문화연구소, 1989; 손재완, 「동성촌락 수리체계의 성격과 변화」, 안동대 대학원 석사학위 논문, 1997; 범선규, 「영산강유역의 수리시설과 수리체계」, 『문화역사지리』 제14권 제2호, 한국문화역사지리학회, 2002.

8) 배영동, 「수도재배를 위한 보의 축조와 이용」, 『과기고고연구』 제4호, 아주대학교박물관, 1988; 김재호, 앞의 논문, 2000; 김재호, 「산간농촌 수리 관행을 통해 본 물에 대한 인식」, 『한국민속학』 제44집, 한국민속학회, 2006.

갖지 못한 채 점차 관심이 사그라들고 있는 상황이다. 무등산은 이 지역 사람들에게는 일상과 맞닿아있는 친숙한 존재이기에 오히려 그 가치가 묻혀 있는 부분이 많다고 생각된다. 국립공원으로서 자연지리적 특성 뿐 아니라 역사적·문화적 가치들이 부각될 필요가 있다. 무등산을 둘러싼 전통 농경기술인 무등산 봇도랑의 가치에 대해서도 재평가되어야 하며 보존과 활용방안을 적극적으로 모색할 필요가 있다고 생각된다.

사진 1. 위성에서 바라본 무등산 아래 인계리, 영평리, 야사리

Ⅱ. 무등산 봇도랑의 환경적응적인 수리체계

1. 무등산 계곡물을 이용한 봇도랑의 구축

무등산 규봉암 아래 산자락에 위치한 화순군 이서면 영평리[9], 인계리[10] 지역 주민들은 무등산 장불재에서 흘러내려오는 물과 시무지기 폭포에서 흘러내려온 계곡물을 논에 끌어들

여 벼농사를 지었다. 계곡물을 이용하기 위해서는 수량을 확보하고 조절할 수 있도록 보를 만들고 봇도랑으로 물길을 내어야 한다. 주민들은 도랑과 봇도랑을 철저하게 구분한다. 도랑은 자연적으로 난 물길이고 봇도랑은 보를 쌓아 인위적으로 만든 물길이다.

인계리 용강마을과 서동마을 사람들이 축조한 봇도랑은 시무지기 폭포에서부터 발원한 물이 연결되는 용당굴에서 시작한다. 이 보의 이름은 잿들보와 구석들보이다. 영평리 도원마을과 영신마을 사람들이 만든 봇도랑은 마당바위와 용소에서부터 시작한다. 이 보의 이름은 가랫등보, 구단보, 산태바우보, 황새등보, 아랫굴보, 윗굴보, 물레방아보, 철철바위보이다. 시무지기 폭포와 마당바위는 해발 700여m에 위치하고 있는데 봇도랑 물길을 내어 해발 300m～400m에 분포한 다랭이논에 농업용수로 이용한 것이다.

---

9) 화순군 이서면 영평리는 화순군 이서면 서쪽에 위치한다. 서쪽에서 북서쪽으로 무등산 천왕봉과 서석대 및 입석대와 장불재로 능선이 이어지며 남서쪽으로 낙타봉이 위치해 있다. 원래 자연 마을인 영신(永神)·유평(柳坪)·하장복·장복동(長福洞)으로 나뉘어 있었는데 현재는 영평·도원(桃源)으로 이루어져 있다. 2012년을 기준으로 7.19㎢의 면적에 79가구 145명[남자 76명, 여자 69명]의 주민이 거주하고 있다.; 『화순군향토전자대전』 홈페이지(한국학중앙연구원, 2017)

10) 화순군 이서면 인계리는 동쪽으로 만월리, 서쪽으로 무등산 국립공원 천왕봉과 꼬막재, 남쪽으로 영평리, 북쪽으로 무동리와 인접하여 있다. 인계리는 1구(區)[서동 마을·송계 마을]와 2구[용강 마을]로 구성되어 있다. 서쪽으로는 무등산이 있는데 무등산에서 발원한 용당 폭포가 있고. 무등산에서 발원한 골짜기 물이 마을 중심을 지나 동쪽으로 흘러간다. 2012년 기준 4.43㎢의 면적에 71가구 131명[남자 58명, 여자 71명]의 주민이 거주하고 있다.; 『화순군향토전자대전』 홈페이지(한국학중앙연구원, 2017)

사진 2. 잿들보와 구석들보의 수원이 되는 시무지기폭포

사진 3. 가랫등보의 수원이 되는 마당바위폭포

표 1. 봇도랑, 보의 규모와 현황[국가중요농업유산 지정 신청서(2016)]

봇도랑			보		기타
길이(㎞)	현재사용 여부	현상태	보이름	장축 지름(m)	
2.7	×		구석들보	10	시무지기 폭포물
1.1	○	원형 보존	잿들보	18	시무지기 폭포물
1.0	×		구단보	10	
2.0	○	파이프 매설	가랫등보	15	마당바위 폭포물
0.5	○	파이프 매설	산태바우보	15	
0.4	○	파이프 매설	황새등보	15	
0.9	×		아랫굴보	10	
1.6	×		윗굴보	10	
	×		물레방아보	30	보에서 논으로
0.4	×		철철바위보 (텃굴보)	8	

확인 가능한 10.6km 봇도랑 중 3.5km가 현재도 사용 중이고 약 0.5km는 일부 사용 중이며, 약 6.6km는 1990년대 이후 사용하지 않아 흔적만 남아 있는 상태이다. 과거에는 사용했으나 폐지된 보는 구석들보, 구단보, 아랫굴보, 윗굴보, 물레방아보, 철철바위보이고 현재까지 사용되고 있는 보는 잿들보, 가랫등보, 산태바우보, 황새등보이다. 사용되고 있는 보 중에서 비교적 원형이 보존되고 있는 보는 시무지기 폭포에서 용달굴을 지나 용강마을로 연결된 잿들보이다. 잿들보의 경우에도 산을 벗어나 농지로 연결되는 부분은 시멘트로 보강한 상태이다. 그 외 가랫등보, 산태바우보, 황새등보는 파이프를 매설하였다.[11]

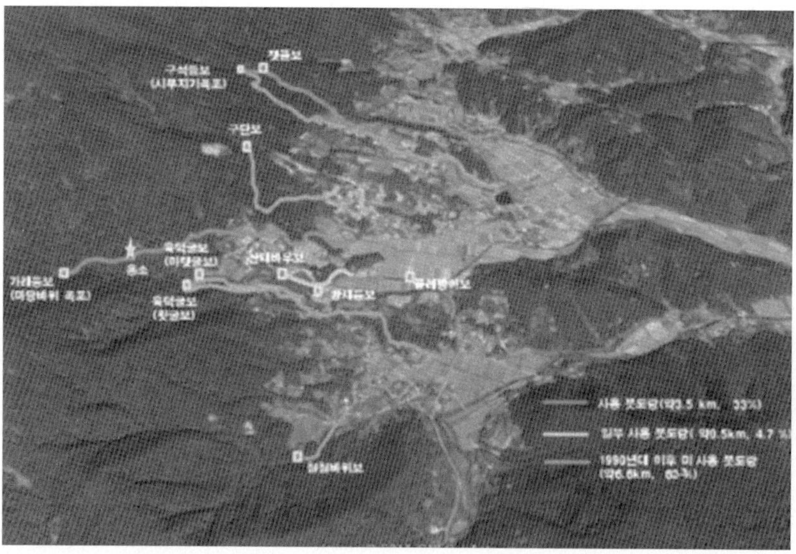

사진 4. 무등산 일원 봇도랑 분포도[국가중요농업유산 지정 신청서(2016)]

11) 「국가중요농업유산 지정 신청서」, 2016.

봇도랑이 유지되고 있는 곳은 여전히 벼농사를 짓고 있지만 봇도랑이 폐쇄된 공간은 논 대신 밭으로 전환되거나 묵은밭, 또는 야산으로 전환되었다. 인계리 용강마을의 경우 잿들보와 연결된 논은 여전히 벼농사를 짓고 있지만 폐쇄된 구석들보와 연결된 논은 밭으로 전환되었다. 바뀐 밭에서는 주로 귀리를 재배하고 있는데, 이 일대의 토질과 잘 맞을 뿐 아니라 멧돼지의 피해를 막을 수 있는 작물이라고 한다. 영평리와 인계리는 무등산과 연결된 마을이라 멧돼지의 출현이 잦기 때문에 고구마와 같은 작물은 심을 수가 없다. 귀리는 사람 키 이상의 높이로 자라기 때문에 멧돼지로부터 피해갈 수 있다고 한다. 봇도랑의 지속과 변화에 따라 주민들의 생업방식이 달라짐을 확인할 수 있는 사례이다.

사진 5. 사용 중인 용강마을
잿들보 봇도랑

사진 6. 잿들보 봇도랑의
물 조절 장치

2. 친환경적인 봇도랑 시스템과 물관리

무등산 계곡물을 이용한 봇도랑은 친환경적인 봇도랑 시스템을 구축하고 있다. 마당바우에 있는 가랫등보의 축조방법을 살펴보면 1톤 이상의 거석을 견고하게 쌓아 안정성을 확보하고, 봇돌 사이로 일정량의 물이 흐르게 하여 계곡 하류에 물을 공급하며, 일정 수위 이상이 되면 자연스럽게 넘치도록 하여 수량을 조절하였음을 알 수 있다.

봇도랑의 유량을 조절하기 위해 계곡 입구에 보를 설치하고 돌 수문을 통해 농사철이나 유량이 많이 필요할 때에는 돌 수문을 열며, 홍수 등으로 갑자기 계곡물이 많아지거나, 봇도랑의 유량이 많을 때에는 돌 수문을 닫아 유량을 조절하였다.

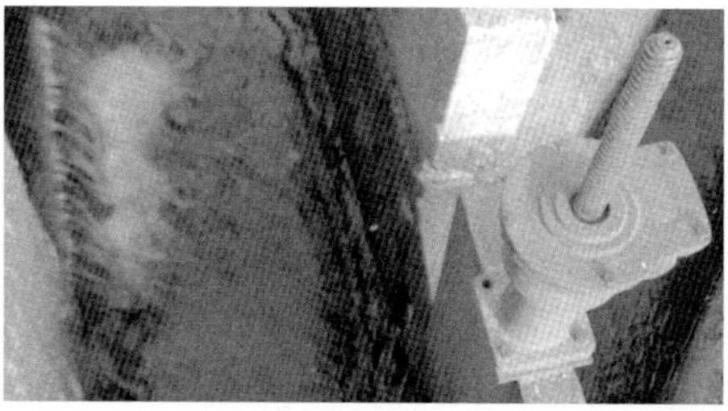

사진 7. 영신마을 봇도랑 유량 조절 수문

봇도랑은 인위적인 방식으로 무리하게 물길을 내지 않고 일정한 수량이 지속적으로 흐르도록 5~6°의 경사를 일정하게 유지하고 있다. 경사를 따라 산자락을 자연스럽게 돌며 완만하게 흐르고 있어서 친환경적인 시스템이다. 급경사지에 봇도랑을 설치하기 위해서는 바위를 쪼아 벼랑길을 만들고, 경사지 봇도랑의 무너짐을 방지하기 위해 벼랑길 하부에는 아카시아 등 뿌리 발달이 잘 되는 심근성 수목들을 식재하였다.[12]

간혹 자연 그대로의 물길 유지가 어려운 경우는 나무 몸통을 절반으로 가른 후 속을 파내어 만든 인공 물길로 봇도랑을

12) 「국가중요농업유산 지정 신청서」, 2016.

보완하였다. 나무 속은 도끼나 괭이 등을 이용해서 팠는데, 성질이 무른 큰 소나무를 주로 이용하였다. 주민들은 물길 역할을 하는 나무를 홈대롱, 또는 홈통이라고 불렀다.

봇도랑 물길의 높이는 지대에 따라 높낮이가 달랐다. 계곡물이 봇도랑을 타고 내려오다 땅에 스미지 않도록 하기 위해서는 기술이 필요했다. 주민들은 진흙층이 나올 때까지 땅을 팠다. 진흙층은 단단해서 물이 스며들지 않고 흐르기 때문이라고 한다. 또한 판 봇도랑이 흐르는 물에 의해 허물어지지 않도록 진흙이나 떼(잔디)를 발라서 벽을 단단하게 마감 처리했다. 이때 주로 사용하는 도구는 '미(메)'라고 부르는 나무로 만든 농기구이다. 미로 땅과 벽을 잘 다구면 흙이 돌처럼 단단해져서 봇도랑을 단단하게 만들 수 있었다.

사진 8. 홈통으로 봇도랑 물길을 낸 철철바위보[영신마을 제공]

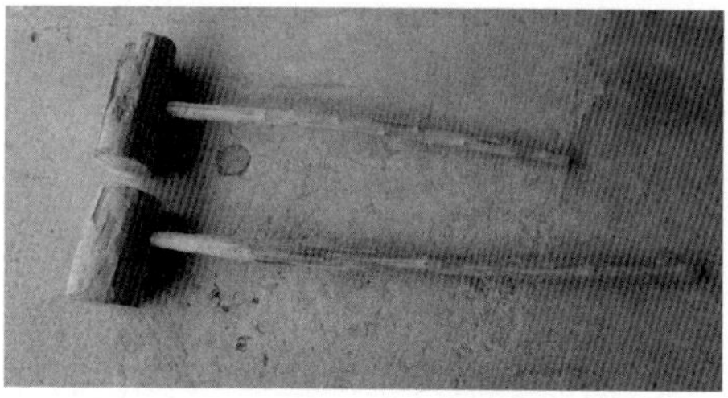

사진 9. 땅을 다지는 도구인 미
[영신마을 김용만 소장]

봇도랑에 나뭇잎이나 흙이 차있으면 물길이 막히거나 물의 흐름에 장애가 생기기 때문에 봇도랑을 치우는 것도 관리의 중요한 부분이다. 논농사를 짓는 사람들이 울력을 통해 봇도랑을 보수하고 관리했다. 봇도랑 청소 및 보수는 매년 농사를 짓기 전에 하고 모내기를 하기 전에는 수시로 봇도랑을 관리하며 태풍이나 장마 등 기후에 따라 비정기적인 관리를 했다.

1970년대 지나서 농촌 인구가 감소하여 점점 봇도랑 관리가 어려워지게 되었다. 영평리 장복동, 도원, 영신마을에서는 1990년대 후반에 정부의 보조를 받아 옛 봇도랑 물길을 따라 플라스틱 수통을 설치하고 콘크리트로 마감하는 공사를 벌였다. 공사 후 물이 땅으로 새어나가는 것도 막을 수 있었고, 봇도랑을 청소하는 수고도 덜 수 있었다. 인계리 서동마을과 봉강마을에서도 20여 년 전에 봇도랑을 콘크리트로 바꾸어 견고성을 확보했다.

계곡물을 농경지로 유입하기 위해서는 산에서 내려오는 계곡물을 봇도랑을 통해 논으로 끌어들이는 것 외에도 여러 노력이 필요하다. 주민들이 힘써서 끌어온 물이 새어나가거나 논바닥으로 스며들어 없어져 버리는 결과를 초래하지 않기 위해서이다. 우선적으로 논둑 관리가 중요하다. 논둑은 논에 물을 댈 때 물이 논 바깥으로 흘러나가지 않게 막아 주는 역할을 한다. 특히 산간지역의 경우, 배미와 배미간의 표고 차가 커서 논둑이 높을 수밖에 없고, 그런 만큼 논둑의 폭 또한 넓을 수밖에 없다. 논둑을 만들 때는 논둑의 윗면을 논 바깥쪽보다는 논 안쪽으로 경사지게 만들어야 한다. 논둑에서 상대적으로 높은 바깥 사면을 타고 빗물이 오래 흐르게 되면 빗물에 흙이 씻겨 내려가 둑이 허물어질 가능성이 있기 때문이다.[13] 예전에는 논둑으로 물이 새지 않도록 논둑 안쪽을 진흙으로 발라 마감을 했으나 비닐이 나온 후로는 점차 비닐을 이용하게 되었다.

물이 새어나가는 것을 막기 위해서는 논둑 뿐 아니라 논바닥 관리도 중요하다, 농민들은 논에 물을 채운 후 논바닥 흙을 지근지근 밟아서 진흙 상태로 만들었다고 한다. 이렇게 하면 흙이 찰진 상태가 되어 물이 논바닥으로 흘러내리지 않기 때문이다.

윗논에서 아랫논으로 물이 흐르게 하기 위해서는 물꼬를 만들어야 한다. 물꼬는 윗논의 입장에서는 배수시설이지만 아랫논의 입장에서는 급수 시설이기도 하다. 물꼬는 논의 물 수위를 조절하는 기능을 하는데 물꼬를 높이게 되면 논에 물이 많이 담기게 되고 낮추면 그 반대가 된다. 물꼬는 돌을 사용해 견고하게 만들었다. 흙으로 물꼬를 만들면 물에 쓸려나가기 때문에 윗논이 마르는 결과를 초래할 수 있기 때문이다.

13) 김재호, 앞의 논문, 2000, 227쪽.

모를 심고난 후에 물을 댈 때에는 찬물이 직접 논으로 유입되지 않도록 주의했다. 고도가 높은 계곡물의 찬물이 그대로 논에 유입되면 냉해를 입어 벼가 노랗게 타들어가기 때문에 물을 데우는 과정이 필요한 것이다. 주민들은 봇도랑에서 끌어들인 물이 바로 논으로 들어가지 않도록 논의 가장자리에 도랑을 팠다. 도랑은 논바닥보다 깊게 파서 논으로 물이 넘어가지 않도록 유의한다. 무등산 일원에서는 이렇게 판 논도랑을 '깨둑을 낸다', '깨 맨다'고 한다. 영남 일원 산골 농촌에서도 이와 흡사한 수리 기술이 적용되는데, '뒷도랑' 또는 '뒷노구'라고 부른다.[14)]

사진 10. 계곡의 찬물이 논에 바로 유입되지 않도록 하는 깨둑

"깨뚝을 내요. 모를 거그다(거기에다) 심어야 한디, 거그를 못 심게. 홍두깨만 하니 둑을 만들어서 물을 뺑뺑 잡아돌려. 요쪽으로 일주일, 저쪽으로 일주일, 그래야 찬물 안 타고 나락이 되제. 글 안하믄 절대 안 되요. 찬물이 넘어가불믄 나락이 안 돼. 나락이 노라니(노랗게) 오그라져 불어. 물이 그쯤 차요(차가워요). 여기 물이 그렇게 차. 깨맨 데는(깨둑을 막은 곳) 물이 뜨뜻해갖고 나락이 잘 돼."[15)]

14) 김재호, 앞의 논문, 2000, 228쪽.

계곡에서부터 봇도랑을 내서 어렵게 끌어온 물인데 찬 온도로 인해 벼농사를 망칠 수는 없으므로 논 가장자리에 도랑을 파서 완충지대를 만드는 것이다. 때로는 봇도랑 자체로 물의 온도를 높이는 효과를 내기도 한다. 인계리 용강마을과 서동마을 들녘으로 이어지는 잿들보는 봇도랑이 시작되는 용당 폭포부터 논까지의 거리가 길어서 봇도랑을 타고 내려오는 동안 물이 데워져 굳이 뒷도랑을 만들 필요가 없다.

물 관리의 차원에서 보면 물대기 못지않게 물빼기도 중요하다. 논갈이를 할 때와 모내기를 할 때, 이삭이 팰 때는 충분한 물이 필요하지만 그 외의 시기에는 물을 빼서 논을 말려야 나락의 뿌리가 튼튼하게 자리를 잡고, 웃자라는 것을 막아주며, 해충의 번식을 제거하고, 낟알이 튼튼해지기 때문이다. 이때 필요한 것이 '헛물꼬'이다.

> "나락을 심을라고 할 때(못자리를 할 때) 물을 잡아요. 그 물 갖고 갈아서 한 달 못되아서 모를 심거요. 그때가 제일 필요하죠. 배동받이 할 때 물을 충분히 대야 열매가 좋아요. 물을 대갖고 나락을 키우다가, 새끼 칠 거름을 하고 나면 물을 빼야 해요. 몰려야(논을 말려야) 돼. 뿌리도 튼튼해지고 태풍에 방어가 돼. 안쓰러지게 뿌렁구(뿌리)가 땅에 꽝꽝 박혀야 짱짱하제."[16]

15) 화순군 이서면 영평리 영신마을 김용만 구술.
16) 화순군 이서면 영평리 영신마을 김용만 구술.

논을 말리는 것을 무등산 인근 주민들은 '물을 여운다'고 한다. 논에 고인 물을 헛물꼬를 통해 논이 아닌 다른 곳으로 흘려보내 논을 말리는 것이다. 적절한 시기에 논을 말리지 않으면 벼는 제대로 성장하지 못할 뿐 아니라 수확량도 줄어들게 된다. 물대기의 기술 못지않게 물빼기의 기술이 매우 중요한 것이다. 농민들은 구전 지식의 습득과 자신들의 체험을 통해 농사에 적합한 수리체계를 익혀가게 되는 것이다.

논농사에서의 관개와 배수에 관한 수리관행에 대해 김재호는 벼의 일생과 논물 관리를 대응시킨 바 있다. 즉 벼의 일생은 발아기→묘대기→이앙기→착근기→분열기→유수형성기→수잉기→출수기→유숙기→호숙기→황숙기→완숙기→고숙기로 구분된다. 이에 대응되는 논물 관리는 이앙기에서 착근기에 논물을 깊게 대고, 착근기에서 분열기에는 논물을 얇게 대며, 분열기에서 유수형성기에는 논물을 중간으로 대고, 유수형성기가 지나면 수잉기까지 얇게 댔다가 수잉기부터 유숙기까지는 물을 깊게 댄다. 유숙기가 끝나면 완숙기까지 얇게 댔다가 벼를 베고 난 후에는 물빼기를 하는 것으로 정리하였다.[17] 무등산 일원의 논물 관리도 이와 거의 일치한다.

물대기와 논말리기의 과정을 정리하면 인간들의 통제 밖에 놓여있던 계곡물은 봇도랑을 통해 논으로 유입되고 다시 뒷도랑을 통해 통제 가능한 논물로 치환된다. 논물은 벼를 생장시

---

17) 김재호, 「산간논 수리관행을 통해 본 물에 대한 인식」, 『한국민속학』 제44집, 한국민속학회, 2006, 113쪽.

킨 후 헛물꼬를 통해 다시 자연의 상태로 돌아가게 되는 생태적 순환이 일어나는 것이다.

3. 가뭄을 극복하기 위한 야사리의 수리시설과 보

계곡에서 가까운 산골마을은 봇도랑을 따라 윗논에서 아랫논으로 차근 차근 물을 흘러 내리면 되지만 하천 하류 평지에 위치한 마을에서는 아래에서 위로 물을 끌어올려야 한다. 저수지나 관정이 충분하지 않았던 과거에 가뭄이 심할 때에는 계곡 가까운 곳에 위치한 산골마을이 하천 하류 평야지대 보다 오히려 벼농사에 유리했을 것이라는 주장도 있을 만큼 가뭄은 벼농사에 큰 피해를 주는 요인이었다. 가뭄을 극복하기 위한 용수 도구로 맞두레, 용두레, 무자위, 양수차 등이 활용되었는데 조선 후기에 영평리와 인계리에서 3km 떨어진 곳에 위치한 이서면 야사리에서 양수차가 제작되어 주목을 끈다.

야사리는 호남의 실학자 규남 하백원(河百源, 1781~1844)이 거주했던 마을로 무등산에서 흘러내린 물이 하천을 이룬 이서천변에 위치하고 있다. 무등산 규봉의 남쪽을 뜻하는 '규남'으로 호를 정한 것에서 무등산에 대한 하백원의 관심과 애정을 짐작할 수 있다. 그는 당시의 일반적인 유학자들과는 달리 벼슬에 큰 뜻을 두지 않았고, 진사시 합격 이후에도 실학 연구에 골몰하였다. 하백원은 지도 제작, 실생활과 농업에 직접적인 도움이 되는 자명종, 각종 농기구, 양수기(자승차) 등의 제작에 특히 관심이 컸다. 자승차는 그가 1810년 제작한 수차水車의 일종이다. 하천이나 연못의 물을 논이나 밭 등으로 보내는 장비는 농업 발달에 있어서 매우 중요한 것 중의 하나이다. 하백원은 일찍부터 자승차 개발의 필요성을 절감하였다. 그는 수차에 대한 문헌 기록 분석, 시제품 제작, 중국 양수시설 등에 대한 지식이 있는 인물들과의 서신 교환 등을 통해 1810년 독자적인 자승차를 고안하였다.

> "비옥한 들판과 기름진 토양이라도 지세가 조금만 높으면 열흘 정도만 가물면 타 들어감을 근심해야 하니, 백성들이 식량을 마련하기 어렵다는 것이 괴이한 일이 아니다. …근래 내가 더듬거리며 책을 읽는 여가에 여러 가지 서적을 상고해 보다가 천 번 생각한 나머지 얻은 바가 있어서 한 가지 비법을 창출하여 완성시키고 '자승차'라 이름을 지었다.[18]

하백원이 만든 자승차 작동의 핵심원리는 강물의 유속을 이용하여 수삽(水箑, turbine)을 돌리고 이 수삽의 회전력으로 수저水杵를 들어올림으로써 물을 퍼올리는 것이다. 즉 자승차는 다양한 과학원리를 활용한 높은 수준의 양수과학 장비이다.[19]

하백원의 노력에도 불구하고 그가 개발한 자승차는 일반 농민들에게 널리 보급되지 못했다. 농민들의 가난한 처지 때문

18) 하백원, 「자승차도 해설」; 정동찬 윤용현 윤광주, 「자승차의 복원 및 실험 연구」, 『전남사학』 제24집, 전남사학회, 35쪽.

19) 정동찬 외, 앞의 논문, 2012, 64쪽.

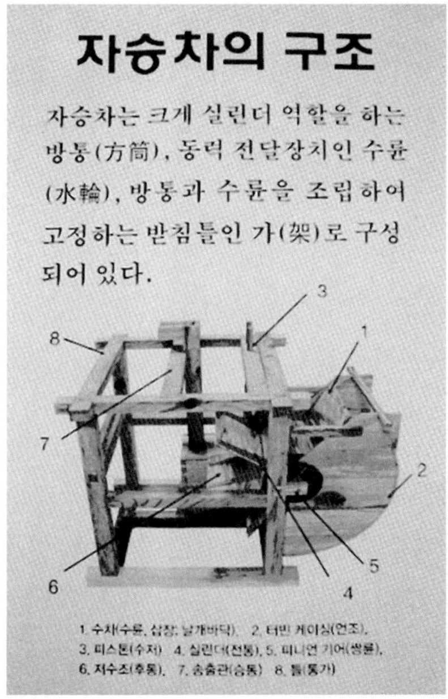

사진 11. 하백원이 도안한 자승차
[출처: 규남박물관]

에 수차를 만들 만한 여유가 없었던 것이 가장 큰 원인이었고, 우리나라의 지세와 자연조건, 토질이나 우량의 면에서 수차 제작 보다는 보洑나 제언堤堰을 발전시키는 것이 더 적합하다고 판단했기 때문으로 해석되고 있다.

하백원의 자승차가 상용화되지는 못했지만 농민들을 위하는 그의 애민과 실학 정신은 길이 전할 역사적 유산이다. 또한 하백원이 자승차를 제작할 수 있었던 배경에는 무등산에서 흘러내린 이서천이 마을 옆을 흐르고 있었다는 점과, 그 물을 이용하기 위한 실학자의 자각과 노력이 작용했다는 점을 놓쳐서는 안 될 것이다.

동복댐과 안심제가 축조되기 전까지 야사마을에서는 이서천에 보를 만들어 논농사에 활용했다. 야사리에는 1945년 해방전 야사마을의 모습을 담은 그림지도가 있어 보의 실체를 확인할 수 있다. 야사마을 출신의 하장호(남, 1937~)가 1999년에 그린 '야사리전도野沙里全圖'가 바로 그것이다.

사진 12. 규남박물관에 전시된 「1945년 해방전 야사리 전도」

하백원의 후손인 하장호는 잊혀져 가는 마을 모습을 후대에 길이 남기고 싶어 그림 지도를 그리게 되었다고 한다.

"요 그림을 그리게 된 동기는, 가만히 누워서 생각할 적에, 내가 그래도 거기서 나고 자랐는디. 젊은 층에서 마을을 전부 다 몰라요. 나이 먹은 사람도 전부다 죽어불고. '뒷동산'이니 '솔대봉'이니 나도 잘 모른단 말입니다. 그래서 일일이 물었지요, 어른들한테 물어서 그대로 적은 거요. 마을 사람들이 다 잊어불고 있응께. 내가 인자, 나라도 요런 것을 맨들아 놓고 죽으면 우리 후손들이 45년도에 왜정 때 우리 마을이 요렇게 되아갖고 있었구나... 하고 알 것 아니요?"[20]

이 그림을 통해 해방전 이서천에 축조된 보의 이름과 보의 형태, 봇도랑을 따라 농지로 수로가 연결되는 모습을 확인할 수 있다. 뒷구렁보, 방아실보, 갱번보, 매보, 세배보 등이 야사 마을 농지로 연결되고 있다.

보는 수위를 높이고 필요한 수량水量을 확보하기 위해 하천의 일부 또는 전부를 가로막아 만든다. 우리나라의 전통적인 재래식 보는 대부분 하천에 가로로 적당한 간격마다 말목을 박고 물이 고이는 쪽에 긴 통나무들을 가로질러 이에 기대어 돌을 놓고 그 위에 흙을 덮어 물을 흐르게 하면서 수심을 높이는 게 보통이었다.

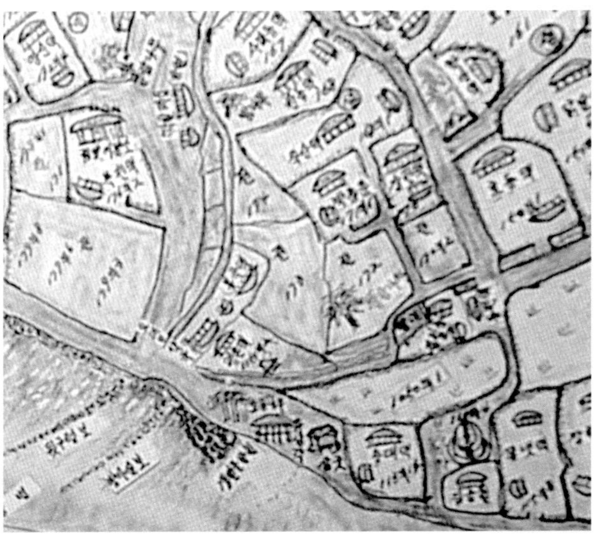

사진 13. 뒷구렁보와 방아실보에서 끌어낸 봇도랑

---

20) 「야사 마을 그림 지도를 그린 하백원 선생의 후손 하장호」, 『디지털화순문화전자대전』, 한국학중앙연구원, 2017 검색.

보는 농촌사회 주민의 자발적인 노력에 의하여 설치되기도 하였고, 정부 정책에 의하여 콘크리트로 굳건하게 축조되기도 하였다. 전통적인 방법으로 축조 운영된 보도 홍수로 말미암아 하천이 범람하였을 때, 주민들이 자체적으로 다시 설치하는 것이 일반적인 현상이었으나 정부지원으로 다시 설치되기도 하였다.[21)]

현재 야사마을에서는 재래의 보 대신 안심저수지에서 관개수로를 따라 농업용수가 공급되고 있다. 안심저수지는 농업용수 개발을 위해 1982년 착공하여, 1987년 준공되었으며 한국농촌공사에서 관리하고 있다. 총 저수량 122만 7000㎥, 유효저수량 117만 3000㎥로 1종 저수지이다. 유역 면적 430ha, 인가 면적 190ha, 관개 면적 153.7ha, 홍수 면적 12.1ha이며, 제방 높이는 30.2m, 제방 길이는 210m이다. 제당 형식은 필댐이며, 한발 빈도는 10년이다.[22)]

전통적으로 무등산 일원에서 농사를 짓는 사람들은 계곡물을 봇도랑으로 끌어내 농수로 이용하거나 하천에 보를 설치해 농지에 농수를 보급하는 것이 일반적인 모습이었다. 조선 후기에 하백원에 의해 양수차를 제작하여 가뭄을 극복하려는 시도가 이루어졌다. 농촌인구가 감소하여 봇도랑 관리가 어려워지자 플라스틱 수통, 콘크리트 도랑 등을 축조했고, 저수지를 축조하거나 관정을 파서 농업용수를 공급하는 것으로 점차 전환되고 있음을 알 수 있었다.

---

21) 배영동, 앞의 논문, 1988, 6쪽.

22) 「안심저수지」, 『디지털화순문화전자대전』, 한국학중앙연구원, 2017 검색.

Ⅲ. 무등산 수원水源에 대한 생태적 인식과 탄력적 수리공동체

1. 자연과 인간의 상생을 추구하는 생태적 인식

무등산 일원 사람들은 무등산에서 흘러내린 무위자연의 계곡에 인위적으로 보를 설치하고 봇도랑을 축조하여 농업용수로 사용하고 있지만 자연과 인간이 갈등하지 않고 조화롭게 상생하기를 바랐다. 보의 시원이 되는 물에 대해 마을 사람들이 품고 있는 생각은 자연에 대한 생태적 인식을 투영하고 있다.

가랫등보의 시원이 되는 도원계곡의 너럭바위(마당바위)는 200여명의 사람들이 쉴만한 넓은 암반으로, 큰 비가 올 때면 바위 사이로 흐르는 물이 폭포수가 되어 장관을 이룬다. 예로부터 신성하게 여겨져 많은 사람들이 찾아와 소원을 빌던 곳이다. 너럭바위의 물이 모여드는 용소는 용이 살았다고 전해지는 소로 오랫동안 비가 오지 않으면 도원마을과 영신마을 주민들이 기우제를 지냈던 곳이다.[23)]

잿들보와 구석들보의 시원이 되는 시무지기 폭포는 용연 폭포, 용추 폭포 등과 함께 무등산의 3대 폭포에 해당된다. 시무지기라는 말은 '세 무지개'라는 뜻으로 여름철 큰 비가 온 후 구름 사이로 햇살이 비추게 되면, 폭포 주변으로 세 개의 문지

---

23) 정명철, 「영신마을」, 『12가지 테마로 보는 무등산 백과사전 무등산 생태박물관』, 광주광역시 광주정보문화산업진흥원, 2016, 145-146쪽.

개가 뜬다고 하여 이런 이름을 붙였다고 한다. 시무기기 폭포는 단일한 폭포는 아니며 상단(35m), 중단(15m), 하단(32m) 등 3단계로 나눠져 있다. 폭포의 규모를 72m라 하는데 이것은 수직 낙차를 의미하는 것이 아니다. 시무지기 폭포는 상단에서 중단을 지나 하단 약 25m 지점까지는 45도 각도를 이루고 있으며, 마지막 하단 7m 정도만 수직폭포를 이루고 있다.

시무지기 폭포 아래 지역인 화순군 이서면 인계리 용강마을에는 시무지기 폭포와 관련된 설화들이 전승되고 있다. 용강마을 주민들에 의하면 몸가짐이 바르지 않은 사람이 시무지기 폭포에 올라가면 사고가 나고, 앉은뱅이가 시무지기 폭포 물을 맞고 난 뒤에 걸어나갔다는 등의 전설이 있다고 한다.[24)]

시무지기 폭포 아래에 위치한 용당굴은 잿들보와 구석들보가 시작되는 지점이다. 용강마을에서는 용당굴과 봇도랑에 관련된 설화를 수집할 수 있었다.

> "바우가 큰 것이 있었는데, 논을 쳐놓고는 어찌게(어떻게) 물을 대서 농사를 짓그나 하고 걱정을 하고 있었는데 하나님이 벼락을 때려갖고 (바위) 두 조각을 딱 벌려줬다요. 물 나올 때가 없는데, 사이가 벌어지니까 보를 고리(그곳으로) 막어갖고 봇도랑 물이 고리 내려와요. 시아버지한테 들었어요."[25)]

> "장구처럼 생긴 바위는 (봉당굴) 뽀록(바로) 위에 있어요.

24) 배재훈, 앞의 논문, 2016, 92쪽.
25) 화순군 이서면 인계리 용강마을 신순례 구술.

그 바위에서 (사람들이) 물을 맞어싼께, 봇도랑 물을 대가부니까 논에 물을 못대잖아요. 근께 어떤 미안스런 사람이 깨불었대요. 장구채같은 놈(바위)을 깨분께 피가 푹 나와. 근께 거기서 즉사해불드라요. (어른들한테) 들어서 알아요.[26]

용소에서 지내는 기우제는 자연을 대하는 사람들의 태도가 투영된 의례이다. 마을 사람들은 봇도랑을 축조해서 물길을 내는 것은 인간의 영역이지만 비를 내리는 것은 인간의 영역 밖이라는 관념을 갖고 있었음을 보여주는 민속행위이다. 벼락에 의해 봉당굴의 사이가 벌어져 봇도랑 물길을 낼 수 있었다는 설화는 봇도랑을 축조하는 것은 인간이지만, 인간의 힘만으로는 불가능하다는 관념을 갖고 내포하고 있다. 장구 모양의 바위를 훼손하고 목숨을 잃은 사람에 관한 설화는 봇도랑에 물을 대는 것이 아무리 중요하다고 해도 자연을 파괴할 수는 없음을 내포하고 있다. 자연을 함부로 훼손할 때, 물의 신성성을 부정할 때 바위는 피를 내어 자신의 영험함을 드러내고, 이에 도전한 인간은 죽음을 맞게 된다는 강력한 경고를 던지고 있다.

시무지기 폭포, 용소, 용당굴과 관련된 구비전승을 통해 무등산 일원 사람들이 인간의 편리함과 이익을 위해 자연을 함부로 훼손할 수 없다는 인식을 갖고 있었다는 점과, 인간의 영역을 벗어난 지점에 대한 인정을 통해 자연과 조화를 이루려

26) 화순군 이서면 인계리 용강마을 신순례 구술.

는 생태적 인식을 갖고 있었음을 알 수 있다.

2. 협력과 평등을 지향하는 수리공동체의 자율적 규약

무등산 일원의 농민들은 촌락질서에 방해가 되지 않는 범위 내에서 보의 축조와 운영에 관한 자율적 규약을 만들고 이에 따라서 보를 관리 운영하여 왔다. 봇도랑을 만들고 봇도랑을 관리하기 위해서는 공동체의 단합된 힘이 필요했다. 이 공동체는 논농사를 짓는 사람들이 참여하는 공동체이므로 마을공동체와 반드시 일치하지는 않았다. 또한 일년 내내 작동하는 공동체가 아니라 벼농사를 짓는 시기 동안만 작동하며, 또한 가뭄이 심하거나 태풍이나 홍수 등 자연재해가 일어났을 때 비중이 커지는 공동체이기도 했다.

매년 봄, 수리공동체는 농사일이 시작되기 전에 봇도랑을 청소했다. 이것을 '보매기'라고 한다. 농사를 짓는 중간 중간에도 봇도랑이 막힐 때는 수시로 모여서 청소를 실시한다. 농사를 짓는 사람들 중에 '봇주'를 정하여 관련 일을 주도적으로 맡게 했다. 대체로 봇주는 농사를 많이 짓는 사람이 맡지만 마을에서 신망이 있고, 힘도 제법 쓸 수 있는 사람으로 선정한다. 봇주의 역할이 강조될 때는 가뭄이 들 때이다. 수량이 충분할 때는 물을 대는 데 어려움이 없지만 가물 때는 물이 부족하므로 적은 물을 공평으로 나누기 위해서는 봇주와 수리공동체의 역할이 중요하다.

이 공동체는 일상적인 공동체의 질서와는 다르다. 평등하면서도 탄력적인 공동체라고도 할 수 있다. 동성으로 이루어진 자자일촌이라고 하더라도 물대기에 있어서는 촌수와 나이가 무시된다. 영신마을 주민들에 의하면 물대기 할 때는 "*농사짓고 나서 한압씨 아재 찾읍시다*"라는 말이 통용된다고 한다. 평상시에는 나이가 높고 촌수가 높은 사람을 우대하지만 물대기를 할 때에는 그럴 수가 없다는 의미이다. 일상적인 질서를 적용하면 연령과 촌수가 낮거나 권세나 힘이 약한 사람들은 물을 제대로 대지 못해 농사를 망치기 때문에 생겨난 말이다.

무등산 일원에서는 봇도랑을 통해 유입되는 물을 '차릿물(차렛물)'이라고 지칭한다. 윗논에서부터 차례대로 물을 대기 때문에 차릿물이라는 명칭을 갖게 된 것이다. 촌수나 귀천에 상관없이 윗논에서부터 차례 차례 물을 대야 모든 사람들이 물을 댈 수 있기 때문에 차렛물의 원칙은 매우 중요하다.

흥미로운 점은 논농사는 대체로 남성의 영역이지만 물대기 할 때는 여성들도 적극 참여하며 오히려 여성들의 힘이 우위에 서기도 한다는 점이다.

> "물 댈 때는 남자하고 여자하고 있으면 남자가 못해 봐. 여자가 치마입고 물에 앉아 있으면 남자들이 못와. 여자가 악종이여. 남자들은 깨를 할딱 벗고 물꼬에 누워불기도 했어."

일상생활에서는 전통적인 유교적 질서에 의해 여성들이 남성들의 권위에 짓눌리지만 물대기 할 때에는 힘의 우위가 전복되어 오히려 여성이 더 강력한 힘을 갖게 된다는 의미이다.

예로부터 임신과 출산을 담당하는 여성은 지모신으로서의 상징성이 부여되었기에 가능한 일이었을 것이다.

어린아이들도 물대기에 빠질 수 없었다. 현재 마을에 거주하고 있는 주민들은 어렸을 때 다 물대기를 해 본 경험을 갖고 있다. 삼베를 짜는 재료인 저릅대를 물에 불려 다발로 묶은 후, 끝을 잘개잘개 쪼개어 불을 붙이면 횃불이 되었다. 그 불을 들고 친구들과 함께 밤에 물을 대러 갔던 경험이 지금도 생생하다고 한다. 청소년으로 구성된 또 하나의 수리공동체라고 할 수 있을 것이다.

단합심과 평등성을 강조하는 비일상적 수리공동체는 혼자서 하기 어려운 일을 공동체의 힘으로 해결하기 위한 방편이면서 자연이 무상으로 제공하는 물을 인간이 만든 불공평한 질서에 얽매이지 않도록 하기 위한 방편이라고 할 수 있다.

Ⅳ. 맺음말

지금까지 무등산 일원에서 살아가는 사람들의 수리체계에 대해 살펴보았다. 무등산에서 흘러내린 계곡물에 보를 설치하고 봇도랑을 내어 물을 대는 과정에 대한 접근이다. 이를 통해 환경적응적인 수리체계와 물에 대한 생태적 인식, 일상적인 질서와는 구별되는 수리공동체의 비일상적 질서를 확인할 수 있었다.

전통적으로 무등산 일원에서 농사를 짓는 사람들은 계곡물을 봇도랑으로 끌어내 농수로 이용하거나 하천에 보를 설치에 농지에 농수를 보급하는 것이 일반적인 모습이었다. 무등산 중턱에 있는 시무지기 폭포와 마당바위 폭포를 따라 흐르는 물줄기를 농사에 이용하기 위해 대규모 울력을 통해 농수로인 봇도랑을 만들었고, 해발 300~400여 미터에 있는 다랑이논에 물을 대어 농사에 활용했다.

봇도랑의 보는 거대한 바위로 견고하고 튼튼하게 만들었으며 봇돌 사이로 물이 흐르게 하고 일정 수위 이상이 되면 넘치도록 해 수량을 조절했다. 봇도랑의 각도를 일정하게 유지해 물이 자연스럽게 흐르도록 했으며, 유량조절이 필요한 곳에는 돌수문을 설치했다. 봇도랑에서 논으로 끌어들인 물의 온도가 차가울 때는 완충 지대를 만들어서 냉해를 입지 않도록 조치했다. 또한 논바닥 관리, 논둑 관리, 물꼬 관리를 통해 끌어들인 물이 바닥으로 새어나가지 않도록 했고, 벼농사의 시기에 따라 적절하게 배수를 함으로써 벼의 생장을 도왔다.

조선 후기에 이서면 야사리 이서천변에 거주했던 실학자 규남 하백원은 가뭄을 극복하기 위해 양수차를 고안하여 제작했다. 하백원의 자승차는 상용화되지는 못했지만 무등산에서 흘러내린 물의 유속을 이용하여 가뭄을 극복하려는 의미 있는 시도였다.

1970년대 이후 농촌인구가 감소하여 봇도랑 관리가 어려워지자 농민들은 재래식 보 대신에 플라스틱 수통을 설치하고 콘크리트 봇도랑으로 바꾸었다. 그 외에도 저수지를 축조하거나 관정을 파서 농업용수를 공급하는 것으로 점차 전환되고 있음을 알 수 있었다. 현재 봇도랑의 일부는 아예 사라졌고, 일부는 사용되고 있으며, 일부는 다랑이논이 묵듯이 봇도랑도 노후되고 콘크리트로 전환된 모습이다.

봇도랑과 보는 전통적인 농경방식이자 수리체계로서도 의미가 있으며, 경관적으로도, 심리적으로 주목할 수 있는 유산이기 때문에 그 가치가 재평가 되고 부각되기에 충분하다. 무등산 봇도랑의 전 구간을 다 복원할 수는 없지만 마당바위에서 도원마을, 영신마을로 이어지는 가랫등보와, 봉당굴에서 봉강마을, 서동마을로 이어지는 구석들보와 잿들보는 예전 모습을 복원하여 세계적인 문화유산으로 보호하는 것이 필요하다. 봇도랑이 복원된다면 물의 생태계도 회복될 수 있다. 콘크리트 봇도랑 이전 재래식 봇도랑이었을 때는 봇도랑에 서식하는 동물종이 매우 다양했다고 한다. 징거미, 새우, 미꾸라지 뿐 아니라 민물장어와 메기까지도 발견되었다고 한다. 동물종 뿐 아니라 봇도랑 물길은 습지를 선호하는 다양한 식물종들의 서식지가 될 수 있다.

소쇄원의 미를 이야기할 때 빠지지 않는 것 중의 하나가 홈통을 타고 흐르는 물길이다. 하서 김인후는 소쇄원 48영에서 고목통류刳木通流라는 시로 나무 물길을 아름답게 묘사했다.[27]

---

27) 〈소쇄원 48영 중 고목통류(刳木通流)〉

委曲通泉脉　샘물에서 솟은물이 굽이굽이 흘러흘러
高低竹下池　높고낮은 대숲속의 연못으로 떨어지네
飛流分水碓　날으는듯 빠른물살 물방아에 부셔져서
鱗甲細參差　비늘처럼 반짝이며 어지러이 흩어지네

그런데 무등산 일원의 수리체계를 조사하는 과정에서, 이러한 인위적 물길이 계곡물을 논으로 끌어들이기 위한 봇도랑의 일면이었다는 사실을 알게 되었다. 소쇄원의 고목통류가 선先인지, 봇도랑의 나무 홈통이 선인지는 알 수 없지만 전통적인 수리체계 속에서 파생된 기술 중의 하나임은 분명하다.

소쇄원의 나무 홈통 물길은 전통적인 수리체계가 현대를 살아가는 사람들에게 또 다른 기능을 할 수 있다는 가능성을 보여준다. 소쇄원의 나무 홈통이 사람들의 시선을 끄는 것처럼 재래식 봇도랑은 현대인들에게 신선한 감동을 줄 수 있을 것이다. 자연을 거스르지 않는 구불구불한 물길이 주는 편안함, 봇도랑을 따라 흐르는 청량한 물소리, 계곡물을 농업용수로 이용하는 전통 지식의 지혜로움을 발견할 수 있을 것이기 때문이다.

국립공원으로 지정된 무등산에는 명승과 고적을 감상할 수 있는 탐방로가 만들어져 있다. 2008년부터 조성해온 무돌길(1~15길)과 무등산 옛길(1~3구간), 무등산국립공원사무소가 추천하는 8개의 탐방로와 9개의 힐링로드가 운영되고 있다. 비교적 최근에 기획된 9개의 힐링로드 중 무등산 봇도랑이 남아있는 지역을 포함하고 있는 길은 힐링로드 제8코스(무릉도원 편, 편도 5.2km, 3시간)이다. 이 길에 관한 무등산국립공원의 소개글은 다음과 같다.

> 도원마을 탐방지원센터~규봉암~석불암~장불재~입석대~도원계곡을 돌아 내려오는 여정으로 무등산을 병풍으로 둔

무릉도원인 '도원마을'에서 시작한다. 마을을 내려다볼 수 있는 탐방지원센터를 지나서 규봉암으로 향한다. 규봉암은 무등산의 가장 큰 주상절리인 광석대를 병풍으로 두르고 있는 유서깊은 사찰이다. 풍혈대, 설법대, 십이대 등 기암괴석이 많아 신라와 고려 때의 고승들이 수도한 곳이라 전해지고 있다. 가을철 단풍이 아름답다. 장불재를 향하는 길엔 석불암이 있으며, 이 작은 암자는 풍경이 좋고 마애여래좌상을 만날 수 있다. 장불재 쉼터에서 계곡을 끼고 도원마을 쪽의 탐방로를 따라 내려오다 보면 숲 곳곳에 돌로 쌓은 돌담과 집터를 볼 수 있다. 예전 땔감을 때고 살던 때에는 화순 사람들이 장작을 지게에 지고 고개길을 넘어 광주에 팔러다니던 길로도 사용되었고, 광주에 유학하는 학생들이 쌀포대며 반찬을 짊어지고 넘었었고, 광주에 와서 큰 장을 본 사람들도 머리에 이거나 등짐을 지고 넘던 길이다. 지금은 길가 여기저기에 사람들이 살았던 집터며 돌남 등 흔직민 남기고 있지만 예전에는 통행이 많아 주막이며 밥집도 있었고 한때는 한국전쟁 후 피난을 내려온 사람들이 거처한 곳이라고도 한다. 장불재 풀잔디 위에 앉아 잠시 쉬노라면 예전 도보로 힘겹게 산길을 넘던 사람들이 겪었던 인고의 세월이 바람결을 타고 파노라마처럼 스쳐 지나간다.[28]

도원마을탐방지원센터에서 시작하여 도원계곡으로 돌아내려오는 이 길은 무등산 봇도랑을 만날 수 있는 구간인데, 봇도

28) 나경수 외, 『이야기로 만나는 무등산국립공원 문화자원』, 국립공원공단무등산국립공원사무소, 2020, 209쪽.

랑에 관한 언급을 찾아볼 수 없어 아쉽다. 무등산 봇도랑 뿐 아니라 멀지 않은 거리에 규남박물관이 위치하고 있기 때문에 연계하여 교육 및 문화관광 자원으로 활용될 수 있을 것으로 기대한다.

전통적인 물대기에 확인되는 '자연 환경과 조화를 이루는 수리체계'와 '물에 대한 생태적 인식', '평등한 공동체를 지향하는 의식' 등을 시민들과 공유할 수 있는 방안들이 적극적으로 모색되기를 바란다.

참고문헌

「국가중요농업유산 지정 신청서」, 영신마을, 2016.

김재호, 「산골농촌의 논물관리 어떤 점이 다를까」, 『실천민속학』 새책 2, 실천민속학회, 2000.

김재호, 「산간농촌 수리 관행을 통해 본 물에 대한 인식」, 『한국민속학』 제44집, 한국민속학회, 2006.

나경수, 「동서양의 문화영웅 비교 -우신화와 프로메테우스신화를 대상으로-」, 『남도민속연구』 18집, 남도민속학회, 2009.

나경수 외, 『이야기로 만나는 무등산국립공원 문화자원』, 국립공원공단무등산국립공원사무소, 2020.

노시훈 외, 『12가지 테마로 보는 무등산 백과사전 무등산 생태박물관』, 광주광역시 광주정보문화산업진흥원, 2016.

박철웅, 「무등산의 자연과 지형」, 『이야기로 만나는 무등산국립공원 문화자원』, 국립공원공단 무등산국립공원사무소, 2020.

배영동, 「수도재배를 위한 보의 축조와 이용」, 『과기고고연구』 제4호, 아주대학교박물관, 1988.

배재훈, 「무등산의 물」, 『12가지 테마로 보는 무등산 백과사전 무등산 생태박물관』, 광주광역시 광주정보문화산업진흥원, 2016.

범선규, 「영산강유역의 수리시설과 수리체계」, 『문화역사지리』 제14권 제2호, 한국문화역사지리학회, 2002.

소쇄원시선편찬위원회, 「소쇄공행장」, 『소쇄원시선』, 편찬위원회, 1997.

이종범, 「조선후기 동복 지방 진양 하씨가의 학문과 전승」, 『전남사학』 제24집, 전남사학회, 2012.

정동찬·윤용현·윤광주, 「자승차의 복원 및 실험연구」, 『전남사학』 제24집, 전남사학회, 2012.
한국농업기술사발간위원회, 『한국농업기술사』, 편찬위원회, 1983.
화순문화원, 『화순 영신마을』, 시와 사람, 2015.
『디지털화순문화대전』 홈페이지(한국학중앙연구원, 2017. 10월 검색.)

〈현지조사(2017년 6월~9월) 제보자〉

김재식(남, 영신마을 전 이장) / 김용만(남, 영신마을 주민)
나복순(여, 용강마을 주민) / 신순례(여, 용강마을 주민)
신순이(여, 용강마을 주민) / 주금숙(여, 영신마을 이장)
주동업(남, 도원마을 이장) / 최길섭(남, 영신마을 주민)

무등산 타잔의 메아리, 도시의 주인은 누구인가?

유경남

Ⅰ. 박홍숙 사건의 재소환

2005년 대학원 석사과정을 다니던 나는 전남대학교5·18연구소 연구보조원을 하면서 박홍숙이라는 인물을 처음 알게 되었다. 당시 연구소 조교 김기곤 선생님(현재 광주·전남연구원 연구관)이 광주일보 기자로 근무하던 시절 “77년 무등산 철거반원 살해(상·중·하/ 2004년 6월 9, 16, 23일)”라는 기사를 썼는데, MBC “이제는 말할 수 있다” 제작팀이 ‘무등산 타잔 박홍숙’ 제작을 위해 연구소를 찾아왔던 것이다(2005년 5월 15일 방영). 조교 선생님은 나에게 박홍숙이라는 인물에 대한 뒷이야기도 말해주셨는데, 어린 시절 광주로 이주해 온 나에

* 이 글은 「무등산 타잔의 메아리, 도시의 주인은 누구인가?」(『지방사와 지방문화』 16권 1호, 2013년 5월)를 수정·보완한 것이다.

겐 박흥숙의 삶과 사건이 흥미롭게 느껴졌다. 그러다 2011년 '무등산'을 주제로 한 학술대회에 발표자로 참여하면서 박흥숙 사건과 관련된 조사와 연구를 진행하였다.

당시 나는 이 연구에서 1960~70년대 '무등산'에 대한 정부의 관광개발정책, 박흥숙 사건, '자연보호헌장', 국민동원 캠페인을 분석하면서 권위주의적 국가사업(state project)의 문제점을 밝히고자 했었다. 이미 김원 선생님이 「훼손된 영웅과 폭력의 증언-무등산 타잔 사건」에서 박흥숙 사건에 대한 대부분의 논의를 다루었기 때문에,[1] 본 연구에서는 좀 더 '광주'라는 지역성과 관련된 자료에 주목하고자 했다.[2] 이후, 이영진 선생님이 「'범죄'의 재구성: 1977년 무등산 철거반원 살해 사건을 둘러싼 물음들」에서 박흥숙 사건을 한국사회의 개발 이데올로기와 문명화 담론의 민낯을 드러내는 사례로 삼으며, 도시 빈곤층의 삶을 '비정상'이라고 규정하면서 '정상'이라는 표상 공간이 상상하는 사회적 모순을 지적하기도 했다.[3] 이렇게 박흥숙에 대한 학계의 관심은 1970년대 경제성장 중심의 개발정책과 생명을 위협받는 처지에 있었던 도시 빈민 사이의 사회적 모순에 초점이 맞춰져 있었다.

반면, 박흥숙에 대한 대중적 관심은 사건 이후 계속해서 변

---

1) 김 원, 『박정희 시대의 유령들 - 기억, 사건 그리고 정치』, 현실문화, 2011, 334-382쪽.

2) 유경남, 「1970~80년대 무등산 개발사업과 그 내파(內破)」, 『지방사와 지방문화』 26-1, 역사문화학회, 2014.

3) 이영진, 「'범죄'의 재구성: 1977년 무등산 철거반원 살해 사건을 둘러싼 물음들」, 『비교문화연구』 20-1, 서울대비교문화연구소, 2014.

화해 왔다. 김원과 이영진이 언급한 바와 같이 박흥숙 사건 직후 언론은 이 사건의 사회적 모순보다는 흥미 위주의 왜곡과 폄훼가 대부분이었다. 그것이 정부의 적극/소극적인 개입에 의한 것인지 분명하지 않지만, 미디어들은 박흥숙과 같은 도시빈민은 "이해가 불가능하고 순화도 불가능한 범죄자, '괴물'로 표상"하며,[4] "잠재적 폭도나 범죄자"로 몰아가려 했다.[5] 시간이 흐르면, 강산이 변하듯, 세상을 보는 눈 역시 변하는 것처럼 2000년대 이후 '박흥숙'을 보는 시선에도 많은 변화가 생겼다. 특히 대중매체로써 텔레비전의 영향력이 강해지면서, 지역의 사건은 전국적으로 알려지게 되었고, 이후 학계의 성과들이 대중에게 소개되기 시작했다.

표 1. 박흥숙 사건을 소제로 한 주요 언론 매체

<table>
<tr><th>순서</th><th>날짜</th><th>주제</th><th>구분</th><th>비고</th></tr>
<tr><td>1</td><td>1977.04.22</td><td>白晝의 殺戮 … '巫堂村'의 發惡</td><td>신문
(전남일보)</td><td></td></tr>
<tr><td>2</td><td>1977.04.21</td><td>사제총 위협 무허촌 철거반원 4명 피살</td><td>신문
(경향신문)</td><td></td></tr>
<tr><td rowspan="2">3</td><td>1977.08</td><td>무등산 타잔의 진상: 무책임한 신문보도를 폭로한다(『월간 대화』, 김현장)</td><td>르포기사</td><td></td></tr>
<tr><td>1978.08</td><td>이 불쌍한 무등산 청년의 죽음과 죽임(『뿌리깊은 나무』, 김현장)</td><td>프로기사</td><td></td></tr>
</table>

4) 이영진, 앞의 논문, 2014, 7쪽.

5) 김 원, 앞의 책, 2011, 370쪽.

순서	날짜	주제	구분	비고
4	2004.06 (09, 16, 23)	77년 무등산 철거반원 살해 (상·중·하)	신문 (광주일보)	
6	2005.05.15	이제는 말할 수 있다 - 무등산 타잔 박흥숙	TV (MBC)	
7	2005	무등산 타잔, 박흥숙(박우상 감독)	영화 (백상시네마)	미개봉, 케이블 TV 방영
8	2009.01.20	30년 전, 한 '철거민'에게 왔던 계고장 - 이주대책 없는 강제 철거, 죽음, 그리고 언론의 반복	인터넷 신문 (미디어스)	용산 참사[6]
9	2015.12.24	크리스마스 이브, '무등산 타잔' 사형 "우리 오빠는 중앙정보부에 자수했다" [최후의 진술 ① 박흥숙 편] 무등산 타잔, 박정희 시대가 조작한 청년의 죽음	인터넷 신문 (오마이뉴스)	
	2016.01.27	"우리가 무엇 때문에 나라를 위해 싸우는가" [최후의 진술 - 박흥숙 편 부록] 자필 최후 진술 전문	인터넷 신문 (오마이뉴스)	
10	2020.11.05	꼬리에 꼬리를 무는 그날 이야기: 무등산 타잔 박흥숙	TV (SBS)	
11	2020.12.21	박정희 정권의 돌진적 근대화와 도시빈민의 삶	인터넷 신문 (르몽드 디플로마티크)	

6) 2009년 1월 20일 서울시 용산구 한강로 2가 남일당 건물에서 발생한 화재사건으로 "용산4구역 철거현장 화재사건"이라 말하기도 한다. 재개발 보상문제와 관련하여 철거민의 농성장에 경찰이 강제 진압하면서 철거민들이 저항하는 과정에서 화재가 발생해 7명이 사망하고 30여명이 부상을 입었다. '불법 과격시위에 대한 적법한 대응'과 '과잉진압'이라는 논쟁이 있다.

흥미로운 점은 2009년 '용산 참사'가 발생했을 때 박흥숙 사건이 재소환되고 있다는 사실이다. 그렇게 박흥숙 사건은 '개발과 도시민의 주거 문제'의 상징적 사건이 되었다. 2020년 이후 이 사건이 다시 조명받는 이유도 크게 다르지 않다. 과거 "도시재개발"이라 불렸던 도시개발 정책은 "도시재생사업"이라는 이름으로 계속되며 크고 작은 갈등과 잡음들이 끊이지 않고 있고, 특히 도시민들은 '내집 마련'이라는 과제를 해결하는데 '영끌해야한다(영혼까지 끌어모아야 한다)'는 말처럼 고단한 삶에 놓여있기 때문이다. 이 글을 쓰고 있는 시점에서도 (2022년 2월) 광주 지역에서는 동구 학동 철거건물 붕괴사고,[7] 화정동 아이파크 붕괴사고[8] 등 연이은 도시 재개발 과정에서 사고가 발생하였고, 전국적으로는 '대장동 개발(성남판교대장 도시개발사업)'[9]이 20대 대통령 선거의 최대 이슈가 되었다.

결국, 1977년 발생한 '박흥숙 사건'을 계속해서 재소환되고 있다는 것은 동시대 사회문제가 해결되지 않고 있음을 반증한다. 박정희 정권이 '국토'를 균질한 형태의 국민적 지표로 탈바꿈시키는 국가사업으로 경제개발 5개년 계획과 국토건설종합

---

7) 2021년 6월 9일 광주광역시 동구 학동 학동4구역 재개발을 위해 철거하던 학살빌딩이 붕괴되면서 시내버스를 덮친 사고가 발생했다. 이 사고로 버스 탑승객 9명이 사망하였고, 8명이 부상 당했다.

8) 2022년 1월 11일 광주광역시 서구 화정동에서 HDC현대산업개발이 공사중이던 광주 화정 아이파크 2단지 201동 23~38층 대부분이 붕괴한 사고가 발생했다. 이 붕괴사고로 현장에서 건설 노동자 6명이 사망했다.

9) 경기도 성남시 분당구 대장동 210번지 일원과 성남시 수정구 신흥동 2458번지 일원에 추한 도시개발사업으로 사업 이익을 구 시가지 공원조성에 사용하는 형식으로 사업이다.

계획을 실행했던 것처럼, 오늘날 갖가지 형태의 도시재생사업은 진행되고 있다. 이 사업은 "공공의 역할과 지원을 강화함으로써 도시의 자생적 성장기반을 확충하고 도시의 경쟁력을 높이며, 지역공동체를 회복하는 등 국민의 삶의 질 향상에 이바지"하는 것을 목적으로[10] 산, 강, 바다, 들판에서 인간의 거주공간인 도시로 등 '국토'의 전 범위를, '국민'의 공공이익을 위해 개발하는 사업이다.

그렇다면 이러한 국가주도의 개발 사업들의 이익이 과연 국민 대다수에게 돌아가는 것일까?

> 옛말에도 있듯 태산은 한 줌의 흙도 거부하지 않았으며 대하 또한 한 방울의 물도 거부하지 않았다고 하지 않았나. 세상에 돈 많고 부유한 사람만이 이 나라의 국민이고, 죄 없이 가난에 떨어야 하는 사람들은 모누가 이 나라의 국민이 아니란 말인가.[11]

살인·살인미수죄로 재판을 받는 박흥숙은 위의 「최후 진술문」과 같이 정부의 정책이 국민에게 공평하지 않다고 비판했다. 지금도 계속되고 있는 도시개발 과정에서 자본(가)은 이익을 실현하고 그 장소(시장)를 떠나지만, 그 장소(시장)의 운영과 관리는 개발된 장소(도시)에서 살아가야 할 사람들의 몫으

---

10) 권혁신·방두완, 2021, 「도시재생사업의 공공성과 지속가능성에 관한 연구」, 『도시연구』 19, 152쪽.

11) 박흥숙 자필 최후 진술문(1978년 3월 16일)

로 남겨지고 만다. 사실상 일반 도시민들은 그 개발정책의 수립과정이나 추진과정에서 배제되어 있고, 정책의 대상으로 호명/동원되는데 그치거나, 구매자의 —구매를 위한 노동자— 역할만 떠안게 하고 있다. 따라서 개발정책의 실체는 도시민/국민들을 그들이 가진 개별 자본에 따라 층 지우고, 줄 세우는 통치 정책의 하나로 보여진다. 이에 이글에서는 1977년 박흥숙 사건을 통해 당시 정부의 정책과 도시민인 사람들의 생존문제를 이해해 보면서, 박흥숙 사건이 오늘날 광주 지역의 개발정책과 도시민의 주거, 즉 생존문제에 어떤 의미성을 갖는지 이야기 해보고자 한다.

Ⅱ. '무등산 타잔'의 메아리

박정희 정권 시기 정부는 '국토'를 균질한 형태의 국민적 지표로 탈바꿈시키는 국가사업을 추진했다.[12] 경제개발 5개년 계획과 함께 진행된 국토건설종합계획이 바로 그것이다. 이 국가사업은 "국토의 자연조건을 종합적으로 이용·개발, 보존하며, 산업입지와 생활환경의 변화를 통해 국토의 경제적·사회적·문화적 발전"을 목표로 추진되었다. 이 사업은 산업단지의 조성과 고속도로 건설 사업 그리고 농촌의 주택개량사업에 이르기까지 전 방위적으로 추진되었지만 국민 다수의 현실과

12) 공제욱, 『국가와 일상-박정희 시대』, 한울아카데미, 2008.

충돌하는 불안정성을 보이기도 하였다. 예컨대 1971년 광주대단지에서는 '도시빈민'을 대상으로 한 국가의 이주정책에 반발하는 사건이 발생하기도 하였고,[13] 1977년 전라남도 광주에서는 무등산 내 무허가 주택의 철거 과정에서 철거민 박흥숙이 철거반원의 4명을 살해하는 '무등산 타잔' 사건이 발생하였다.

> 철거반원 4명을 살해한 범인 박흥숙(20·광주시 동구 운림동 134)이 22일 서울에서 검거되어 23일 상오 10시 45분 광주에 압송되었다. 박은 지난 20일 하오 2시쯤 광주시 동구 운림동 산145 무등산 계곡에서 무허가 건물을 철거하던 오종환씨(40·건축기원) 등 4명을 사제총으로 위협, 이들의 손발을 나일론 끈으로 묶게 한 다음 철거반원이 가지고 온 해머로 머리를 난타, 살해하고 이날 하오 3시 20분쯤 증심사 입구로 내려와 광주시내로 택시를 타고 잠입했다. (중략) 박은 평소 아령, 철봉 등으로 신체단련에 힘써 강인한 체력으로 무등산 일대 사람들로부터 〈무등산 타잔〉이란 별명을 듣기도 했었다. (중략) 그밖에 박은 태권도, 유도의 유단자이며 높이뛰기 앞차

13) 1960년대 서울시는 도시 외부에 정착지를 조성하여 철거민을 이주시키는 정책을 시행했다. 1969년 9월 광주대단지로 철거민 이주가 시작되었지만, 서울시가 기반 시설을 조성하지 않아 상하수도 시설도 없는 곳에서 천막과 판잣집을 지어 생활해야 했고, 또한 단지 내에서 경제기반조차 찾을 수 없었다. 이런 상황 속에서 서울시의 토지 분양가격 통보와 경기도의 세금 독촉에 항의하는 시위가 가열되어 행정기관 및 경찰과 충돌했던 사건이다. 1971년 8월 발생한 광주 대단지 사건은 급속한 산업화 과정에서 생성된 대규모 도시 빈곤층의 생존위협 상황을 여실히 드러내준 빈민운동의 시발점으로 평가된다(『한국민족문화대백과사전』(encykorea.aks.ac.kr), 한국학중앙연구원).

기 몽둥이를 들고 공격·방어 등 갖가지 무술을 익혀 어떤 사람들은 그를 〈무등산 이소룡〉이라 부르기도 했다는 것이다.[14)]

살인자 박흥숙은 위의 신문 기사처럼 "무등산 타잔", "무등산 이소룡"으로 불리며 세간의 주목을 받았다. 하지만 본 사건에는 당시 도시빈민의 잔혹한 현실이 내재되어 있다.[15)] 박흥숙은 전남 영광에서 가난한 농부의 아들로 태어났다. 일찍이 아버지를 잃고 형마저 세상을 떠나자 가세가 기울자, 삶의 방편을 찾고자 그의 가족은 광주로 이주를 결심한다. 박흥숙은 성적이 우수해 장학금을 받으며 학교를 다닐 수 있었지만, 가정 형편상 학업을 포기하고 생활 전선에 뛰어든 것이다. 그러나 광주에 도착한 박흥숙의 가족은 자신의 거주 공간을 장만할 돈이 없었고, 이내 각자 흩어져 생존의 방법을 찾아야 했다. 동생은 가정부 일을 시작했고, 어머니는 전북 내장사에서 식모로 일해만 했다. 박흥숙 또한 상점 점원, 열쇠 수리공을 하며 집을 장만하고자 했지만, 형편이 쉽게 나아지지는 않았다. 이에 박흥숙은 '흩어진 가족이 같이 살 수만이라도 있도록' 시내에서 멀리 떨어진 무등산에 움막을 짓기 시작했다.

---

14) 『경향신문』 1977년 4월 23일자 「서울서 검거 … 광주로」.

15) 『월간대화』 1977년 8월호 「르포 무등산 타잔의 진상」(김현장); 『광주일보』 2004년 6월 9일자 「77년 무등산 철거반원 살해(상)」; 2004년 6월 16일자 「77년 무등산 철거반원 살해(중)」; 2004년 6월 23일자 「77년 무등산 철거반원 살해(하)」(이상 김기곤); 문화방송, 2005년 5월 15일 방송, 〈이제는 말할 수 있다: 무등산 타잔 박흥숙〉; 김원, 『박정희시대의 유령들』, 현실문화, 2011, 529-532쪽.

당시 무등산 덕산골은 1970년대부터 20여 채의 무허가 건물이 있었는데, 수차례에 걸친 강제 철거에 의해 사건이 일어날 즈음 4채 정도가 남아 있었다고 한다. 사건이 발생한 1977년 4월 20일 광주시 철거반원들은 덕산골에 올라와, '늘 그렇듯' 박흥숙의 살림을 밖으로 꺼냈다. 그런데 철거반원이 갑자기 집에 불을 질렀고, 박흥숙의 어머니가 천막지붕에 30만원을 숨겨놨다며 불 속으로 뛰어들려 했다. 철거반원이 이를 밀쳐내며 그녀가 쓰러져 정신을 잃자, 박흥숙은 넋을 잃고 있다가 치밀어 오르는 분노에 평소에 만들어 놓은 사제 총을 들고와 철거반원을 위협했다. 양 측이 실랑이를 벌이다 박흥숙이 철거반원 4명을 철거용 쇠망치로 내리쳐 살해하고 만다. 살인자가 된 박흥숙은 사건 직후 여수, 서울로 도피하다가 이틀만인 22일 중앙정보부에 자수했고, 언론은 이 사건을 '무등산 타잔' 사건으로 희화화하여 보도하기 시작했다.16)

언론의 이러한 보도는 도시에서 삶을 찾지 못했던 도시 빈민의 현실은 눈 감은 채, 이들을 '비정상적이고 타락한 혹은 더럽고 불결한 존재'로 재현했던 지극히 정치적 행위였다.17) 이러한 보도행태는 당시 정부가 시행했던 '정화사업'을 정당화한 것이다.18) 그러나 지역의 여론은 신문의 내용과 다른 반응

---

16) 『광주일보』 2004년 6월 9일자 「77년 무등산 철거반원 살해(상)」.

17) 『한국일보』 1977년 4월 22일자 「전남 제1호 도립공원이자 광주의 상징인 무등산이 사이비종교의 아성으로 말썽을 빚더니만 끝내 살인극」; 『중앙일보』 1977년 4월 21일자 「광주 무등산 중턱에 무당·점쟁이·박수 등 미신집단이 모여 무당촌을 형성」; 『전남일보』 1977년 4월 21일자 「풍치 좋은 계곡이 바로 사이비종교 단체가 집단을 이루고 있는 덕산계곡」.

無許村 철거班員 4명被殺

私製銃위협 양손묶고 해머·낫으로 쳐

1명重傷—20대犯人 도주

1年동안 億臺도박

富裕層主婦들 밤마다 장소바꿔

경향신문 1977년 4월 21일자

무당촌 撤去班員 살해범

서울서 검거…光州로

이모집 은신중에 市民제보

새마을담배에 필터붙여50원 내달부터

경향신문 1977년 4월 23일자

을 보이기 시작했다. 먼저 김현장(당시 26세, 조선대 금속학과 재학)은 "무등산 타잔의 진상"이라는 르포기사를 통해 당시 언론의 행태를 조목조목 반박했다.[19] 또한 당시 광주의 사회운동가들 또한 '무등산 타잔' 사건이 생계대책도 없이 이루어진 강제철거와 정책적 이주가 빚어낸 사회적·제도적 문제라고 공감하기 시작했다.

18) 김 원, 앞의 책, 2011, 337쪽.

19) 『월간대화』 1977년 8월 「무등산 타잔의 진상」.

이에 김현장, 안성례(당시 광주YMCA 이사) 등은 광주의 사회운동가들과 구명 운동을 시작하였고, 여기에 박순천, 김옥길, 오지호 등 사회 인사들이 동참하였다. 이들은 무등산 타잔 사건이 어떤 "개인의 사건이기보다 당시 정부가 추진했던 고도경제 성장의 그늘 아래 소외된 도시 빈민의 무주택 문제가 빚어낸 사건이자, 대책 없이 진행된 행정상의 횡포가 부른 참극"이라고 주장하였다. 하지만 이들의 구명운동에도 불구하고 법원은 박흥숙에게 사형을 판결하였고,[20] 1980년 12월 24일 사형에 처한다.[21]

Ⅲ. 도시개발의 공공화(official)

그런데 '무등산 타잔' 사건이 발생했던 구체적인 조건을 살펴보기 위해서는 그의 삶의 공간이 '철거'되어야만 했던 관련 법률을 살펴보아야 한다.

> 정부는 도시계획법상 재개발사업에 관한 특례규정으로 주택개량촉진에 관한 임시조치법을 만들어 주로 대도시 주변에 산재해 있는 무허가 주택을 오는 81년까지 모두 정비할 계획이다. (중략) 이 법안에 의하면 건축법 또는 기타관계법령의 규정에 위반됐거나 그 기준에 미달한 건축물이 있는 지구(주

20) 1978년 2월 18일 항소심 선거공판.

21) 『광주일보』 2004년 6월 23일자 「7년 무등산 철거반원 살해(하)」.

로 무허가 주택지구)와 주택개량사업을 시행하기 위해 철거민을 수용했거나 앞으로 수용하기 위한 지구를 건설부장관이 재개발구역으로 지정, 각지방자치단체가 모두 정비하도록 되어 있다. (중략) 지방자치단체는 재개발구역이 도시계획상 공원지나 기타용도에 필요한 곳은 구역 내에 주택(무허가)을 모두 철거, 다른 지역으로 이주시키고 현지 개량이 가능한 곳은 관계법에 부합토록 주택을 모두 개량하게 된다.[22]

위의 기사가 설명하는 법령에 의하면 박흥숙은 무허가 주택을 지은 범법자였고, 그의 움막은 철거대상이었다. 정부는 이미 1955년부터 무허가·불량건축물 철거사업을 실행해 왔고, 1965년부터는 도시계획법을 통해 무허가주택 거주자를 도시 외곽으로 내보내는 '이주사업'을 추진했다. 하지만 도시계획법은 팽창하는 도시의 경계와 가속화되는 이촌향도 현상을 따라갈 수 없는 한계를 가지고 있었다.[23] 광주 역시 폭발적인 인구증가와 함께 전형적인 '도시'로 변화를 거듭하고 있었다. 총인구가 365,611명(1965년)에서 558,622명(1974년)으로 급증하는 10년 사이, 경제인구 67.8%가 3차 산업에 종사하는 등 급격한 도시화가 진행되고 있었다.[24] 이에 따라 도시화 과정에서 도시 주변부에 시가지가 무질서하게 형성되는 폐해가 발생하기도 하였다.

22) 『경향신문』 1973년 2월 20일자 「내집 건설 집단 우선」.
23) 대표적인 예가 광주대단지 이주정책이었다(장성수·윤혜정, 「주택개발사업 제도 변천에 관한 연구(1)」, 『주택포럼』 15, 주택산업연구원, 2001, 90-91쪽).
24) 광주직할시, 앞의 책, 1992, 84~88쪽.

이에 광주시는 1967년을 시작으로 1970~80년대 사이 총 여섯 차례에 걸쳐 '도시(재정비)계획'을 만들었다. 지방 정부의 이러한 도시계획은 1962년 제정된 도시계획법을 근간으로 하였고, 특히 상위법인 국토건설종합계획법에 의해 전국에서 추진되었다. 그러나 정부의 공적(official) '계획'들은 급격한 도시 과밀화를 제대로 예측하지 못했다.[25] 1960년대 광주시의 주택 보급률은 점차 상황이 악화되어, 1970년대에서 54.4%까지 떨어진다. 이에 시 당국은 다양한 형태의 주택을 만들지만, 인구 증가율과 비교해 볼 때 상대적으로 저조했다. 또한 1975~6년 〈도시계획재정시 사업〉을 추진했는데, 개발제한구역의 과다 신설로 주거지역이 크게 감소하면서 주거지 문제가 오히려 심화되었다.[26]

> 도시 내의 불량지구는 도시발전의 침체요인이 된다. 도시 재개발지구는 가로의 협소로 소방상, 보안상 지장은 물론 교통 상 간선의 분배 기능을 다 못하고 있는 실정이다. 따라서 불량지구는 완전 재개발되어 고층화 될 것이며, 도시미화를 갖출 것이다.[27]

25) 이에 따라 광주는 "도시 기반 시설을 비롯한 생활권역 등이 무질서할 뿐 아니라 주요기관과 경제활동 요소가 시가지에 밀집되어 있어 최저 시민생활도 영위할 수 없는 기형적인 도시가 되었다. 광주시는 처음 도시계획을 만들며 1967년 인구를 15만으로 예측했지만 실제 1967년 인구는 432,552명으로 계획 당시 인구의 9배, 계획 목표연도 인구의 3배로 엄청난 인구 증가를 경험했다"(광주직할시, 앞의 책, 1992, 178쪽).

26) 이영진, 「'범죄'의 재구성」, 『비교문화연구』 20-1, 서울대 비교문화연구소, 2014, 11쪽.

27) 광주직할시, 1992, 「1971년 광주도시계획」, 『광주도시계획연혁』, 183쪽.

특히, 도시재개발의 경우 위와 같이 1960년대 도시 내 '불량지구'의 일소를 목표로 만들어졌다. 정부는 주택건설촉진법 및 '주택개량촉진에 관한 임시조치법(이하 임시조치법)'을 만들어, 불량지구의 주민들의 이주·정착을 도모하면서 도시문제를 해결하고자 했다(1973년).[28] 이후에는 별도의 "도시재개발법"을 만들었지만(1976년), 주민들을 '이주·정착'시키는 임시조치법은 불량지구 거주자를 이주시키는 '강제 철거법'으로 1980년대까지 활용되었다. 광주시의 도시계획 또한 "불량지구 개량"을 계획했지만, 재개발대상 후보지로만 선정되고, 확정·시행되지는 않았다(1991년 기준). 결국 1970년대 정부의 국가사업에는 급격한 도시 과밀화 문제를 해결하는 실효성 있는 '계획'이 어디에도 없었다. 이에 따라 생존을 위해 도시로 모여든 사람들은 불량지구를 이룰 수밖에 없었으며, 언제라도 강제 철거당할 처지에 놓여 있었다.

당시 광주시의 양동, 임동 일대가 서민들의 집단 주거지였고, 지금의 광천 초교 근방에 산동네가 형성되었다.[29] 여기에도 주거지를 마련하지 못한 박흥숙과 같이 사람들은 도시 외곽 산속으로 숨어들 수밖에 없었다. 하지만 정부의(official) '개발제한구역'제도는 이런 사람들을 가만두지 않았다. 도시계획법개정과 함께 만들어진 개발제한구역은 대도시의 인구 집중

28) 『동아일보』 1973년 2월 6일자 「재개발지구 위법건물정비 위해 집개량촉진법 곧 제정」, 『매일경제』 1973년 2월 6일자 「무허가 건물일소 81년까지 전국 25만동」.

29) 이영진, 앞의 논문, 2014, 11쪽.

과 과밀의 폐해를 해결한다며, 대도시의 성장을 억제하고자 "국토종합개발 도시계획"의 근간으로 만들어졌다.[30] 광주시 또한 건설부의 지침에 따라 도시의 무질서한 확산 방지, 도시 주변의 자연녹지 보존, 고지대 건축물의 개발 억제, 군사시설 및 중요산업시설 주변 지구의 도시화 억제를 목적으로 개발제한구역을 설정했지만,[31] "표고 80m 이상 지역, 표고 80m 이하는 농경지 보호와 대상지을 위한 최소한의 지역, 주요 산업 및 군사지역, 상수도 확보를 위한 집수지역, 자연녹지와 관광자원 보호" 등의 기준에 따라,[32] 도시계획구역의 약 71.5%가 개발제한구역으로 지정되고 만다. 결과적으로 제한된 부지 안에 인구만 급증하고 만다.

결론적으로 광주는 도시과밀화 현상을 해결할 수 있는 현실적 방안이 없었다. 도시 내부의 재개발은 인구급증과 중앙 정부의 지원 미비로 진행되지 않았고, 개발제한구역제도는 도시 외부로의 팽창을 가로막았기 때문이다. 따라서 도시에서 삶을 이어가고자 했던 사람들은 각자가 자신의 생존을 마련해 나가야만 했다. 극빈층에 속했던 박흥숙의 경우 도시 외곽에 있는 무등산을 삶의 공간을 선택했던 것이다. 그런데 그의 움막은 해발 100m이상의 도심 고지대에 위치했기 때문에, 당시 중앙 정부와 광주시가 진행하고 있던 국토종합개발계획과 도시계획에 저촉되어 있었다. 특히 광주시는 다른 도시들 보다 내부 공

30) 광주직할시, 앞의 책, 1992, 431쪽.
31) 광주직할시, 앞의 책, 1992, 432쪽.
32) 광주직할시, 『광주도시계획사연구』, 1992, 166쪽.

원이 적었기 때문에, 무등산을 '도시 내 공원'으로 간주하였다.[33] 따라서 무등산의 경관조성과 공원녹지기능을 회복하기 위해 박흥숙의 움집은 "전면철거"의 대상이었다.[34]

그리고 박흥숙의 움집은 기타관계법령인 "공원법"에도 저촉되었다. 본래 공원법은 "표면상 자연풍경지의 보호와 국민의 보건·휴양 및 정서생활의 향상"을 목적으로 했지만, 실제 개발을 위한 공원정책의 일환으로 만들어졌다(1967년).[35] 이를 바탕으로 정부는 무등산을 비롯한 전국 다섯개 산을 도립공원으로 지정하며 관광지로 개발하고자 했다.[36] 이에 1972년 5월 "무등산도립공원종합개발"(1974년)이 확정되었고 개발의 속력이 붙기 시작했다.[37] 게다가 광주시는 "수려한 자연미에 인공

---

33) 1971년 광주시는 무등산의 녹지지역을 관광지로 개발하여 이를 배경으로 도시의 구획정리사업을 완성하고 각 지역의 용도에 따라 광주를 서북방향의 인수형도시(人手型都市)로 만들고자 했다. (광주직할시, 『광주도시계획연혁』, 1992, 177쪽).

34) 장성수·윤혜정, 「주택개발사업제도 변천에 관한 연구(2)」, 『주택포럼』 16, 주택산업연구원, 2001, 66쪽.

35) 당시 공원법은 위계적으로 국립공원, 도립공원, 군립공원 순으로 구분되었으며, 1980년 1월 4일 공원법이 폐지되면서 자연공원에 관항 사항과 도시공원에 관한 사항이 분리되어 "자연공원법"과 "도시공원법"이 제정되었다(소병천, 「자연공원법에 대한 소고」, 『환경법연구』 33, 한국환경법학회, 2011, 221쪽; 허강무, 「도립공원제도에 관한 소고」, 『환경법연구』 27-1, 한국환경법학회, 2007, 643쪽).

36) 정부는 1967년부터 1971년까지 5개년개발계획을 세우고 무등산, 백양사, 홍도, 지리산, 오동도 등 5개 지역의 관광자원을 중점적으로 개발하는 계획을 세웠다. 특히 지리산, 홍도, 한려수도를 국립공원으로 만들며, 무등산을 도립공원으로 만들 계획이었다(『매일경제』 1967년 4월 8일자 「관광한국의 길」). 실제 무등산은 1967년 7월 21일 건설부고시 제986호로 도시계획법에 의한 도립공원 준용지구로 인가를 받았다(박선홍, 『무등산 그 유래와 전설·경관』, 도서출판 규장각, 1990, 329쪽).

미가 조화된 관광 위락도시"를 목표로 "무등산도립공원, 충장사, 지산유원지"에 "교육·문화·복지시설"을 갖추고,[38] 나아가 광주대공원과 광주댐 유원지, 무등산도립공원, 남평 유원지를 "시민 휴식을 위한 대단위 위락 공간"으로 조성하고자 했다.[39] 이러한 도시계획에 따라 광주시는 당시 개발제한구역에 위치한 원주민을 이주시키는 '정화작업'을 계속 추진해 나갔던 것이다.[40] 더불어 광주시는 지방에서는 처음으로 개최하는 전국체전(1977년 10월)을 앞두고 '도시 미화'에 전력을 다하고 있었다.[41]

결국 박흥숙은 국토종합개발계획의 일환으로 추진되었던 도시개발계획과 도립공원종합개발계획에 따라, 공공(official)을 위해 '강제철거'를 당했다.[42] 관계법령들은 박흥숙과 같은 사람들을 "무허가 주민"으로 명명하며, '불량'주민으로서 '정화 및 미화의 대상'으로 낙인찍었다. 1972년 박정희 성권의 '유신

---

37) 『매일경제』 1972년 11월 10일자 「산장길 포장착공 무등산도립공원」, 『동아일보』 1975년 5월 21일자 「무등산관광개발 급피치」.

38) 광주직할시, 「1976년 광주도시계획재정비」, 『광주도시계획연혁』, 1992, 192-200쪽.

39) 광주직할시, 「1981년 광주도시장기종합개발계획」, 『광주도시계획연혁』, 1992, 206쪽.

40) 이 사건은 광주시가 도립공원 무등산 일대 정화작업의 일환으로 작년여름 철거된 후 다시지은 무허가건물 2차 철거에 나섰다가 빚어졌다(『동아일보』 1977년 4월 21일자 「무허 건물 철거반원 4명 피살」).

41) 『동아일보』 1976년 6월 16일자 「내년전국체전 광주개최확정」; 1976년 11월 30일자 「광주서 내년국체 정식유치」; 1976년 12월 22일자 「내년부터 지방개최 전국체전 주변도시서도 분산경기」; 1977년 3월 16일자 「광주국체예산 11억원 확정」; 1977년 6월 16일자 「광주전국체전 10월 10일 개막」.

42) 김 원, 앞의 책, 2011, 339쪽.

체제' 아래에서 국가가 추진하는 근대적 국가사업이 기획되고 추진되었던 것을 유념한다면, 생존을 위해 농촌에서 도시로, 도시에서 다시 변두리 무등산 속 움막으로 숨어들 수밖에 없었던 박흥숙의 처지는 충분히 짐작할 수 있을 것이다. 이 시기 국가가 법을 활용해 사람들을 통치했던 것과 같이, 국가는 무등산을 국토종합개발계획을 지탱하는 도시계획법과 공원법으로 지배하고, 박흥숙과 같은 '생명'을 철거시켜 버린 것이다.

Ⅳ. 무등산의 공공화(public)

사이토 준이치는 "공공성"을 세 가지 열린 개념으로 소개하고 있다. 하나는 국가에 관계된 공적인 것(official) 그리고 모든 사람과 관계된 공통적인 것(common), 또 다른 하는 누구에게나 열려있는 것 개념으로써 공공성(open)이다.[43] 그에 따르면 1960년대 이후 '국가'의 이름으로 진행된 개발담론은 공공(official)의 목적을 담지하고 있었지만, '무등산 타잔' 박흥숙의 사례에서처럼 모든 사람과 관련된 공통적인 것(common)이었다고 말할 수는 없다. 오히려 국가는 어느 한 집단이나 계층, 근대화라는 아젠다만 강조할 뿐, 박흥숙과 같이 도시 빈민은 공공(official)에 의해 "공식적(formal)/비공식적(informal) 배제"를 당하고 말았다. 다시 말해 당시 시민들은 '개발담론'의 의사

43) Junich Saito(윤대석·류수연·윤미란 역), 『민주적 공공성』, 이음, 2009.

형성 및 의사결정과정에서 제도적으로 배제되었고, 사회·경제적 격차에 따라 그 기회조차 주어지지 않았다.

이에 근대 시민사회에서는 이러한 국가주의적 공공성을 시민들 스스로 재정의하는 '대항적/대안적 공공권을 형성하는 움직임들'(public)이 등장하는데, 광주의 경우 무등산 개발과정에서 그 사례를 찾아볼 수 있다. 돌이켜보면, 무등산은 산 자체보다, 광주라는 도시의 부속지대로 활용되어왔다. 1960년대 광주상공회의소(당시 회장 박인천)를 중심으로 추진되었던 "무등산 관광개발 사업"은 (전국 각 시도권역 산지의) 호텔 신설 계획으로 공식화되었다.[44] 지역 상공인들의 무등산관광개발을 '지역으로부터 시작된 개발담론'의 실행과정으로 볼 수 있겠으나,[45] 기업인과 전문가들로 구성된 추진위원회를 보면, 당시 정부는 국제적 관광사업을 외화획득의 기회로 삼아 미국의 원조를 받고자 했고, 지역의 상공인들은 외부의 사본을 활용하여 무등산을 상품화하고자 했던 것이다. 따라서 이 시기의 무등산관광개발사업은 지극히 근대 자본주의적 방식으로 진행되었다.

당시 무등산 개발추진위원회는 산림과 자연을 '자원'으로 삼아, 근대 대중 여가인 관광을 산업적 차원에서 상품으로 개발하고자 했다. 추진위원회는 산림의 화재와 무분별한 벌목을 예방하고자 "감시원"을 고용했는데, 이러한 '산림 감시'는 자

44) 『동아일보』 1959년 1월 1일자 「정부각부처의 주요사업계획」.

45) 김동완, 「1960년대 광주 지방의 지역개발담론과 아래로부터 지역주의」, 『정신문화연구』 32, 한국학중앙연구원, 2009.

연자원을 근대적 감시체계 안에 위치하게 할 뿐만 아니라, 자연 속에서 은거할 수 있는 사람들의 움직임과 의식까지도 감시할 수 있는 체계를 구성하는 것이었다. 다시 말해 무등산을 관리자의 시선 안에 위치시켜 감시하고, 근대적 상품화를 방해하는 사람들의 이용을 통제하고자 했다. 지리적으로 도시는 산을 통제할 수 없지만, 산이라는 '공간의 권리를 국가의 권리로 전환' 시켜 그 한계를 극복해 버렸다.[46] 결국 도시의 자본은 국가의 권력을 통해 자연('무등산')을 상품화했고, 이는 도시가 중심, 자연이 주변이 되는, 위계관계의 형성이자, 그 자체로 자연에 대한 도시화 과정이기도 했다.

방문객들은 도로가 포장됨에 따라 자동차를 타고 무등산을 둘러보기 시작했고, 산 속에 주차장이 조성되기에 이른다. 방문객이 늘어나자 정부는 도시의 방문객들을 위한 우체국과 같은 통신시설, 파출소 같은 치안시설 그리고 상·하수도 시설과 같은 위생시설을 포함하는 개발계획을 추진하기도 했다.[47] 그러나 무등산관광개발사업이 계획대로 '성공'했던 것은 아니었다. 막대한 예산을 들여 건설했던 무등산관광호텔은 신축한지 3개월 만에 타 지역의 관광호텔과 마찬가지로 수익을 내지 못해 영업을 중단해야만 했다. 왜냐하면 무등산 방문객들은 '비싼 관광호텔보다 저렴한 인근 여관'을 이용했기 때문이다. 이 과정에서 발생한 사건이 '무등산 타잔' 사건이었다. 당시 정부

46) Paul Virilio(이재원 역), 『속도와 정치』, 그린비, 2004.

47) 무등산 주변에 수원지와 호수를 조성하는 것 또한 이곳에서 만들어진 식수를 도시에 공급하고자 했던 국가프로젝트의 하나일 것이다.

는 무등산을 도립공원으로 지정하면서 개발제한구역을 설정하였고, 그 안에 살고 있는 주민들을 이주시키고자 했다. 이에 따라 광주시는 1백 80여 가구의 주민들의 이주를 독려했지만, 주민들의 호응이 없어 강제철거를 단행했다가 '무등산 타잔' 사건이 발생하면서 지역의 시민 사회 내부에 국가의 개발정책에 대한 사회적 비판의식이 생겨나기 시작했다.[48]

급기야 1980년대에는 지역 주민들이 국가의 무등산 개발정책을 적극적으로 반대하고 나서기도 하였다. 1981년 10월 광주 지역민들이 무등산 일주도로(관광도로) 개설에 대한 반대 성명서를 발표하면서, 공사현장을 점거하여 개발중단을 요구하였던 것이다.[49] 당시 정부는 1972년 무등산을 도립공원 지정하면서, 국민관광지 조성계획(1971년)과 도립공원 기본계획(1974년)에 따라 무등산 관광 일주도로의 개설을 추진했다. 이외에도 케이블카(또는 곤돌라) 등 부대시설의 설치하고, 88올림픽을 앞두고 조각공원을 설치하여 관광 효과를 증대시키고자 했다.

이에 대해 산악인들을 중심으로 한 단체가 무등산 관광 일주도로의 개설과 무등산 조각공원의 조성 문제를 쟁점화시키면서 무등산에 대한 시민적 관심을 높이고자 하였다. 결국 무등산 일주도로는 1982년 중지되었고, 조각공원은 1984년 계획

48) 유경남, 「1970~80년대 무등산 개발사업과 그 내파(內破)」, 『지방사와 지방문화』 16-1, 역사문화학회, 2013.

49) 황해동, 「정책대상집단의 정책불응에 관한 연구: 무등산 공유화 운동을 중심으로」, 『지방정부연구』 15-2, 한국지방정부학회, 2011, 212쪽.

자체가 보류되었다가 백지화되고 말았다.[50] 이것은 지역 주민들이 필요 이상의 개발계획을 적극적으로 반대하는 움직임의 시작이었다. 이들의 개발계획 반대운동은 1985년 10월 "무등산권 관광 종합개발 계획" 중단 운동으로 이어졌으며, 1989년 3월 〈무등산 살리기 시민연합준비위〉의 구성으로 계속되었다. 그리고 1989년 4월에는 산악단체와 YMCA, YWCA, 흥사단, 보이스카우트, 걸스카우트, 청소년연맹, 적십자사, 관광협회 등이 중심이 된 12개 민간단체, 2천 3백여명이 자율적으로 무등산보호 결의대회와 오물수거 캠페인을 진행하였다. 이를 계기로 하여 1989년 5월 22일 광주 YMCA 강당에서 〈무등산보호단체협의회〉가 창립되었다(이하 '무보협').[51]

또한 무보협의 등장에 따라 1990년 4월에는 무등산도립공원 기본기획이 일부 변경되기에 이른다.[52] 변경된 기본계획은 "자연보존지구와 자연환경지구 등을 늘리고 집단시설지구 면적과 주요시설내용을 바꾸는" 것을 골자로, 취락지구를 줄여 자연 지구를 늘리고, 일주도로를 횡단도로로 바꿔 줄였고, 주요 등산로 또한 변경하거나 폐지하였다. 이후 무보협은 더욱 적극적으로 정부 주도의 개발정책들을 반대하기 시작했다.[53]

---

50) 오재일, 「環境保護와 市民運動: 무등산保護團體協議會를 中心으로」, 『한국지방자치학회보』 7-1, 한국지방자치학회, 1995, 196쪽.

51) 박선홍, 『무등산 - 무등산의 유래·전설과 경관』, 도서출판 다지리, 2008, 457쪽.

52) 『매일경제』 1990년 4월 7일자 「무등산 개발계획 변경」.

53) 『동아일보』 1991년 12월 14일자 「"개발명목 경관훼손 안타까워" 무등산보호단체협의회 박선홍의장」.

이들은 무등산 정상에 있는 군부대의 철수 운동을 시작으로 주둔기관의 통신시설 이전 복원운동, 증심사 계곡 제1수원지 일대 온천지구 지정 취소운동, 광주 제2순환도로 1구간 건설 반대와 설계변경 운동을 계속하였다.[54] 또한 무보협은 지역 주민들과 함께 '무등산 땅 한 평 갖기 1000원 모금운동'을 1991년부터 시작해 "무등산 공유화 운동"을 전개하였고, 이를 통해 산장호텔, 인공폭포, 무허가 불법 건축물의 철거를 요구하면서 지역 주민에 대한 홍보활동과 자연의 복원을 위한 적극적인 '시민운동'을 주도했다.[55] 이 단체는 1993년에는 광주광역시의 사단법인의 승인을 받으면서 조직화의 수준이 높아졌고, 주요환경 단체와 함께 정부의 국립공원 개발정책을 비판하고 나서기도 했다.[56]

V. 도시 공공화(commons)의 과제

광주 지역의 무보협의 활동은 과거 국가 중심의 공공성을

54) 『한겨레』 1994년 11월 12일자 「무등산자락 도로건설 논란」.

55) 『한겨레』 1992년 6월 14일자 「파수꾼 17 무등산보호단체협의회 올바른 산행계도 무리한 개발 견제」.

56) 1994년경 당시 내무부 국립공원위원회는 덕유산 국제스키장, 설악산 모노레일, 북한산 우이령 횡단도로, 월악산 단체연수원 건설 등 7건의 국립공원 개발계획을 한꺼번에 심의하려 했고 이에 대해 무등산보호단체협의회와 국립공원을 지키는 시민의 모임은 "국민 모두가 공감하는 국립공원 정책 수립"을 촉구하며 "7개 국립공원구역 개발사업 중지"를 요구하는 성명을 발표하였다(『한겨레』 1994년 9월 14일자 「국립공원훼손 반대 환경단체 잇단 성명」).

시민사회의 공공성으로 전환시키는 계기가 되었지만, 시민들의 공공성(commons)에 대한 이해관계는 항상 긴장 관계에 놓여있기 마련이다. 최근 광주시는[57] "도시경쟁력을 높이고 여가·관광 인프라를 확충하기 위해 무등산에 대한 접근성을 향상하는 방안을 논의하겠다"며 "케이블설치여부도 포함하여 관련 위원회에서 논의토록 하겠다"고 밝혀 시민사회 단체간 논란이 일고 있다.[58] 광주시는 이미 2018년 이후부터 무등산을 "관광자원"으로 활용하는 차원에서 "케이블카 설치", 접근성 개선을 위한 "전기차 운영" 등의 사업들이 논란이 되고 있다.[59] 2012년 국립공원 승격, 2014년 국가지질공원 지정, 2018년 유네스코 세계지질공원 지정 등의 과정이 다시금 무등산을 '세계화'한다는 명목으로 상품화하고 있는 것은 아닌지 모르겠다.

---

57) 현재의 광주는 1986년 전남에서 분리되어 직할시로 승격되었고, 당시 인구는 90만명이었다. 1988년 전남의 송정시와 광산군이 편입되었으며, 이때를 기점으로 인구 100만명을 넘어섰다. 이후 광주의 인구는 꾸준히 증가하여 2015년 149만명에 이르렀으나, 더 이상 증가하지는 않고 있다(2019년 146만). 1995년 광주광역시로 명칭이 변경되었고 서구에서 남구가 분구되면서 현재 5개 구의 행정구역체계를 완성하였다. 또한 광주는 도시의 발달과 내부특성, 기능적 성격까지 고려하여, 다섯개의 하위지역(구도심지역과 신도심지역, 무등산지역, 첨단산업지역, 도시농업지역)으로 구분할 수 있다(이현욱, 「광주광역시 거주지역구조의 변화(2005~2015년)」, 『한국도시지리학회지』 22-3, 한국도시지리학회, 2019, 23-24쪽).

58) '무등산 케이블카 설치' 논란… '공론의 장'에 오르나(조선일보, 2021. 12. 30).

59) 또 무등산 케이블카? 선거철 단골메뉴 '부글부글'(광주드림, 2018. 1. 31), "전기차 홍보" 무등산 정상까지 셔틀버스?(광주드림, 2018. 8. 27), 광주환경연합 "무등산 전기차 운행 계획 철회하라"(광주드림, 2018. 8. 30), '이용이냐, 보존이냐' 무등산 논쟁 또…(광주드림, 2019. 3. 29), 무등산 지질공원 인증, 개발 포석이었나?(광주드림, 2019. 4. 22).

또한 광주시는 옛 신양파크호텔을 매입하여 "생태시민호텔"로 활용하겠다는 계획을 내놓으며, 향후 전방·일신방직 부지 개발과 무등산 신양파크호텔 공유화, 어등산 관광단지 개발사업 등을 추진한다고 밝혔다.[60] '개발'이라는 정치적 이해관계를 자극하여 특정 정당의 정치적 여론을 형성하는 것은 있을 수 있는 일이지만, 이해관계를 적극적으로 활용하여 '사적' 이익을 추구하는 자본가들의 움직임은 비자본가들을 위협하기도 한다. 전방·일신방직 부지 개발의 경우 일제 강점기 산업시설을 불하받아 공장을 운영했던 자본가들이, 공장 부지를 매각해 막대한 이익을 가지고 지역을 떠나 버렸다. 특히, 이 공장 부지를 매입한 대규모 외부 자본 세력은 막대한 개발 이익을 쫓고 있으며, 광주시는 민간의 이익을 지지하는 도시계획을 결정하는 권한을 사용하려고 한다.[61]

이 과정에서 광주의 시민들이 가진 전방·일신방직 '공장'에 대한 '친밀권'이나, 공공을 위한 상상력은 허용되지 않고 있다. 다양한 시민들과 그들의 '생활'이 현재의 '전방·일신 방직'을 자리하게 했음에도 불구하고, 자본주의적 개발 이익을 계산하는 것이 더 생산적인 논의로 인정되고 있다. 도시민들의 삶과 노력으로 생긴 가치보다, 도시 외부의 노력하지 않은 가치가 우월성을 갖는 것은 자본주의 도시의 운명인지도 모르겠다.

---

60) 무등산 신양파크호텔, '생태시민호텔' 활용(KBS, 2021. 11. 4), 이용섭 '더 크고 강한 광주시대'열겠다(시민의 소리, 2021. 12. 30).

61) 박경섭, 「방직공장의 상상력 - 전남방직과 일신방직 부지 개발과 보존 논란을 넘어서」 『문학들』 65, 심미안, 2021.

도시의 역사와 문화, 기후위기와 생태문제보다 눈앞의 이익을 좇는 사람들을 탓하기는 힘들다.62) 그런데 유입된 자본이 이익을 실현하고 떠나 버리면, 바뀌어버린 도시 경관 속에서 살아가야 할 사람들은 공공성(official-public)에서 배제되었던 일반 도시민들이다.

특히, 잠재적 권리자들의 권리는 누가 보호해 주어야 하는가? 도시로 새롭게 유입되어나, 도시에서 삶을 시작하는 사람들에게 도시는 더 이상 거주지가 아니라, 도시에서의 삶을 담보로 임차료를 받아먹고 사는 거대한 '금융네트워크 덩어리'가 되어버렸다. 도시는 이제 그 자체가 상품이자, 상인이 되어버렸다. 도시의 권리는 관료나 자본가를 향하고 있고, 편중된 이익을 보장하기 위해 권리가 사용되고 있다. 권리를 빼앗긴 사람들은 자신의 권리를 알지도 못하고, 이를 보호해 주는 제도적 장치들도 이용하기 힘들다. 제임스 스콧은 "권위주의 국가가 자신의 강압적 권력을 한껏 사용하고자 하는 의지와 능력을 갖추고, 시민사회는 국가의 계획에 저항할 능력을 상실한 기진맥진한 상황에 처하면" 과학적 믿음에 둔 국가의 계획은 근대의 신봉자들이 남아 있는 이상 계속된다63)고 했다.

---

62) 박경섭, 앞의 논문, 2021, 90쪽.

63) James C. Scott(전상인 역), 『국가처럼보기 - 왜 국가는 계획에 실패하는가』, 에코리브르, 2010, 23-27쪽.

Ⅵ. 도시의 주인은 누구인가?

광주에서는 '어머니 산'이라 불리는 무등산이 어디에서든 잘 보였다.[64] 국내의 다른 대도시들처럼 큰 강이나, 바다가 없기 때문에, 광주 시민들에게 무등산은 도심 생활의 여유를 갖게 해주는 상징물이기도 하다. 시민들은 멀찌감치 보이는 산 정상을 가리키며, '나도 저기에 올라봤다', '눈꽃 핀 겨울에 오르면 장관이다'라는 말을 곧잘 나누기도 한다. 그러나 어느 때부터인가 광주에서 무등산을 보기 위해서는 '꿋발(까치발)'을 딛거나, 건물들 사이로 머리를 요리조리 돌려야만 무등산을 볼 수 있게 되었다. 무등산을 가리고 서 있는 것은 고층 건물들, 특히 원도심을 중심으로 고층의 아파트가 계속 늘어나고 있다.

〈도시재생사업 전·후, 전남대에서 바라본 무등산〉

64) 무등산은 1972년 자연공원법에 의해 도립공원으로 지정되었고, 2013년 국립공원으로 승격되어 현재에 이르고 있다. 행정구역상 광주광역시와 전라남도 화순군, 담양군에 걸친 해발 1,187m의 고봉으로서 공원면적은 30.23㎢이며 서석대, 입석대 등의 수려한 경관을 가지고 있는 곳이다. 산새와 다양한 생물자원 및 수자원을 갖추고 있으며 광주시민들에게 각종 임산물과 맑은 공기, 식수 그리고 각종 용수의 공급원 및 정서적 휴식·관광공간으로 활용되고 있다.

도시는 항상 변화하는 시·공간일테지만, 그 변화가 도시에 거주하고 있는 사람들과 어떠한 관계를 형성하고 있는지는 점점 불분명해지는 것 같다.

최근 재개발, '도시 재생 사업'이라는 이름으로 진행되는 광주라는 도시의 변화를 목격하면서, '저런 것(사업, project)은 누가 결정하는 걸까?' → '도시의 주인은 과연 누구일까?'라는 질문에 대한 답을 함께 고민해 보았으면 한다.

도시는 일반적으로 "밀도가 높은 정주지이자, 상대적으로 규모가 크며 문화적으로 이질적인 인구를 가진 한정된 공간"을 말한다.[65] 한국 사회의 경우 서울, 전주와 같이 전통시대부터 도시였던 곳은 '구도시', '대전', '광주'와 같이 근대화 이후 형성된 도시를 '신도시'라 구분하기도 했다.[66] 그러나 한국의 도시화율이 이미 90%을 넘어섰기 때문에(선진국 평균 도시화율 75%), '구 vs 신'로 도시를 구분하는 별 의미가 없고, 일반적인 도시화 과정에서 속에서 사례별 정도의 차이가 눈에 띌 뿐이다.

특히, 한국 사회는 1960년대 이후 국가 주도의 '근대화' 프로그램이 근대적 산업화, 도시화뿐만 아니라 사람들의 생활양

65) M. Goottdiener & Leslie Budd(남영호·채윤하 역), 『도시연구의 주요개념』, 라움, 2013, 9쪽.

66) 고석규, 『근대도시 목포의 역사·공간·문화』, 서울대학교 출판부, 2004. 근대국가에 있어서 핵심적 국가사업(state project)은 근대적 국가체제의 확립이었다. 근대국가는 국민이 폭력이나 강제 없이도 국가질서에 순응하며, 국가의 목표를 위해 자신의 능력을 발휘할 수 있는 체제를 만들어왔다. 이러한 국가 체제는 다양한 근대화 제도 추진하고 근대적으로 사고하고 행동하는 국민의 '일상생활'을 창출하면서 만들어졌다.

식 전반의 변화를 추동했다. 당시의 근대화는 곧 서구화를 의미했기 때문에 시간, 습속, 신체, 언어와 사고 그리고 공간에 이르기까지 다양한 방면의 변화를 가져왔다.[67] 특히 198~90년대 이후에는 도시와 사회적 삶의 결합이 깊어지며, 도시에서의 삶은 고용 관계의 양극화, 상품 소비관계의 심화 등 자본주의적 법칙에 순응하는 것으로 전면 재편되었다.[68] 최근에는 계속되어왔던 정부 중심의 개발뿐만 민간이 주도하는 도심개발과 뉴타운 정책(도시 재생 사업)이 추진되며, 도시 내에서도 수십년 간 살아오던 터전을 떠나 이주하는 사람들이 생겨나고, 다른 거주지를 찾아 다니는 사람들이 등장하고 있다.

일찍이 앙리 르페브르(Henri Lefebvre)는 도시란 단순히 촌락과 대비되는 개념이 아니며, 사람들의 의식과 행동양식이 도시화된 사회(urban society)라고 했다.[69] 그는 도시라는 공간이 자본주의에 의해 상품화되어 자본주의 사회를 유지시키지만, 동시에 그 공간에서 착취·지배당하며 '주변화된' 서민 대중들이 가진 '혁명의 원천'이라는 속성을 가진다고 보았다. 데이비드 하비(David Harvey) 역시 도시에서의 주거환경을 관료적인 통제주의적 국가가 집행한 결과, 도시의 물질적 경관 자체에 계급적 특권관계와 지배 관계가 각인되었다고 진단하면서도, 도시는 사회적 역공간(liminal space)으로 '다른 무언가' 실현

67) 이승훈, 「강제된 주거공간과 농민의 일상」, 『국가와 일상-박정희시대』, 한울아카데미, 2008.

68) 조명래, 『지구화, 되돌아보기와 넘어서기-공간환경의 모순과 극복』, 환경과 생명, 2009.

69) 강현수, 『도시에 대한 권리: 도시의 주인은 누구인가?』, 책세상, 2010.

가능한(그래서 혁명의 토대가 되는) 헤테로토피아(heterotopia) 공간으로 인식하며, 일상생활을 근본적으로 바꾸는 '도시권'을 확보해야 한다고 강조했다.[70]

결국 도시는 정치 권력이나 국가, 자본, 특정 계급 등에 종속되면서 동시에 그것을 재생산하는 위기의 공간이면서도, 다양한 사람들이 삶을 추구하면서, 서로 친교하고 적대하며 공유재(commons)를 생산하는 장이기도 하다. 따라서 도시 생활의 공동성(commonality)이 점차 상실되는 현실에서는 공공 공간(public space), 공공재(public goods), 공유재(commons) 등 다양한 규모로 공유재를 생산하거나 획득하는 사람과 사적 이익을 추구하기 위해 공유재를 영유하는 사람 사이의 관계가 어떠한 사회적 (재)구조를 형성하는지 세심하게 관찰할 필요가 있다.[71] 왜냐하면 공유재를 사용할 권리는 공유재를 생산한 모든 사람에게 주어져야 함에도, 공유재의 생산과 접근을 누가, 어떻게 누구의 이익을 위해 규제하는지, 잘 보이지 않기 때문이다. 시민들의 감시, 즉 관심과 참여가 약해진 틈에 권력가와 자본가는 공유재의 이해와 이익을 독점하고 있다. 도시민은 도시의 권리를 되찾아야만 한다. 그것이 무등산 타잔, 박흥숙의 외침이지 않을까?

70) David Harvey(한상연 역), 『반란의 도시』, 에이도스, 2014.
71) David Harvey(한상연 역), 앞의 책, 2014, 146쪽.

참고문헌

〈자료〉

『경향신문』, 『매일경제』, 『동아일보』, 『전남일보』, 『중앙일보』, 『한국일보』, 『한겨레』

『월간대화』 1977년 8월호 「르포 무등산 타잔의 진상」, 김현장.

1978년 박정희 대통령 연두기자회견, 1978년 1월 18일.

광주시, 『광주도시계획재정비』, 1986.

광주직할시, 『광주도시계획연혁』, 1992.

광주직할시, 『광주도시계획사연구』, 1992.

광주광역시청, 『무등산 권 보존과 이용에 관한 종합계획』, 1998.

『광주일보』 2004년 6월 9일자 「77년 무등산 철거반원 살해(상)」; 2004년 6월 16일자 「77년 무등산 철거반원 살해(중)」; 2004년 6월 23일자 「77년 무등산 철거방원 살해(하)」, 김기곤.

문화방송, 2005년 5월 15일 방송, 〈이제는 말할 수 있다: 무등산 타잔 박흥숙〉.

참세상(www.newscham.net), 10년 4월 14일자, 「70년대 도시빈민과 광주 무등산타잔 박흥숙 사건」, 최인기.

〈단행본〉

강현수, 『도시에 대한 권리: 도시의 주인은 누구인가?』, 책세상, 2010.

고석규, 『근대도시 목포의 역사·공간·문화』, 서울대학교 출판부, 2004.

공제욱, 『국가와 일상 - 박정희 시대』, 한울아카데미, 2008.

김 원, 『박정희시대의 유령들』, 현실문화, 2011.

박선홍, 『무등산 그 유래와 전설·경관』, 도서출판 규장각, 1990.
박선홍, 『무등산-무등산의 유래·전설과 경관』, 도서출판 다지리, 2008.
조명래, 『지구화, 되돌아보기와 넘어서기-공간환경의 모순과 극복』, 환경과 생명, 2009.
David Harvey(한상연 역), 『반란의 도시』, 에이도스, 2014.
James C. Scott(전상인 역), 『국가처럼보기-왜 국가는 계획에 실패하는가』, 에코리브르, 2010.
Junich Saito(윤대석·류수연·윤미란 역), 『민주적 공공성』, 이음, 2009.
M. Goottdiener & Leslie Budd(남영호·채윤하 역), 『도시연구의 주요개념』, 라움.
Paul Virilio(이재원 역), 2004, 『속도와 정치』, 그린비, 2013.

〈논문〉

권혁신·방두완, 「도시재생사업의 공공성과 지속가능성에 관한 연구」, 『도시연구』19, 인천연구원, 2021.
김동완, 「1960년대 광주 지방의 지역개발담론과 아래로부터 지역주의」, 『정신문화연구』 32, 한국학중앙연구원, 2009.
김희송, 「환경정책과정에서 NGO역할에 대한 연구 - 광주 무등산 환경정책 사례에서 시민사회단체 참여를 중심으로」, 성공회대 시민사회복지대학원 석사논문, 2003.
나항도, 「자연환경정책과정에서 NGO의 역할 - 무등산보전정책과 공유화운동을 중심으로」, 전남대 행정학과 석사논문, 2002.
박경섭, 「방직공장의 상상력 - 전남방직과 일신방직 부지 개발과 보존 논란을 넘어서」 『문학들』 65, 심미안, 2021.

소병천, 「자연공원법에 대한 소고」, 『환경법연구』 33, 한국환경법학회, 2011.

오재일, 「環境保護와 市民運動: 무등산保護團體協議會를 中心으로」, 『한국지방자치학회보』 7-1, 한국지방자치학회, 1995.

이승훈, 「강제된 주거공간과 농민의 일상」, 『국가와 일상-박정희 시대』, 한울아카데미, 2008.

이영진, 「'범죄'의 재구성」, 『비교문화연구』 20-1, 서울대 비교문화연구소, 2014.

이우연, 「산림자원 용익(用益)에 관한 공동체적 규범의 형성과 국가의 역할: 조선후기와 식민지기」, 『쌀·삶·문명연구』 4, 쌀·삶·문명연구원, 2011.

이현욱, 「광주광역시 거주지역구조의 변화(2005~2015년)」, 『한국도시지리학회지』 22-3, 한국도시지리학회, 2019.

유경남, 「1970~80년대 무등산 개발사업과 그 내파(內破)」, 『지방사와 지방문화』 16-1, 역사문화학회, 2013.

장성수·윤혜정, 「주택개발사업제도 변천에 관한 연구(1)」, 『주택포럼』 15, 주택산업연구원, 2001.

장성수·윤혜정, 「주택개발사업제도 변천에 관한 연구(2)」, 『주택포럼』 16, 주택산업연구원, 2001.

최병택, 「일제하 전시체제기(1937~1945) 임업동원책과 삼림자원 공출」, 『한국사학보』 32, 고려사학회, 2008.

최석호, 「Giddens의 근대성 이론으로 분석한 한국의 관광자원개발 과정」, 『관광학연구』 28, 한국관광학회, 2004.

허강무, 「도립공원제도에 관한 소고」, 『환경법연구』 27-1, 한국환경법학회, 2007.

황해동, 「정책대상집단의 정책불응에 관한 연구 - 무등산 공유화

운동을 중심으로」, 고려대 행정학과 석사논문, 2011.
황해동, 「정책대상집단의 정책불응에 관한 연구: 무등산 공유화 운동을 중심으로」, 『지방정부연구』 15-2, 한국지방정부학회, 2011.

〈박흥숙 자필 최후 진술 전문〉

나는 무등산 덕산골에 살며 77년 4월 28일 철거반 공무원 피습 사건의 주인공으로 '한국판 이소룡', '무등산 독수리', '무등산 타잔' 등등 수많은 악의 대명사를 걸머진 그야말로 끔찍하고 흉악무도한 살인마로 알려진 박흥숙이다. 신성한 이 자리를 빌어 저의 지난날을 뼈저리게 뉘우치고 저의 울분 때문에 아깝게 희생되버린 그분들의 영령을 위로하며 삼가 명복을 빈다. 또 많은 물의를 일으켜 국민 여러분에게 죄송하고, 유가족 여러분에게 너무나도 큰 죄를 지었다.

사랑하는 부모, 사랑하는 자식, 사랑하는 형제를 잃고 애통해 하는 유가족들의 모습이 자나깨나 눈앞에 어른거려 날이 갈수록 괴롭고 괴롭다. 나의 죄는 죽어 마땅하리다. 그 애통해할 유가족들을 생각한다면, 그 어디에 댈 수 없는 커다란 슬픔을 안긴 유가족들을 생각한다면, 어찌 백 번 죽는다 한 들 죄닦음이 다 될 수 있겠으며 무슨 말로 위로의 말씀을 드릴 수 있겠는가. 그저 죄송하고 죄송하다. 그러기에 이렇게 신성한 자리에서 재판장님께 나의 고충 일부나마 말씀드릴 수 있게 해준 데 대해 나라와 국민 앞에 심심한 감사를 드린다.

원인이야 어떻게 됐든 죄의 대가를 달게 받아야 하는 중죄한 몸으로써 무슨 말이 필요하겠으며 무슨 말을 더할 수 있겠

---

* "우리가 무엇 때문에 나라를 위해 싸우는가" [최후의 진술-박흥숙 편 부록] 자필 최후 진술 전문, 『오마이뉴스』(2016년 2월 15일자).

는가. 구구한 변명이 앞선다는 것은 ×달린 사내자식으로 도저히 취할 바 아니라는 것을 나 자신도 잘 알고 있으며, 이 말씀을 드리는 나 자신이 온전한 정신인지, 미친 것인지, 극과 극의 현존하는 현실에서 오락가락하는 내 정신을 나도 모르겠다. (원문: 내가 알 바 아니다) 미친 정신병자의 개소리라 해도 좋고, 빗나간 영웅심의 궤변이라 해도 좋다. 또한 나 자신이 바라는 바이다. 하오나 다음에는 이 같은 불상사가 되풀이되지 않는다면 죽어가는 몸으로써 그 이상 무엇을 바라겠는가. 잘 사는 사람들은 모르겠지만 그날그날 고달픈 인생을 살아가야 하는, 그야말로 영세민들에게는 안식처가 될 보금자리가 사활에 관계된다 해도 절대로 과언은 아닐 것이다.

우리가 처음 영광에서 그곳 덕산골로 이사를 했을 때는 그 마을 산지기로 있는 이모네를 연줄로 하여 남의 집 셋방살이라도 할 수 있었지만, 그도 말못할 불행이 생겨서 어머니와 나와 동생들이 사방으로 흩어져야 했고 나는 돼지 움막보다도 못한 보잘 것 없는 집이지만 짓지 않으면 안되었다. 방 한 칸 의지할 데가 없어서 남의 집 변소를 들여다보지 않고, 남의 집 처마 밑을 들여다보지 않으신 분들이라면 지금 말씀드리는 나의 고충, 조금이라도 이해하시기 어려우시리라. 내가 처음 집을 지을 당시 허가 없이 지었다는 것은 알고 있었지만, 그 곳이 개발 제한 구역이라는 것은 꿈에도 생각하지 못했으며, 또 그 당시 어린 시절은 그런 것에 무관심했던 것도 사실이었다.

나중에사 모든 사실을 알았지만 당장 이사 갈 여유도 없었고, 참, 피와 땀의 결정이라 해도 과언이 아닐 고생 고생 그 고생을 해서 지은 집을 차마 내 손으로 부술 수는 도저히 없었다. 당국에서도 지난 겨울 1차 계고 당시까지는 집을 지은 지 5~6년이 지나도록 까지 말 한 마디 없었으며 우리들도 그처럼 그런 산골에까지 계고장이 나오리라고는 신이 아닌 다음에야 어찌 예전에 미처 상상이나 했겠는가. 그렇다고 자진 철거하라는 당국 명령을 받고 이를 묵인하여 그냥 주저앉아 있지만은 않았었으며 그 마을 모두가 그렇듯이 시내로 나가 방을 알아도 보았고, 또 어디 적당한 곳에 (천)막 칠 자리라도 없나 하고 몇 날을 두고 찾아 돌아다녀 보기도 하였다. 또 그 옆 마을 신림 부락 그런 종이 쪽지가 7회나 나왔어도 아직껏 무사하다고 하기에 조금은 마음이 놓였고 설마 했던 것도 사실이었다.

새삼 말하지 않아도 잘 아시겠지만 지지난 겨울의 추위는 50년 만에 처음 있는 추위로 보리가 다 얼어죽었을 정도며 4월 초까지 눈이 왔고 눈이 쌓여 있었지 않았는가. 추위에 떨고 가난에 떨어야 했던 그 산골에서는 이 혹독한 추위 때문에 날씨가 풀릴 때까지(의역, 원문은 '해풍해지도록까지') 이러지도 저러지도 못했던 것이다. 헌데 당국에서는 아무런 대책도 없었으면서도 그 추운 겨울에도 꼬박꼬박 계고장을 내, 추위가 채 풀리기도 전인 4월 6일 마지막 계고에 응하지 않았다고 그 마을 사람들을 개 취급했고 집을 부숴 버리는 것까지는 좋았는데, 당장 올 데 갈 데 없는 우리들에게 불까지 질러 돈이며 천장에 꽂아두었던 봄에 뿌릴 씨앗 등 정신이 헝클어져 미처 생각 못한 것들은 깡그리 타 버리고 말았다.

요즘 세상은 형제간에도 일가족을 데리고 가서 방 한 칸 빌려 달라면은 눈살을 찌푸리는 세상이다. 하물며 당국에서까지 이처럼 천대와 멸시를 받아야 하는 우리들에게 누가 달갑게 방 한 칸 내 줄 수 있겠는가. 이런 사정을 당국이라고 모르지는 않을 것이다. (원문은 '이런 사정을 모르고 당국이라고 자처하지는 못할 것이다') 옛말에도 있듯 태산은 한 줌의 흙도 거부하지 않았으며 대하 또한 한 방울의 물도 거부하지 않았다고 하지 않았나. 세상에 돈 많고 부유한 사람만이 이 나라의 국민이고, 죄 없이 가난에 떨어야 하는 사람들은 모두가 이 나라의 국민이 아니란 말인가. 나는, 내 선조가 무식했기에, 가난했기에, 그런 전철을 되밟지 않으려고 최선을 다해 노력했다.

그 사람들이 약속을 어기고 불을 지를 때 우리와 불쌍한 그 마을 사람들은 우선 막칠 비닐 조각 하나라도 건져보기 위해서 그렇게까지 애걸복걸했어도, '상부의 명령이다', '이런 것들을 놔두면 또 집을 짓는다', '강제 철거가 무엇인줄 아느냐' 하면서 끝내 외면하고 모조리 태워 버렸던 것이다. 자기네들이 계고장을 돌렸으니까 한 푼 대책 없고, 올 데 갈 데 없는 줄 번연히 알면서 세상에 그럴 수 있겠는가. 아무리 돈에 환장병이 걸렸다 해도 친부모 형제가 사는 집이라면, 사랑하는 처자가 사는 집이라면, 그렇게까지는 못하리라.

세상에 올바른 두뇌를 갖고, 올바른 양심을 가진 자들이라면은 그런 비인간적인 행위를 명령하지는 못하리라. 그 마을 사람들이 모두가 무식하고 등신 같이 생겨서 인간 대우를 받을 수는 없다고 할 지라도 자기 것을 갖고 그렇게까지 사정을 하고도 끝내 외면을 당해야 옳단 말인가. 허물어진 담장을 부여잡고 울부짖는 그들을, 타오르는 불길 속에 발을 동동 구르며 이러지도 저러지도 못하고 안타까이 허둥대는 그들을 보라. 불쌍하지도 가엾지도 않단 말인가. 반 넋이 나가버려 초점 잃는 눈으로 멍청히 바라보시던 어머니를 나는 지금도 잊을 수 없다. 말인즉 그렇지, 정말로 아비규환을 이루는 그 당시를 생각만 해도 눈물이 앞서고, 이가 갈리는 그 당시를 어떻게 말로 다 표현할 수 있겠는가.

사고가 나자 당국에서는 그 마을을 무당골이라 했고, 그 마을 사람들을 모조리 무당이라고까지 했다. 생게망게한 온갖 추악하기 짝이 없는 것들을 나에게 뒤집어씌우는 것만도 부족해 말못하고 쫓기는 짐승처럼 선량하고 불쌍한 그 마을 사람들을 모조리 무당이라고까지 하다니, 이 무슨 비열한 짓인가. 이 더럽고 비열하기 짝이 없는 덜 된 수작은 무엇을 의미한단 말인가. 그래도 켕기는 데는 있었던지 자기네들의 실책을 커버해보려고, 사고 때문에 중단된 일을 나중에 하면서는 절이라고 하기에는 너무도 허술해 전부터 말썽이 돼 왔던 그 마을 집 두 채를 보란 듯이 그대로 보류해 두었다고 한다. 이야말로 속이 뻔히 들여다보이는 우스꽝스러운 짓이 아니고 그 무엇이겠는가.

우리 마을이 산수가 그야말로 아름답고 호젓한 산골이라서, 조용한 곳을 찾아 치성을 드리러 오는 사람들이 있기는 하지만, 산 좋고 물 좋은 무등산 어느 골짜기, 이 사람들이 들락거리지 않은 곳이 어디에 있다는 말인가. 이왕 말이 나왔으니 말이지만 무등산은 등산객들이 많아 해마다 연례 행사처럼 겨울과 봄철만 되면 자주 일어나는 산불도 80~90%는 그 산골 사람들이 꺼 왔다는 사실을 알라. 아니, 도맡아 꺼왔다고 해도 절대로 과언은 아닐 것이다. 물론 산골에서 사니까 산림의 피해가 전혀 없을 수는 없을 것이다. 허나 굳이 따져 말한다면 당국에서까지 그처럼 학대를 받고 쫓겨나야 할 만큼 큰 잘못은 없었다고 생각한다. 동정은 못해 줄망정 세상에 그럴 수가 있겠는가. 그래도 당국이라고 믿었던 우리가, 그래도 조금은 대책을 바랐던 우리가 어리석었을 뿐이다.

내가 교도소에 있는 동안 흉악범이라고 낙인이 찍히고 말만 들어도 몸서리가 처져야 할 판인데 생판 낯모르는 시민들까지 삼삼오오 면회를 오고 있으며 그 중에는 나를 보고 눈물을 흘리시는 분들까지 있었다. 이것은 나의 생각이지만, 우리들 경우처럼 억울하게 헐려버린 마을들이 결코 하나 둘은 아닐 것이다. 물론 당국에서는 국가의 백년 대계를 위해서 어쩔 수 없다고 하려는지 모르겠지만 이는 오로지 손톱 밑에 비접('가시'의 전라도 사투리) 드는 줄만 알지, 염통 굄기는 줄을 모르는, 민이야 죽건 말건 명분 세우기에 급급한 파렴치한 소인배들의 옹졸한 생각이라고 밖에 더할 수가 있겠는가. 이런 알량하고 옹졸한 소인배들로서야 어떻게 국가의 백년대계를 논할 수 있겠으며, 만인의 고충을 염려하고 만인의 고충을 보살필 수 있단 말인가.

이를 견제해야 하는 관계 당국마저 시세에 편승해 버린 것인지, 아니면 송판에 뚫린 나무 구멍처럼 밥먹이나 다루는 동전벌레들이었든지 도무지 알 수가 없었노라. 아직도 미지근 소리들이 계속 들려오고 있는데 더 이상 우를 범하지 말아야 할 것이며 반항아 아닌 반항아들을 만들지 말아야 할 것이다. 자기네들의 실책을 솔직하게 반성할 줄 아는, 옳은 것을 취하고 그른 것을 버릴 줄 아는 용감한 미덕을 발휘해야 할 것이다. 생각해보라. 구국선인들의 뜨거운 피가 뒤엉킨 한 많고 눈물 많은 단군 반만년 역사 위에 이번 당국에서 행한 처사가 과연 용납될 수가 있다고 생각하는가. 이야말로 시대적인 착오이며 역사적인 심판을 면치 못하리라.

우리가 무엇 때문에 내 나라를 위해서 싸우는가. 무엇 때문에 마지막 피 한 방울을 다 바쳐 총칼을 부여잡고 쓰러져야 하겠는가. 진정으로 내 나라를 위하고 겨레의 앞날을 걱정하는 뜻 있는 국민이라면, 진리를 사랑하고 이상을 추구하는 양심적인 학도들이라면, 이 어찌 하늘을 우러러 통탄할 일이 아니냐.

1978년 3월 16일

간행후기

세상이 어지럽다. 유례 드문 돌림병이 창궐하여 지구촌을 횡행하며 인간사회를 옥죈다. 어느 땅 어느 고장을 막론하고 안전한 곳은 없다. 새삼 독수를 드러낸 제국주의 망령이 21세기 문명세계를 대낮에 활보한다. 패권을 앞세운 강대국의 침략전쟁에서 과학기술의 이기가 꼴사나운 위력을 뽐낸다. 살상과 파괴가 무차별적으로 잔인하다. 환경오염으로 말미암은 재앙이 무서운 기세로 다가든다. 기상재해 논란 속에 극지의 빙하가 녹아내리는 가운데, 비명도 내지르지 못한 채 꿀벌이 집단으로 사라지고, 토양 미생물이 급격하게 감소한다. 현대문명의 말로를 운운하는 게 기우에 지나지 않기를 비는 마음 간절하다. 허우적대며 나락으로 빠져드는 듯 불안하기 그지없다.

작다란 한반도 남녘에서는 분열과 성냄을 부추기는 세력이 한층 기승이다. 남북, 지역, 남녀, 세대, 종족 사이를 가르며, 갈등을 선동하고 미움을 퍼뜨리는 낯도깨비가 득시글거린다. 겨레끼리의 다툼을 획책하는 악령들이 하나둘 머리를 내밀더니, 수치스러움을 모른 채 키득대며 대놓고 설쳐댄다. 인면수심의 군상들이 악다구니를 쓰며 하루살이 놀음에 해지는 줄 모른다. 머잖아 꽁무니를 뺄 터이지만, 당장은 쉬이 가늠되지 않는 앞날이다.

을지문덕 장군은 침략해온 적군 지휘관에게 지족知足하라며 조롱하였다. 짐짓 우중문을 지목하였으나 기실은 수 양제를 염두에 두었음 직하거니와, 저들의 멸망을 내다본 혜안이었다. 소욕안분少欲安分 … 탐욕이 지혜라 꾸며지고, 침탈과 착취가 능력인 양 포장되며, 약육강식이 팽대한 현 체제를 견디면서 살아가야 하는, 오늘의 우리가 돌아보아야 할 덕목은 무엇일까. 우주만물의 자연 질서를 어긴 채 살아남을 존재는 없다. 진리를 사랑하며 참된 지혜를 온몸으로 맞아들여야 한다.

뒷산의 매화는 미소 띤 꽃망울을 향기로 터뜨리고, 물기 머금은 참나무 가지마다 움튼 싹이 갓난애 손가락인 양 오물꼬물 피어난다. 잉잉대는 꿀벌과 함께 팔랑거리는 나비의 날갯짓이 평화롭다. 농부는 괭이를 챙겨들고 어부는 그물을 손질한다. 멀리 들녘의 보리밭 사이로 아지랑이가 한가롭다. 봄이 신명을 지피며 돌아왔다, 어김없이.

지역사연구소에서 총서의 제2권을 펴내게 되었다. 인문적인 성찰이 절실한 요즈음이다. 고장의 역사와 문화를 더듬는 일이 단순히 옛것을 좋아하는 취미에 머물지 않기를 바라는 마음 간절하다. 지난 일에서 앞날이 보인다. 과거가 미래이다. 역사를 거울삼아 바른 길로 나아가기를 정히 소망한다.

본디는 경륜 높은 원로의 온축을 맛볼 수 있는 권두언을 염원하였던 바다. 목을 늘여 바라보며 구하기를 마지않았지만 상황이 녹록치를 않다. 선각의 지혜로운 한 말씀으로 지면에 윤이 나기를 기대하던 독자들께 면목이 없다. 시절인연이 이르지 않아서일 터이다. 받아들이는 수밖에 … 너그러이 혜량하시기를 빈다.

이 책은 지난 1월 12일의 학술대회에서 발표된 글을 수정 보완한 위에, 한 꼭지를 보태어 엮었다. 한파 속에서 무리하게 열린 행사였다. 본시는 작년에 개최하려던 것이었다. 흔히 코로나라 통칭되는 역질이 가라앉기를 내내 기다렸거니와, 마냥 미룰 수만은 없어 한겨울임을 무릅쓰고 추진하였다. 고령에도 기꺼이 좌장을 자임하신 강정채 전 총장님을 비롯하여, 사회를 맡아준 여병창 교수 및 발표 토론자와 발표회를 준비한 관계자 그리고 방청해주신 내외 귀빈께 심심한 감사를 드린다.

학술대회를 열고 이 책을 출간하기까지 많은 분들의 도움을 받았다. 어려운 여건임에도 자진해서 참여해 열정을 불태운 연구자들께 먼저 감사드린다. 학문을 향한 그 순수한 뜻에 경의를 표한다. 학술발표의 취지에 공감하며 조언을 아끼지 않은 토론자들의 우정은 고맙기만 하다. 발표 현장을 준비 정돈하며 또한 발표집을 발간하는 등에 소용된 경비를 마련해주신 호남학연구원과 호남학과의 원장님을 비롯한 관계자들, 학술대회를 열고 결과물을 간행할 수 있도록 관련 비용을 지원해주신 호남문화재연구원측의 호의도 결코 잊을 수 없다. 학계의 중견임에도 지역사연구소의 번거로운 일들을 마다지 않는 가운데, 묵묵히 학문 연마의 외길을 고수하는 연부역강한 후배들이 자랑스럽다. 연구소의 운영과 총서 출간에 비용을 보태도록 뜻을 전한, 전 기독간호대 교수 밝은이[明娥] 고영숙님의 맑은 마음을 기리며 여기 거듭 명복을 빈다.

2022. 3. 변동명